다문화와 인정의 로컬리티

필자

이명수(李明洙, Rhee, Myung-Su) 부산대학교 한국민족문화연구소 HK교수, 중국철학 전공
장세용(張世龍, Jang, Se-Lyong) 부산대학교 한국민족문화연구소 HK교수, 역사이론 전공
오경석(吳暻錫, Oh, Kyung-Seok) 경기도외국인인권지원센터 소장, 사회이론 사상사 전공
박병섭(朴炳燮, Park, Byoung-Shup) 다문화사회공동 다문화주의연구소 소장, 정치사회철학 전공
차철욱(車喆旭, Cha, Chul-Wook) 부산대학교 한국민족문화연구소 교수, 한국 현대사 전공
차윤정(車胤汀, Cha, Yun-Jung) 부산대학교 한국민족문화연구소 HK교수, 국어학 전공
조명기(曺鳴基, Cho, Myung-Ki) 부산대학교 한국민족문화연구소 HK교수, 한국 현대소설 전공
조관연(趙寬衍, Cho, Gwan-Yeon) 부산대학교 한국민족문화연구소 HK교수, 문화인류학 전공

부산대학교 한국민족문화연구소 로컬리티 **연구총서 15**

다문화와 인정의 로컬리티

초판인쇄 2015년 5월 20일 **초판발행** 2015년 5월 30일
지은이 이명수 장세용 오경석 박병섭 차철욱 차윤정 조명기 조관연
펴낸이 박성모 **펴낸곳** 소명출판 **출판등록** 제13-522호
주소 서울시 서초구 서초중앙로6길 15, 1층
전화 02-585-7840 **팩스** 02-585-7848 **전자우편** somyong@korea.com **홈페이지** www.somyong.co.kr

값 22,000원 ⓒ 부산대학교 한국민족문화연구소, 2015
ISBN 979-11-86356-38-8 94300
ISBN 978-89-5626-802-6 (세트)

이 저서는 2007년 정부(교육과학기술부)의 재원으로 한국연구재단의 지원을 받아 연구되었음(NRF-2007-361-AL0001).

부산대학교 한국민족문화연구소
로컬리티 연구총서 15

다문화와 인정의 로컬리티

Locality and Multiculturalism

이명수 장세용 오경석 박병섭 차철욱 차윤정 조명기 조관연 지음

소명출판

책머리에

　다문화 담론·현상은 기존 한국사회의 단일민족적 상상력을 전면적으로 대체했다. 농촌 미혼 남성의 증가나 저임금 노동력의 부족 그리고 신자유주의적 세계화 등과 같은 내외적 원인이 이 같은 한국사회의 변화를 견인했고 다문화주의에 내재되어 있는 윤리성이 변화의 당위성을 보장했다.

　다문화 관련 연구들이 급증하게 된 데에는 국가의 적극적인 지원이 한몫했다. 다문화 국가라는 전망을 전제로 한 연구들은, 미흡하거나 부적절한 정책을 개선하기 위한 정책적 제언을 하는 데서 나아가 국가 정책과 수행상의 괴리를 지적하는 현장 밀착적 방향으로 전개되고 있다. 이주민 일부 계층에 국가 지원이 집중되는 편중성, 현장의 특수성에 대한 고려가 부족한 상태에서 획일적으로 추진되는 국가 정책에 대한 비판 등이 여기에 포함된다.

　이 책의 문제의식은, 인식적 전환이라는 소중한 성과에도 불구하고 현장 밀착적 연구들 역시 소위 현장을 국가정책의 집행지로 일정정도 대상화하고 있다는 데서 출발한다. 이 책이 '로컬'이라고 명명하는 공간은 국가정책의 집행지로만 설명되는 타자적 성격의 현장이 아니라 주체성과 능동성이 강조되는 삶의 터전이다. 즉 이 책에서 로컬은, 원주민과 이주민 사이에서 자발적이고 역동적으로 전개되는 다양한 관계 양상이 국가 정책의 영향력과 호응하거나 충돌하는 공간을 가리킨다. 현장이 정책의 집행지라는 수동적 성격을 상대적으로 부각하는 용어라면 '로컬'이라는 용어는 이보다 좀 더 적극적인 함의를 지닌다.

공항이나 항만의 출입국관리소, 경찰서 등은 국경을 넘는 방식의 합법성 여부 혹은 자격의 유무에 따라 각종 이주민을 해석한다. 하지만, 이주민은 추상적인 차원의 국가 내에 머무는 존재일 뿐만 아니라, 더욱 중요하게는 구체적인 '로컬' 안에서 노동하고 일상을 영위하는 존재이다. '로컬' 안에서 이들과 부딪치고 더불어 노동하는 원주민들 역시 국경을 넘는 방식의 합법성 여부만이 아니라 다양한 층위의 기준과 방식으로 이들과 관계를 맺어나간다.

이 책은 로컬의 이러한 성격에 주목하기에, 국가정책과 집행지로서의 현장 사이에 존재하는 괴리를 국가정책의 수정을 통해 해결하고자 하는 시도를 반복하지 않는다. 오히려, 국가정책 개선의 중요성을 충분히 인정하고 감안하는 동시에 로컬리티를 통해 이전과는 다른 방식으로 원주민과 이주민이 관계 맺을 수 있는 가능성을 타진하고자 한다.

이때 로컬리티는 발굴하고 유지해야 할 원형으로서의 장소정체성을 의미하지 않는다. 로컬리티를 로컬 안의 우리와 로컬 밖의 그들을 구별해내는 고착적인 그 무엇을 상정할 경우 타자가 생산되고 배제가 작동할 위험 또한 상존하게 된다. 로컬 거주자들이 타인과 직접적으로 대면하는 과정에서 적용하는 관계 맺기의 각종 방식, 상호 영향 관계 속에서 각자의 욕망과 이익을 조율해가는 방식들에서 로컬리티는 형성된다. 공생을 위한 로컬리티는 구성적이고 생산적인 것이며 상호 영향의 역동적 과정에서 배태된다고 할 수 있다.

로컬리티 연구의 일환으로 기획된 이 책은, 다문화 현상·담론·주의라는 현실적인 문제를 인문적 관점에서 탐구함으로써 공생의 토대로서의 로컬리티를 모색하는 데 목적을 두었다. 이를 위해 다음 세 차원의 논의를 순차적으로 진행한다.

1부 "다문화 담론, 전지구·국가의 층위에서 로컬의 층위로"는 한국의 기존 다문화 담론·연구는 신자유주의적 세계화를 배경으로 주로 국가 층위에서 논의되고 진행되었으며 비판적·생산적 지적들 역시 국가의 정책이나 제도 등에 초점이 맞춰 있었다는 문제의식을 중심으로 한다. 여기서는, 기존의 비판에 동의하면서도 다문화 담론·연구가 로컬의 층위에서 진행되어야 한다는 점을 강조한다.

「다문화적 존재의 인식과 동아시아의 공존 사유」는 동양철학적 관점에서 로컬리티의 성격을 탐구한다. 이 글은 이동성과 유동성을 특징으로 하는 현재적 조건과 상황이 로컬리티의 유연성을 요구하고 있다고 주장한다. 지금 세계는 복잡성에서 생겨나는 다양성을 분리와 대립의 도식으로 파악하기보다는 그 다양성의 존재를 허용하고 수용하는 공간을 요구하고 있다는 것이다. 내가 어떻게 할 수 없을 만큼 세상의 존재 조건들이 다양하게 전개되고 있다는 것이 이 글의 기본적인 세계관이다. 그리고 그만큼 우리가 가야할 길도 또한 즐비하게 존재하는데, 그런 길은 기존의 가치관을 고수한 나머지 변화에 대해서는 미동도 하지 않으려는 사람의 시야에는 들어오지 않는다고 주장한다. 그러면서도 개인이나 집단의 역사적 다양성이나 문화적 차이를 의미하는 다문 화와 우리가 안고 있는 지역적 정치적 단일성이 서로 조화로운 관계를 맺는 것은 쉽지 않아 보인다고 토로한다. 필자는 문제의 해결책을 장자를 비롯한 동양의 사상가들에게서 찾는다. 동양의 사상가들은 이미 '자연적 각도'에서 사물 가치의 역동성, 고유성, 평등성을 바라볼 것을 권하였는데, 이런 시각에서 완고한 타자 인식 체계를 넘는 상대성과 관계성의 확보를 고민해야 한다고 주장한다. 다문화적 가치, 로컬리티, 로컬문화, 소수성을 보는 냉철한 혜안, 내가 모든 것의 중심이고 우리의 가치만이 이 세상에 필요하다는 독단성을 넘어서서 서로 포용해주고 상생한다는 타자 인식의 공간적 전환의 가능성을 동양의 사상가들에게서 타진할 수 있다는 것이다. 그리고 이런 노력이 로컬적 차원에서 전개될 때 각종 중심주의나 국가주의적 편협성을 극복할 수 있다고 주장한다.

위 글이 로컬리티에 요구되는 성격을 동양철학적 관점에서 전개하고 있다면, 「다문화 로컬 시민공동체 생성의 가능성」은 서양역사철학적 견지에서 구체적인 방법론을 모색한다. 이 글은, 문화적 다수집단이 문화적 소수집단을 대등한 가치를 보유한 집단으로 수용하여 사회 참여를 보장하고 문화적 권리를 인정하는 '차이의 정치' 혹은 그 차이의 인정에 큰 가치를 부여하고 소수집단의 문화적 권리를 요청하는 '인정의 정치'는 다문화주의 논의를 활성화시킨 중요한 주제였다고 개괄한다. 동시에 그것은 반성적 성찰의 대상이기도 하다는 점을 놓치지 않는다. 이 글의 진단에 따르면, 최근 한국에서 진행되는 다문화 사회 현실과 관련된 성찰은 한때 서구의 이론을 준거로 삼아 '관용', '환대' 또는 '보편적 인권'과 같은 선험적이고 윤리적인 담론을 남발하던 단계를 넘어서 더욱 정교한 분석과 이해, 처방과 대안을 성찰하는 분위기다. 이에 발맞추어 이 글은 먼저 국가 차원에서 전개되는 '인정의 정치'를 비롯한 다문화 담론을 로컬리티 연구 차원에서 전유하는 방법을 시론적으로 모색하고 있으며 나아가 그것을 현실에서 구현하는 방법을 탐구한다. 또한, '타자' 이주민을 로컬의 주체로 수용하는 방도를 주체화 및 혼종성 개념과 연관시켜 시론을 모색하는 한편 그 결과 상호주체적 존재인 주체/타자 개념으로 포섭한다. 마지막으로 이 혼종적인 주체/타자에게 시민권을 부여할 수 있는 조건을 문화적 시민권 개념과 공간적 시민권 개념을 통해서 장단점을 검토한다.

「다문화주의의 지역화 가능성—경기도 안산시의 경우」는 다문화담론·주의를 특정 로컬의 층위에서 재모색해보고 이의 활성화를 위한 구체적인 제언을 담은 글이다. 이 글은 관용, 비차별의 법제화, 문화적 권리라는 세 가지 분석틀을 통해 안산 지역을 대상으로 다문화주의의 지역화 가능성을 타진한다. 안산에는 국가중심 다문화주의의 모순과 한계를 최소화할 수 있을 만한 여러 사례들이 존재한다. 동시에 상징적인 수준에 머무는 관용의 문화, 제한적이며 구속력이 약한 비차별의 제도화, 기본적인 삶의 권리와 괴리된 문화권 담론 등 다문화주의적인 사회 구성의 원리가 안산 지역 사회에 착근되는 것을 지체시키는 반대의 사례들과 경향들 역시 확인된다. 다문화주의의 지역화 가능성을 현실화하기 위한 최우선 과제로 이 글은 지역의 다양한 행위자들과 이해관계 당사자들이 참여하는 다문화 공론장을 확대하고 활성화하는 일을 제안한다. 이 글은 경험적 기술이나 외삽적 조망을 지양하고 분석

적 접근을 시도하고 있다는 점에서 기존의 다문화 사례 연구들과 구분
된다고 할 수 있다.

2부 "다문화시대와 로컬리티의 변화"는 현재 진행되고 있는 다문화
현상이 로컬리티에 어떤 영향을 끼치면서 변화에 개입하고 있는지를
살핀다. 다문화현상이 순혈주의와 단일민족 이데올로기를 해체하는
양상을 살피는 데서 나아가 생성적 성격의 로컬리티와 어떤 방식으로
접맥되어 로컬리티의 전환을 유도하는지를 고찰한다.

「로컬 전주의 다문화 인문학」은 로컬 전주를 대상으로 로컬리티 인
문학의 효용성 그리고 로컬리티 연구와 다문화주의의 이론적 맥락을
검토하는 거대한 시각을 보여준다. 이 글은 인간사회의 권리에 대해
인간으로서 권리인 인권과 사회제도 속에서의 권리를 구분하는 데서
시작한다. 그리고 다문화주의와 로컬리티 연구의 차이를 설명함으로
써 글의 초점을 구체화해나간다. 즉 다문화주의는 인권과 민족국가 단
위의 정치적 권리인 시민권을 중심으로 분석한다면 로컬리티 인문학
은 권리의 담론으로 접근 가능한 한 가지 경우가 인간으로서의 보편적
인 권리인 인권과 거주자로서 보편적인 권리인 거주권으로 분석하는
것이라고 규정한다. 이를 바탕으로 좀 더 구체적인 논의가 개진된다.
다문화주의의 적절성은 A-E-I-O 도식의 가설연역적 방법으로 검증한
다면 전주에서 현장의 차별화한 시민권, 영주권, 합법노동자, 불법노
동자에 대한 거주권의 사회적 대우 차이 여부로 현실적합성을 검증할
수 있다는 것이다. 이에 비해 로컬리티 인문학은 A-E-I-O 도식의 가설
연역적 방법으로 검증한다면 로컬 전주에서 무차별적 거주권의 존재

가능성의 실존 여부로 현실적합성을 검증할 수 있다고 주장한다. 또한, 다문화주의는 현실적인 상황을 고려해서 거주민 중에 본래 주민 및 귀화자의 시민권, 이주민의 영주권, 소수민족의 민족권 사이의 권리를 순차적으로 등급화해서 파악한다. 이에 비해 로컬리티는 주민들의 거주권을 시민권, 영주권, 소수민족권 사이에 내적인 차별 없이 기본적으로 동등하게 수용한다. 매우 느슨한 차원에서나마 로컬 전주에서 다양한 사례들을 이용해서 로컬리티의 인문학의 거주권이 가설-관찰명제 혹은 상수-변이체로 효과적이라고 평가하고 있다. 이 글은 학문적 특히 인문학적 층위에서 로컬리티 인문학과 다문화주의의 관계에 접근하는 데 도움이 될 것이다.

「이주민 여가공간의 형성과 변화-김해 외국인 음식점을 중심으로」는 다문화공간 특히 김해 구도심 이주민 음식점을 대상으로 이주민의 여가공간으로서의 가능성을 검토한다. 이 글은, 음식점을 경제적인 논리보다 이주민들이 작업공간에서 경험하는 문화적인 갈등을 해소할 수 있는 쉼터, 취업, 인권 등 정보교환의 공간 등 여가공간의 관점에서 분석하고 있다. 음식점은 다문화를 상품화하는 대표적인 방법의 하나이다. 김해 구도심에서는 최근 10년 사이 이주노동자들이 왕래하면서 이국적인 풍경을 만들어 내고 있다. 그런데 김해 외국인거리의 음식점들은 국가의 개입, 상인들 사이의 경쟁논리가 작동하면서 끊임없이 이주민들의 여가공간으로서의 의미를 축소시키고 있다. 하지만 음식점 경영자의 이윤획득 논리가 오히려 주요 소비자인 이주민과의 관계 유지, 선주민과 접촉 확대의 필요성을 만들어 내면서 다문화공간화의 가능성도 존재한다. 이 글은, 따라서 현재 김해 외국인거리는 다문화공간으로서의 완성체가 아니라 과정 중에 있다고 결론짓는다.

「이중언어 동화 발간과 공동체 구성원의 의식 변화—아시아밝음공동체를 중심으로」는, 언어 문제가 개입된 아시아밝음공동체의 이중언어 동화 발간 사업을 중심으로 작업 과정에서 나타나는 공동체 구성원(선주민과 이주민)들의 의식 변화를 살핀다. 공동체 차원의 직접 대면을 통한 구성원들의 상호작용은, 이중언어 동화를 통한 다문화에 대한 이해 증진, 동화구연을 통한 일자리 창출이라는 국가의 기획을 넘어, 구성원들의 다문화 관련 의식의 변화, 선주민과 이주민, 한국인과 결혼이주여성이라는 경계 허물기의 양상을 보인다. 이러한 변화는 이 추상적 차원의 국가 단위 기획을 넘어 어떻게 다문화 상황에 개입할 수 있는지 그 가능성을 보여준다. 또한 타자화를 경험한 결혼이주여성이 보여주는 다문화에 대한 의식과 실천은, 타자화라는 경험을 공유한 로컬의 다문화와 관련한 능동적 실천의 가능성을 보여주기도 한다. 그럼에도 불구하고, 이 글은 이중언어 동화 발간 사업은 이익 창출, 기회의 차이에 따른 결혼이주여성들 내부의 배제와 타자화 등의 문제를 여전히 과제로 남기고 있다고 평가한다.

3부 "다문화주의와 대안적 인정의 재구성 그리고 로컬리티의 위치"는 로컬리티가 다문화주의의 정의·개념·실천 특히 윤리의 정의와 실천의 문제에 개입할 수 있는 통로를 확보하는 데 초점을 모은다. 이를 통해 '신자유주의적 세계화의 부정적 결과물을 정당화하기 위해 제기된 다문화주의'라는 난점·비판을 극복하고 나아가 다문화주의와 그 내적 토대인 윤리를 재맥락화할 수 있는 단초를 찾고자 한다.

「로컬 주도적 다문화주의의 의미와 가능성－윤리와 문화를 중심으로」는 다문화주의가 갖는 한계를 살피고 이를 극복하기 위한 물질적・인식적 토대 혹은 필요조건을 로컬리티에서 모색하고 있다. 이 글에 따르면, 다문화주의가 표방하는 윤리・정의는 구체적이고 명확한 내용을 담지한 것이 아니라 당위적인 가치라는 상징적이고 추상적인 기표로 기능한다. 윤리정의의 구체적인 기의는 다문화주의가 특정 시공간에 착종될 때까지 유예되지만 윤리・정의는 이미 당위성・규범성을 확보하고 있는 것으로 숭고화된다. 자본・국가 주도의 다문화주의는 텅 빈 기표인 다문화주의를 허위적으로 선점하여 도구화함으로써 문화를 탈정치적・탈맥락적인 것으로 개인을 추상화・사사화한다. 반면 로컬은 다문화주의라는 텅 빈 기표에 구체적인 기의를 각인하고 고정하는 과정에서 끊임없는 갈등과 차이를 드러냄으로써 다문화주의의 규범성・당위성에 권위를 부여하며, 문화를 사회・경제・정치적 맥락에 재정위시켜 소수자 간의 연대를 지향하게 함으로써 자본・국가 주도적 다문화주의의 곤궁을 극복할 수 있는 일종의 장으로 기능할 수 있다고 주장한다.

위 글이 이론적 층위에서 진행되었다면, 「난민과 외국 이주민 그리고 독일 지역에서의 감수성」은 독일의 로컬을 사례로 다룬다. 이 글은 전 세계적으로 국가 간의 경제적 격차와 정치적, 군사적 갈등이 심화하면서 예전보다 더 많은 강제적 이주민이 발생하고 있다는 진단에서 출발한다. 이를 바탕으로, 특정 지역이 난민에 대한 국제정치와 중앙정부 차원에서의 통제와 관리 방식에 대해 어떻게 저항하고 이를 개선할 수 있는지를 독일 베를린의 크로이츠베르크를 통해 살펴보고 있다. 글에 따르면, 신자유주의 질서 하에서 난민이나 외국 이주민에 대한 '투명화를 통한 배제', '구획화' 그리고 '국적에 따른 등급화'가 강화되고 있는데, 자율주의 운동의 산실이며 본거지인 크로이츠베르크는 난민들과 연대해서 이에 저항하였을 뿐만 아니라 독일 사회에서 난민의 권리와 처우에 대해 새로운 논의의 장을 촉발하였다. 이외에도 크로이츠베르크 지역이 난민과 외국이주민에게 특히 매력적으로 다가오는 이유를 다양한 측면에서 살펴보고 있다. 이 글은 지역이 국제정치나 중앙정부의 일방적인 관리와 통제 정치를 단순히 집행하는 대리인이 아니라 새로운 상상력과 행동으로 이 통제 정치를 실제적으로 변화시킬 수 있음을 보여준다.

이 책은, 로컬리티가 다양한 주체들의 공생에 기여할 수 있는 인식적·실제적 방법을 모색하기 위해 철학, 역사학, 사회학, 언어학, 문학, 문화인류학 등의 분야에서 고민한 결과물이다. 다문화 연구와 특히 로컬리티 연구의 인문적·사회적 실천에 있어 이 책이 조금이나마 도움이 되기를 바란다.

차례

1부

다문화 담론,
전지구·국가의 층위에서
로컬의 층위로

다문화적 존재의 인식과 동아시아의 공존 사유

이명수

1. 다문화, 다양한 주체가 모여 사는 공간

　다문화 아니 다문화주의, 이는 문화적 다원주의인가? 또 그것은 로컬리티에 관련하는가? 그 같은 용어적 발생은 어떤 장소적 역사성을 가진 사람이 '자기 정체성'을 뒤로 한 채 자기 스스로를 이질화하면서 내면을 성취하려는 데에서 기인한다고 할 수 있다. 다문화이건 다문화주의이든 그것은 한마디로 국가, 민족, 인종이라는 문화적 정체성 충돌의 여지를 염두에 두고 발생한 명칭이고, 그것은 자기 나름의 지역적 공간적 기억을 지닌 채 이동성의 장소에서 새롭게 쌓아가는 과정에서 발생할 수 있거나 과거, 현재를 통해 발견하게 되는 시간적 조건을 성찰하고 미래를 대비하려는 안목에서 생긴 국민국가적 정책이라 말할 수 있다. 이는 역시 어떤 정체성의 장소에서 사람의 욕망이 부추기는 이동성의 주체와, 다문화를 필요로 하고 수용하려는 이해당사자들 간에 발생할 수 있는 불화를 염두에 둔 임시방편의 미봉책일 수도 있다. 그 점에서 이미 다문화는 누가 주체이든 공간적 특성을 배제할 수 없으며 수용의 측면에서는 글로벌이나 글로컬에 대비되는 국가, 국가에 대비되는 지역, 말하자면 상대 로컬 또는 절대적 지점이나 장소를 필요로 한다는 점에서 이미 로컬리티에 관련되고도 남음이 있다.

다문화가 이행되고 있는 곳에서의 현장적 자기정체성과 관련하여 볼 때 그것은 물질문명이 만들어낸 본의 아닌 이동성의 결과이어서, 이제 막 자고 일어난 곰이 전에 없던 바위 덩이를 본 것과 같이 당황스런 국면일 수도 있다. 여기서 필요한 것은, 『장자』의 '나비 꿈'에 보이는 꿈꾸는 주체로서 나와 나비에 대한 인식에 들어가 내가 나비를 꿈꾸는지 나비가 나를 꿈꾸는지 헷갈려 하는 것처럼, 이질적 존재에 대하여 서로 고민하면서 초탈하고 서로 '자연'이라는 시공간성의 존재, 나름의 존재방식을 정체성으로 한다는 초탈의 경지일 수 있다.

시공간적 조건을 성찰하자면, 물밀 듯이 밀려오는 물질성을 이성으로 하는 근대성, 한 곳에 머물지 않는 이동성은 우리의 의식과 무의식의 경계를 넘어 존재한다. 물질을 향한 무한한 욕망은 국가 권력을 통해 제국주의를 낳았듯이, 개인은 개인 나름대로 물질 성취에 대한 맹목성을 '합리성'으로 간주, 국가나 지역의 경계를 넘나든다. 이런 점에서 인간이 공간에서 빚어내는 공간성을 관용의 각도에서 주시하면서, 누가 선주민이나 이주민이 되든, 누가 정착민이나 난민이 되든 상대는 주체인 우리와 마찬가지로 나름 세상의 주체이다. 이에 주체의 충돌 없이 모두가 더불어 사는 방법은 없을까 고민할 필요가 있다.

한편으로 따지고 보면 다문화도 지역적 소요所要에 의해 발생한다는 점에서 이미 일정 장소나 지역 또는 나라의 구성원과 한 배 위의 한 몸과 같은 밀접한 관계에 있다는 점을 받아들여야 한다. 따라서 우리에게 나쁜 존재라는 피해망상을 넘어 '인정과 포용의 단계'로 접어들어야 한다.

저간의 한국의 경우를 볼 때, 등록 외국인 200만 시대를 맞고 있다. 이들 외국인은 법무부 통계를 들먹거릴 필요도 없이 주로 서울과 경기에 분포되어 있지만, 각지에 골고루 분포되어 우리와 더불어 공존의 삶을 살아가고 있다. 다문화라 하면 주로 우리와 문화적 정체성을 달리하는 결혼이주민을 말하지만, 그런 정의는 한국 정부의 정책에 관련된 것이고 학술적으로는 어느 집단과 함께 사는 외국인들—그들이 노동자이든, 난민이든, 결혼이주민이든 할 것 없이—을 포괄적으로 가리킨다는 것이 옳을 것이다. 이들은 그 숫자 면에서 1995년 1월 김영삼 정부가 세계화 추진위원회를 출범시킨 이후 급속도로 늘었다 할 수 있다. 1980년대에 미국과 유럽이 주도한 신자유주의의 물결 속에 한국은 어찌할 바 없이 '세계화'라는 미명하에 산업을 일등 위주로 재편하기 시작한다. 이후 기형적으로 변한 산업 구조 속에서 '허드렛일'을 담당할 산업연수생을 불러들이고, 저출산에서 비롯된 결혼수요를 메우기 위한 방편으로 외국인들이 우리와 더불어 살 수 있는 제도적인 문을 크게 열어 놓았다.

그리하여 노무현 정부에 들어서면 다문화란 용어는 공식적으로 출현한다. 그만큼 다문화는 우리가 피해갈 수 없는 것이고, 그들과 더불어 어느 한 장소에서 공존해야 되는 만큼, 이를 위한 우리의 의식 변화가 요구되는 단계에 이미 접어들고도 남았다 할 수 있다. 이 글은 이런 점에서 동아시아 사유를 통해 다문화의 본질을 접근하고 우리의 정신적 잣대가 되어 온 문화적 정체성에 유연성을 확보하기 위하여, 로컬리티 국면과 밀접한 관련 속에서 전개될 것이다.

2. 욕망이 빚어내는 이동성의 공간

1) 사적 도모에 익숙한 인간

다문화주의 접근법에 있어, 인간이란 생리적 물질적 욕망을 지니고 태어났다는 기초적 접근이 필요하다. 그리고 물질친화적인 욕망은 무한하며, 그런 점에서 인간이란 물질성을 메커니즘으로 하는 '근대적 이성'에 누구나 묶일 수밖에 없음 또한 인정하지 않으면 안 된다. 그리고 그 물질적 메커니즘은 공간과 장소를 근거로 이동성을 부추긴다는 점을 잊지 않으면 안 된다. 문제는 사람들은 으레 '사적 영역'을 우선으로 하여 세상을 점유하려 한다는 점에 있다.

한마디로 말하여, 인간은 욕망에 사는 존재이고 대상 성취욕을 본능으로 한다. 그러면서 인간은 기본적으로 물질을 욕망하며 물질이 있고 나서 정신의 문제를 논의할 수 있는 것이 아닐까? 인간이면 누구나 갖는 생리적으로 요구되는 물질적인 수요를 위해서는 공리功利의 경계를 갈구하고, 집단이 공존하기 위해서 윤리(질서)의 경계를 두고자 하며,

조합하고 서로 통솔하는 정치의 경계가 있으며, 사물의 이치에 관한 연구와 지혜의 추구 때문에 학술의 경계를 둔다. 존재의 근원을 돌이키고 참으로 돌아가며 자연과 인간이 합하기 위하여 종교의 경계가 있다. 여기에는 이익을 위주로 하는 것도 있고, 사랑을 위주로 하는 것도 있다. 권력을 위주로 하거나 '참'을 위주로 하거나 신을 위주로 하는 것도 있다. 우주와 인생의 구체적인 것을 대상으로 삼으며 색상·질서·리듬·화해를 완상玩賞하고, 자아自我의 가장 깊은 심령의 반영을 빌어 살피며, 인류 최고의 정신을 구체화하는 것, 미를 위주로 하는 예술 경계도 있다.[1]

이렇듯 내가 처해 있는 구체적 현실에서 삶의 근거를 도모하고 최후에는 미적이거나 예술적인 승화를 꿈꾸는 정신적 장소, 세계, 경지에 도달하려는 것이 인간 내면의 욕망이다. 문명이나 문화는 그 같은 인간의 내적 실현의 표상이다.

이 같은 대상 성취의 욕망을 지닌 인간은 공간의 제약을 넘어서려 한다. 욕망 성취의 공간을 확장하려 한다. 난민, 새터민, 프로야구 용병, 취업 이민, 투자 이주의 경우에서 보듯, 최소한의 생리적 욕구를 해결하려는 바람에서 물질욕의 성취의 당사자들에 이르기까지 그들은 똑같이 무한한 욕망을 지니고 있고 그런 나머지 또 다른 주체와 더불어 그들 나름의 소기 목적을 달성하는 과정에 접어들지 않으면 안 된다. 여기서 때로는 마치 질량불변의 법칙과도 같은 물질성의 한계, 또는 인식이나 관념상의 물질적 제약, 상대가 지닌 정체성이나 국가나 장소 기

---

1 宗白華, 『藝境』, 北京大學出版社, 1999, 140쪽.

억의 충돌 때문에 불화나 분쟁의 소지를 안게 된다.

물질성을 '이성'으로 여기는 인간적 추구, 그것이 굳이 '서구적 이성'이라고 들먹거리지 않더라도 인간의 잠재성임은 부인할 수 없다. '욕망의 경계' 가운데 하나인 사적 이익의 획득은 기초적인 것이거니와, 누구나 '공적 보편성'을 말하지만 '사적 편협성'에 사로잡히고 자기 경영을 도모하면서 '공익'을 가장한다는 점을 솔직담백하게 인정하여야 한다.

우리는 어떤 사람이 으레 '컨센서스'를 늘어놓다가 자기 먹거리를 위해 슬그머니 접시를 올려놓는 경우를 드물지 않게 보게 볼 수 있다. 물론 사회 정의를 실현하여 공동선을 논하는 사람이 없지 않지만, 사리私利와 무관하게 사회적 관심을 드러내는 경우는 드물다. 일찍이 맹자는 '관계성'으로 가득 찬 '더불어 사는 사회'를 꿈꾸며 '차마 어려움에 빠진 나라를 방치하지 않는 마음의 정치'를 제기하였던 바, 그 전제조건으로 '일정한 재화'의 생산을 요청한 적이 있다. 저 유명한 '무항산무항심無恒産無恒心'이라는 말에 담아낸 그러한 경제이념을 토대로, 마음에서 우러나오는 민중을 위한 정치를 천하에 펼 것을 유세하고 다녔다. 이보다 앞서 묵자는 정의란 기본적 이익의 분배를 토대로 가능하다는 이른바 '의리합일義利合一(정의와 이익의 관계는 합일한다)'[2]의 공리주의를 제기한 바 있다.[3] "사람이란 배고프면 먹을 것을 찾고 수고로우면 편안함을 추구하며 고통스러우면 즐거움을 찾고 욕되면 명예를 찾는다. 이것이 사람의 성품이다."[4] 정의의 잣대란 생활에 의존하는 것이며, 그 점에서

---

2 墨翟, 『墨子』 「經上」 四十 : 義, 利也 참조.
3 王澤應, 『自然與道德-道家倫理道德精髓』, 湖南大學出版社, 2003, 81쪽.
4 商鞅, 『商君書』 「算地」 : 民之性, 飢而求食, 勞而求逸, 苦則索樂, 辱則求榮, 此民之性也.

24 다문화와 인정의 로컬리티

동기보다는 결과론적이고 물리적이며 물질적인 것이 모든 합리성에 선행한다.

같은 맥락에서 '이타', 곧 타인에게 이익을 주는 계기를 마련함으로써 공생하려는 일이 중요하며 한갓 도덕적 이치에 그치지 않는, 서로 간 욕망 충족을 염두에 두거나 이행하려는 실천적 측면은 매우 중요하다. 더욱이 인간의 몸이란 기본적으로 동물적이어서 물질 친화적이다.

그 같은 기초 위에서 더 많은 것을 욕망한다. 몸 둘 바 또한 생리적이고 물리적이며 공간 조건을 요구하는 것이어서 물질적 공감대가 형성되지 않으면 문제는 발생하게 되어 있다. 이런 점에서 매우 세속적인 사물 인식이 필요하다.

몸과 마음이 제각각인 사람, 존재하였던 시공간적 조건이 다른 사람, 여기서 민족이니 국가니 하는 의미는 관념적이거나 상상의 유대지 현실적이고 결정적인 동질성은 아닌 것 같다. 사람은 누구나 차이가 있어서 같다고 한다면, 몸이 있고 물질적이거나 물리적인 힘, 돈, 명예를 누구나 희구한다는 점에서 같은 것은 아닐까? 따지고 보면 정의도 '물질'이 빠지면 붕어 없는 붕어빵이 된다. 일상에서 일차적으로 물질적 욕망 충족의 기회가 필요하다. 그 같은 관계 속에서 공동체 형성의 기틀을 마련, 거기서 삶의 기준을 정하고 정의의 문제를 의론하는 일이 요구된다.

2) 다양한 사람에 의한 욕망 성취의 장, 장소

동양의 기철학자들은 자연물에 내재한 운동성에 유의하였다. 장자는 제각각 다른 자연물의 '기'를 막연하게나마 설파하였고 장재는 자연물에 내재한 '치거나 수용하는' 공취지성攻取之性을 통해 운동의 존재론적 불가피성을 제기하였다.[5] 최한기 같은 사람은 '기화'의 관점에서 사물의 운동성에 주목하는 인간형을 촉구하였다. '근대성'의 각도에서 유동적인 방식으로 사물이 존재하는 것임을 설파한 그는 기존의 사물 인식의 틀을 벗어나 '운화'(운동변화)와 경험적 사실을 미루어 다가올 것을 예견하는 '추측'의 현실처리법을 제기하였다. 그에 의하면 인간은 우주 차원의 천기운하 가운데 하나인 인기운화에 의해 존재한다. 사람이 갖고 있는 내재적 에너지에 의해 스스로 변화한다는 것이다.

이 같은 의미에서, 인간은 그들이 머무는 공간의 한 장에서 과거, 현재, 미래로써 시간성, 역사성을 축적한다. 사물은 그 역사를 지니며 그 시종을 가지며 눈앞의 위치에서 존재하는 것도 아니다. 사물이 사물일 수 있음은 눈앞의 위치가 결정해주는 것이 아니라, 그 역사가 결정해주는 것으로, 사물의 근거는 시간에 존재하며 역사에 존재한다. 시간과 역사는 사물로 하여금 사물의 자기를 이룩하게 한다. 그러나 시간과 역사는 모두 장소에 있지 않고서는 장소에 존재하는 대상Gegestand을 형성할 수 없다. 때문에 그 존재를 경청하고 이해할 수 있는 과정을 거쳐야 한다. 이와 같을 뿐만 아니라, 경청을 거치고서야 비로소 사물자

---

5   張載, 『正蒙』 「誠明篇」 참조.

체를 이해할 수 있고 사물의 시종일관을 알 수 있다.[6]

이런 점에서 장소에서 재현되는 표상은 하이데거의 존재자, 현존재, 사건, 시간과 사건이 어우러지는 역사성일 수 있다.[7] 이 같은 시간성과 공간성의 차이에서 다문화의 발생도 접근할 수 있을 것이다. 사람들은 으레 내가 차지하고 있는 '이곳'이나 '저곳'은 나의 욕망을 해결해 줄 수 없는 곳이라 하여 '또 다른 공간'에 주목한다. 고향과 같은 나의 '땅'을 뒤로 한 채, 새로운 '그곳', 연구자는 이 같은 의미의 장소재현으로서 '압구정동'을 상정한 바 있거니와[8], 이른바 이동하는 '로바다 야끼'족이란 어느 곳에서도 국면마다 있게 마련이다. 자신의 기호와 욕망을 성취할 수 없어서 '빈 지갑'마저 의식하지 않은 채, '그곳'을 찾는 것처럼 또 다른 '입지'에서 이루어 보지 못한 꿈을 성취하려는 '그들'에겐 또 하나의 공간이 절실하게 요구되기 때문이다.

고전적인 잣대로라면, 보다 선험적이고 숭고한 존재의 이치—특히 도덕론의 경우—를 문제 삼겠지만, 현실로 오면 그것은 관념적인 것이 되고, 우리가 몸이 있는 한 현실적 제약에 부딪치는 일을 경험하게 된다. 다문화에도 우선 똑같은 욕망의 존재라는 점에서 '같다'라는 술어적 인식이 필요하다. 그리고 욕망의 성취를 위해 '장場'을 필요로 한다는 점에서, 어떤 장소나 국가 단위로부터 우리 모두 다문화적 접근의 대상이 될 수 있다.

---

6   葉秀山, 「論"事物"與"自己"」, 羅嘉昌 등 주편, 『場與有－中外哲學的比較與融通(五)』, 中國社會科學出版社, 1998, 16쪽.
7   김종두, 『하이데거에 있어서 존재와 현존재』, 서광사, 2000, 430쪽 참조.
8   이명수, 「존재의 공간과 인식의 경계」, 『동양철학연구』 74집, 동양철학연구회, 2013, 212 ~215쪽 참조.

여기서 욕망 성취의 과정에서 발생하는 장소 점유의 주체이든, 수용의 주체이든 발상의 전환이 필요하다. 자연물의 내재적 '힘'의 자유정신에 입각한 장자의 대상 인식과 운동성의 각도에서, 본질적 사물 운동을 포착한 장재, 그리고 물질성마다 다양한 존재의 패턴을 설파한 최한기의 생각에서 보듯이, 각각의 개체는 그 나름의 가치를 지니며, 따라서 우리는 이를 등차 지워서는 안 된다. 생명현상, 역동성, 운동성, 변화를 의미하는 '활동운화'를 현실에 적용하지 않으면 안 된다. 갖가지 로컬들, 국가, 개체, 지역에 내재한 각자의 운동성, 순환에 대한 인간적 인식이 필요하다. 그 적절한 실천은, 인간적 도리의 이행에 해당할 것이다. 이전에 만연된 가치 개념에 그치지 않고, 사물이나 개체의 가치 실현에 대하여 본질적이며 관대한 접근이 필요하다.

3. 다문화 발생과 수용의 공간으로서 로컬리티

1) 차이의 메커니즘을 살필 줄 아는 태도

어떻게 보면 로컬리티란 다문화의 공간이다. 로컬리티는 하나의 지역성, 지방성이지만, 이는 '로컬'이라는 상대주의적 함의, 곧 글로벌에 대해서는 국가, 국가에 대해서 지방이나 지역을 뜻하는 '경계'를 가리킨다는 점에서 중심과 비중심의 함의를 또한 모두 갖고 있다. 비중심의 가치라는 점에서 로컬리티는 소수성과 통할 수 있고, 지역적인 가치라는 점에서는 다문화의 맥락에 본질적으로 연결되어 있다. 그러면서 다문화의 장소, 소수성 수용 장소의 의미를 갖는다.

　세계사적 역학관계에서 중심부로부터 밀려난 제3세계의 문제들. 근대적 정체성의 민족국가 건설로부터 발생한 소수자 문제, 서구, 동구, 아시아, 아프리카 등에서 발생하고 있는데, 하위 주체들의 문제가 연구 대상이 될 수 있고, 근대국가 수립 과정에서 소수자로 전락한 유색인종, 여성, 소수종교의 신자, 경제적 약자, 도덕적 소수자 등. 동아시아의 경우, 전제국가가 만연된 과정에서 발생하는 하위계급, 천민(내시), 여성 박해 기제 등이 연구 대상일 수 있거니와,[9] 한국의 경우 1945년 이후 광복되어 단일문화·언어의 종족민족국가가 되고, 1990년대 이후 발생한 이주노동자metics, 결혼이민자, 탈북새터민, 아동외국유학자들, 코리안 디아스포라로서 1860년대~1910년 시기, 구한말의 농민, 노동자들이 기근과 빈곤을 피해 중국, 러시아, 하와이로 이주한 시기, 1910년~1945년 시기, 농민과 노동자들이 주로 만주와 일본으로 이주(정치적 난민과 독립 운동가들 포함), 1945년부터 대한민국 정부가 이민정책을 처음으로 수립한 1962년 시기, 전쟁고아, 미군과의 결혼여성, 입양, 유학 등 비이민의 형태로 이주한 시기, 1962년 이후 오늘까지, 미국이나 캐나다로 이주한 한인, 재일 한인 등에 주목하여 연구의 대상을 삼을 수 있다.[10]

　우리에게는 파독派獨 광부나 간호사(당시는 간호원이라 부름)라는 우리 나름의 대표 디아스포라 기억이 있고 이때 '한국은 이lice를 수출하는

9　전영평, 「소수자의 정체성, 유형, 그리고 소수자 정책 연구 관점」, 『정부학연구』 제13권 제2호, 2007, 110~111쪽 참조.

10　박병섭, 「세계사와 한국사에서 근대성, 자유주의 그리고 소수자들」, 『범한철학』 45집, 범한철학회, 2007, 228~229쪽 참조.

나라'라는 비하 섞인 인식이나 인정의 문제를 제기 받았거니와, 우리의 문화적 전통 역시 다문화 수용의 이념이나 인식의 공간이 그리 넓지 않다. 그것은 우선 우리 안의 전제성이자 '하나 만들기'에서 비롯한 것으로 보인다. 기축문명으로서 중화문명의 그늘에서 '정체성'으로 오래도록 믿어온 성리학적 통치이념도 그렇거니와, '단일민족'을 자랑하며, '흰 옷 입는 민족', '조용한 아침의 나라'로 표상되는 '하나로' 문화는 "양공주"니 "딴따라"니 "튀기"니 하는 용어를 양산하였다. 이는 예를 들자면 '화이華夷'라는 문명적 대상 인식에서 비롯한 것으로 우리 것이 아닌 것에 대해서는 생각지도 못하게 하는 봉건 전제주의의 사회분위기와 무관하지 않다. 순종 존재방식이나 정체성에 젖게 하여 이른바 '이국적인 것'을 우습게 여기게 하는 비하적 안목을 각인시켰던 것이다. 동도서기나 중체서용과 같은 우리 방식의 고수는 이질문화에 대한 반발감으로 깊숙이 작동하였다. 안팎으로 조작된 정체성이 중심주의적 제도의 탄생이나 이행을 낳아 소수성의 마이너리티 문제, 지역이나 지방 문화, 다(타)문화에 대하여 의식적이거나 무의식적으로 홀대하는 태도를 낳게 하였다.

여기서 우리는 사물의 자기 원인이나 가치, 정체성에 대한 장자적 인식을 가할 필요가 있다. 장자는 우주 자연의 어디에 존재하든 그것들은 모두 '자기 존재'의 가치, 정체성으로 '도'의 소중함을 즐긴다는 평등의식을 전개한다.

동곽자(東郭子)라는 사람이 도(道)가 어디에 있느냐고 묻자, 어느 곳이든 없는 데가 없다고 해 놓고, 세속적 각도에서 볼 때 저급한 단계로 거듭

내려가더니 급기야 똥이나 오줌에도 있다고 말함으로써 동곽자를 어이없게 만든다. 동곽자가 장자에게 이렇게 물었다. '이른바 도는 어디에 있습니까?' 장자는 말한다. '있지 않은 곳이 없지.' 동곽자는 말한다. '딱 짚어 주시면 좋겠습니다.' 장자는 말한다. '누의(螻蟻, 개미와 땅강아지)에도 있단다.', '어찌 그리 차원이 낮습니까?', '〈논이나 밭의〉 피에도 있단다.', '어찌 그리 더욱 차원이 낮아집니까?', '기왓장이나 벽돌에도 있지.', '어찌 그리 더욱 심하게 낮아집니까?', '똥이나 오줌에도 있어' 동곽자는 더 이상 대꾸하지 않았다.[11]

장자에게 도는 어디에든 있다. 자연적으로 부여된 가치, 기준, 삶의 지향점으로서 도는 우주 삼라만상 어디에든 존재한다. 계산에 밝거나 억지를 쓰는 일에 익숙한 사람이라면 똥이나 오줌과 같은 로컬에 어찌 고상한 가치가 위치하고 있다고 하겠는가! 장자는 자유정신에 의거하여 존재 방식 인식의 틀을 전면적으로 뒤집어 보라는 시사를 진행하였다.[12]

그런데 어디에든 있는 그 같은 정체성이란 머물러 있지 않다. 운동한다. 장자는 이미 운동의 관점, 곧 '기氣', '기화氣化(기의 운동변화)'의 관점에서 자연물을 바라보았거니와, 사물의 존재를 근대성의 각도에서 바라본 최한기는 존재 양식으로서 '이치'에 대하여 역시 운동변화의 각도에서 접근할 것을 요청한다. 만물은 물질성의 변화이며 그것을 토대

---

11 『莊子』「知北遊」: 東郭子問於莊子曰, 所謂道惡乎哉. 莊子曰, 無所不在. 東郭子曰, 期而後可. 莊子曰, 在螻蟻. 曰, 何其下邪. 曰, 在稊稗. 曰, 何其愈下邪. 曰, 在瓦甓. 曰, 何其愈甚邪. 曰, 在屎溺. 東郭子不應.

12 이명수, 「동아시아 사유에 나타난 로컬리티의 존재와 탈근대성」, 『한국사상과 문화』 45집, 2008, 327~328쪽 참조.

로 인간이 나아갈 길을 추측해야 한다고 본, 그는 '운화'(운동변화)에 의하여 인간, 사회, 우주, 자연을 유기적으로 연결하여 다양한 존재의 이치를 추구할 것을 권한다.

이치란 반드시 기(물질성)에 나아가서 인식하고 찾아야 한다. 그러나 물질성의 기를 가지고 이치라고 하면 옳지 않다. 물질성의 기를 버리고 이치를 찾는다면 더욱 옳지 않다. 만물의 근원이 하나라고 논의한다면 기도 하나이고 이치도 역시 하나이겠지만, 만물이 다양한 차이로 나뉘는 것을 살핀다면 물질성의 기도 만 가지로 다양할 것이며 이치도 역시 만 가지로 다를 것이다.[13]

유연하지 않은 획일화된 정체성의 '장'에는 충돌이 있을 뿐이다. 그같은 의미에서 다문화적 가치에 대한 인식과 인정에 착수할 필요가 있다. 사실 오랫동안 전제정권이 악용한 주자학적 '이일理一(이치는 하나다)' 이념은 마치 '하나'의 사회시스템이 불변하게 존재하는 것처럼 사람들의 의식을 지배하였다.[14] 그것은 권력 당국자의 입맛에 맞는 '하나로' 코드에 불과하고 오도된 리더십을 성취하기 위한 자기 주체성 강요

---

13 崔漢綺, 『推測錄』 卷二. 推氣測理, 氣一理一 : 理須就氣上認取. 然認氣爲理, 便不是, 捨氣求理, 尤不是, 論萬物之一原, 則氣一而理亦一, 觀萬物之分殊, 則氣萬而理亦萬.

14 예를 들어, 오래도록 조선의 통치이념으로 작동한 주자학적 세계관에서, "우주 사이에 '하나의 이(理)'일 뿐이다. 하늘이 그것을 얻어 하늘이 되고, 땅이 그것을 얻어 땅이 되어, 천지 사이에 생긴 모든 것은 각기 그것을 얻어 '성품'으로 삼는다. 그것이 확장되면 '삼강'이 되고 기강으로서 '오상(五常, 오륜)'이 된다"(朱熹, 『朱熹集』 卷七十, 「雜著·讀大紀」 : 宇宙之間一理而已. 天得之而爲天, 地得之而爲地, 而凡生于天地之間者, 又各得之以爲性; 其張之爲三綱, 其紀之爲五常)고 하였다. 과연 그 같은 '하나의 이치'로 세상을 지탱할 수 있을까? 여기에는 상당한 전제성이 내포되어 있다.

에 지나지 않는 것이었지만, 그것은 여전히 우리의 무의식 속에는 경색된 모습으로 잠재하여 있을지도 모른다. 획일화된 생각은 사물 변화의 다양성 인식을 막고 우리 밖의 세계와 지구의 변화를 무감각하게 한다.

최한기가 지적한 것처럼, 물리적인 존재의 이치와 사물은 우리가 어떻게 할 수 없으리만큼 따로 존재하는 것이 되어버렸다. 필자도 이미 앞서 지적한 바, 인간도 물질 친화적이어서 사람들이 지닌 욕망의 문제를 해결하느라 어찌할 바를 모르는 단계에 이미 접어들었다. 다문화도 이 같은 인간의 욕망이 빚어낸 물질성의 메커니즘 이행 과정에 발생한 것이다. 그렇다면 여기서 우리는 물질계와 인간계를 통합하여 시대변화를 읽어내고 각양각색으로 펼쳐지는 시공간성의 스펙트럼에서 '인간'을 읽을 줄 아는 방식을 개발하여야 할 것이다.

2) 다문화 수용의 공간으로서 로컬리티

앞에서 살펴본 바, 장자는 세속에 찌든 동곽자를 등장시켜 장소적이며 문화적 정체성인 '도'란 없는 곳이 없음을 설파한다. 자연물 하나하나를 '주체적 가치'로 여긴 것이다. 자기를 허물지 않는 인식 시스템으로 인한 대상 인식을 넘어 상대에 대한 존중과 인정의 면모를 보일 것을 촉구한다. 이를 통해 장자는 우주 자연의 어디에 존재하든 그것들은 모두 '자기 존재'의 소중함을 즐긴다는 평등의식을 전개한다.

여기서 우리에게 익숙한 '같음'의 정체성에 대하여 '다름'의 차이란 관계적이며 서로 의존한다는 점에 주목할 필요가 있다. 이 같은 점에 매우 유의한 장자적 세계관[15]에 이어 후기 묵가는 같음과 차이를 '전일주의적 각도'에서 보려 한다.

어머니와 자식은(다른 사람과 비교할 때) 나이가 많을 수도 있고 적을 수도 있다. 두 가지 색을 비교하면 흴 수도 있고 검을 수도 있다. 여러 사람이 길을 갈 때 가운데에 있을 수도 있고 좌우에 설 수도 있다. 행위와 학문의 실제를 따져보면 옳을 수도 있고 틀릴 수도 있다. 닭과 달걀은 성숙할 수도 있고 미숙할 수도 있다. 형제는 혈연일 수도 있고 아닐 수도 있다. 몸과 마음은 같은 데 있을 수도 있고 다른 데 있을 수도 있다. 곽(霍)은 곽씨 성의 사람일 수도 있고 학(鶴)일 수도 있다. 물건의 가격은 비쌀 수도 있고 쌀 수도 있다. 길고 짧음, 앞과 뒤, 가벼움과 무거움은 모두 이러한 관계에 있다.[16]

묵가와 같은 고전적 각도에서 '같음'이란 겹치거나 본질로 하거나 합치거나 떼 짓는 것이다.[17] 이에 대한 보다 자세한 설명을 달자면 "같음이란 두 가지 이름에 하나의 실질로 중복되는 같음이다. 아우르는 것을 벗어나지 않으니 본질은 같다. 한 집에 함께 머무는 것이니 똑같이 합침이다. 함께 할 수 있음이란 같이 떼 짓는 것이다."[18]

최한기는 "남녀의 다소는 각 나라마다 다른데, 여자가 많고 남자가

---

15 이에 대해서는 강희복, 「동양사상에서의 '같음'과 '다름'의 문제에 관해」(오경석 외편, 『한국에서의 다문화주의』, 한울아카데미, 2007)를 참고 요망.

16 墨翟, 『墨子』卷十「經上」, 同異交得放有無.「經說上」, 同異交得 : 處室子子母, 長少也. 兩絶勝 : 白黑也, 中央旁也. 論行學實, 是非也. 難宿, 成未也. 兄弟, 俱適也. 身處志往, 存亡也. 霍, 爲姓故也 賈宜, 貴賤也.

17 墨翟, 『墨子』卷十「經上」, 同 : 重·體·合·類.

18 墨翟, 『墨子』卷十「經說上」, 同 : 二名一實, 重同也. 不外於兼, 體同也. 俱處於室, 合同也. 有以同, 類同也.

적으면 한 남자에게 처첩이 있고, 남자가 많고 여자가 적으면 두세 사람의 남자가 한 여자를 데리고 살며, 남녀가 서로 반씩 되면 한 지아비에 한 지어미가 있을 수 있다. 이는 상황에 따라 그렇게 되며, 나라마다 풍속이 다른 것은 운화기로 말미암아 그런 경우가 많다"[19]고 한다. 유목민에게 일처다부제의 습속이 있다고 한다면, 그것은 그 사람들에게 주어진 현실적 상황에 의한 것이다. 우리가 갖고 있는 '일률적 안목'으로 상대를 평가하거나 우리와 다른 이방인이라고 여길 수는 없다. 우리의 방식이 있는 것처럼 그들도 나름대로 장소적 조건에 따른 순응의 과정을 겪고 있을 것이기 때문이다. 그런 인식이나 인정의 방법으로 우리에게도 닥친 '오늘 지금'의 다문화의 현실을 접근할 필요가 있다. 시간과 공간적 차원에서 닥친 현안과 대상 수용의 의미를 되새겨야 함이 옳다.

이미 다양한 방면으로 기(器)를 이용하는 기술이 있고 또한 무궁한 제도를 담을 용기가 있으니 그것들을 변화하고 소통시키며 소통하고 변화시키는 일은 오직 사람에 달려 있다. 이 점을 미루어 사람의 기량(器量)을 이해한다면 골라 뽑고 위임하는 방법과 사람 기운이 운화하는 도는 터득할 수 있을 것이다.[20]

최한기는 운화하는 도, 곧 운동변화의 관점에서 이루어지는 제도와 존재 방식을 권장한다. 이 같은 제안은 폐색적이고 봉건적 잔재에 허

---

19 최한기, 『人政』 卷12, 教人門5, 「戒色」.
20 최한기, 『氣學』 1-53.

덕이던 19세기에 표출된 것이다. 근대화의 물결에 즈음하여 '실학적 차원'에서 현실을 바라볼 것을 요구한 것이다. 그 즈음 이후 한국은 오랜 일제 강점기, 비민주, 독재 시기, 산업화, 민주화라는 중첩된 시간 속에서 자의반타의반 많은 것을 이루어 내지 않으면 안 되는 격동기에 있고 앞으로도 그럴 것으로 전망된다.

지정학적으로도 '편방'에 있는 탓일까? 여러 가지 수용공간이 넓어 보이지 않는다. 다문화와 관련하여 더더욱 '우리 안의 전제성'을 성찰하지 않으면 안 된다. 단일문화적 정체성이 우리의 의식에 여전히 강하고, 족벌, 학연, 지연, 혈연, 자손만대의 연대를 꿈꾸는 잘못된 생각이 우리의 몸놀림을 부자연스럽게 한다. 거기에, 눈만 뜨면 강조하는 효율성이라는 신자유주의적 추구는 인간 삶의 질감을 매몰한다. 비정규직의 일자리는 IMF 이후 가뜩이나 사회안전망이 취약한 나라에 너무나 당연한 일자리 창출법이 되어 버렸다.

여기서 다문화 수용을 위한 본질적 인식이나 인정이란 논의 자체가 어불성설일 수 있다. 우리의 다문화란 본원적으로 '자본적 이득'을 목표로 한 것이고, 그 자체로 이미 문화적 다원을 인정하는 '여유 있는 공간적 수용'의 여지는 없어 보인다. 여기에 인간적 유대감, 가치, 질서 원칙 등은 따로 존재하지 않는다. 이렇듯 타자를 단순히 '우리를 위한 도구적 관점'에서 바라보는 일이란, 여타의 시선을 또한 잠식할 것이다.

20세기 전후를 기준으로 하는, 한국의 민족국가적 가치 추구가 크게 대두되고 또 한편으로 지역적 가치의 상호 관계성과 근대성의 수용에 주목한 것을 눈여겨 볼 필요가 있거니와, 우리는 현재 근대적 메커니즘에서 우리에게 이익이 되는 일에 관계되는 매우 현실적인 공간에 다문화를 수용하는 한계를 안고 있다. 이 같은 척박한 여건에 대하여 '현장적 고민'을 갖고 접근하지 않으면 그 자체로 이미 '이치'가 아니다. 이 시대에 맞는 새로운 존재 방식을 개발함이 옳다.

3) '지금 이곳'에 역동하는 가치에 주목하기

'저들이 사는 그곳'에 걸터앉아 '여기'서 무엇이 꼭 이루진다는 보장도 없지만 잠정적으로라도 '가 있지 않으면 안 되는 곳', 주체적 역동성의 자리가 바로 다문화의 위치이기도 하다. 지역과 관련하여 다문화를 보자면, 인식주체인 '내'가 있는 '곳', 이곳에서 타자를 보는 눈은 대상 인식에 관계한다. 여기서 '인정'의 문제를 낳는다. 인식 주체인 '나'도 문제이거니와 새로운 인식 주체인 '타자'의 존재 방법이나 문화적 다양성은 우리에게 낯설고 그에 대한 관용이나 포용은 턱없이 부족하다.

다문화와 지역적 가치, 로컬리티는 대상 인식의 문제와 관련하여 유사성을 지닌다. 중심주의 문명론에서 소수성 가운데 하나가 로컬리티라 할 때 그 자체로 '로우 퀄리티Low Quality'[21]라는 비아냥거림이나 인정의 문제를 안을 수 있다. 문명이나 문화적 다원성이나 다양성으로 접근되어야 할 대상이 역시 로컬리티라 할 때 그것은 소수자적 위치에 자리매김 된다는 점에서 '다문화'의 맥락에 닿아 있다.

그러면서 로컬리티란 다문화의 수용 공간임을 주목하지 않으면 안

---

21 김송희, 「예마네의 마을 기억, 로컬리티와 '로우 퀄리티'」, 『로컬리티의인문학』 23호, 한국민족문화연구소, 2011, 2~3쪽 참조.

된다. 로컬리티 역시 하나의 문화 단위이기도 하지만 정체성을 지닌 사람들이나 집단의 이동성을 수용하는 곳이다.

더욱 중요한 것은 우리 시대의 현장적 변화에 대한 주목이다. 당국자와 힘 있는 자에 의한 우리가 갈 '길'에 대한 자각이 필요하다. 역사 속에서 소수자나 소약자를 위한 견해는 늘 표출되어 왔지만 가진 자를 통치 이념으로 둔갑한 것도 사실이다. '도' 또는 동질성, 정체성으로 변질되어 통치수단이 되었는데, '이타적 인간성'의 실현은 가진 자나 당국자의 몫이건만, '역으로' 자신들을 뺀 인민대중이 서로 사랑하고 자비하며 이심전심으로 살기를 바라는 교도수단이 된 것도 또한 사실이다. 유교의 '도'란 타자에게 다가 가려는 나의 희생정신이거나 사랑의 마음이고 순자에게 그 도는 무한한 인간의 욕망을 절제하려는 수단으로서 지도자가 심사숙고하여 예제를 제정해야 한다는 요청이지만, 그것은 '문명론'의 고취 과정에서 세월 가는 줄 모르고 이질문화를 '오랑캐'로 인식하는 수단이 되었다.

그런 나머지 물질문명적 이성을 지나치게 소홀히 하여 외세의 물리적 침략을 불러들이면서 '근대'를 맞는 '우(愚)'를 범하게 된다. 그 같은 문명적 정통성의 추구 과정에서 우리와 다른 타자는 이방인으로 인식되고 우리 또한 타자화 되는데, 이는 한국 사회의 총체적 문제점이기도 하다.

여기서 사물 인식에 있어 기존의 잣대에 보이는 봉건성과 전체성을 뒤로 하는 '카오스적 부정의 시각'과 상대주의, 관계론적 성찰이 필요해 보인다. 나아가 시대 상황에 어울리며 현장적 변화에 부응하는 안목이 요구된다고 할 수 있다. 하이데거는 실존적 존재로서 현존재

dasein, 곧 장소of place, da의 존재being, sein인 인간이 머무는 존재 양식으로서 일상성, 현존재의 시간성에 대하여 언급하였다.[22] 이는 순간순간 사람들이 어느 장소에서 역사성historicity을 축적하고 있음을 지적하였는데, 이 같은 의미에서 '지금 이곳'을 과정으로 하는, 운동변화의 '시간성Zeitlichkeit'에 안목을 집중할 필요가 있어 보인다. 이런 의미를 최한기는 '방금운화'와 '지기운화'에 담는다.

우주 내에서 지금까지 펼쳐지고 있는 방금운화야말로 우리가 의지해야 할 뿌리와 기본이요 전후의 표준이다. 학자는 반드시 이 뿌리와 기본을 정하고 표준을 세운 후에야 아마 방향을 찾아 조치를 취할 수 있을 것이다.[23]

이 시간도 수 없이 쌓이고 있는 운동 변화의 기운, 방금운화Changes of Temporality에 주목한 최한기는 역시 같은 맥락에서 나라마다 지역마다 각자 습속이 있는 것과 같은 역사성에 주목할 것을 요청한다. 이곳이 미국이든 한국이든 아니 한국의 부산이든 목포이든 오늘을 기점으로 사람은 어제의 역사성을 만들었고 내일 또한 문명적 발자취를 이어갈 것이 있다. 어떤 장소가 가진 역동성, 최한기에 의하면 그것은 '지기地氣'인데, 그 운동변화로서 '지기운화地氣運化'[24]에 끊임없이 주목하면서, 거기에 맞는 존재의 메커니즘을 개발하는 것이 좋을 것이다.

---

22 Martin Heidegger, *Sein und Zeit*(1926), Max Niemeyer Verlag Tübingen, 2006, p.371 참조.
23 최한기, 『기학』 1-1.
24 최한기, 『기학』 1-53.

4. 인간적 질감으로 공존하기

한국사회를 돌이켜 보면, 1960년대까지 보릿고개로 표상되는 가난, 1970, 80년의 민주화 과정, 오늘의 근대성의 메커니즘 성취가 서로 불완전한 면모로 중첩되면서 뭐 하나 제대로 된 것을 찾아보기 어렵다. 그만큼 '결여의 사회'이자 위험 사회에 접어들고 있다. 힘이 있는 자나 가진 자have는 그런대로 괜찮겠지만 그렇지 않은 사람은 별 부가가치가 없는 일에 마치 운명인 것처럼 종사하면서 있는 자나 가진 자의 비하적 대상 인식에 괴로워하고 있다.

주관적 사물 인식은 계급을 만들고 그 계급은 또한 인식의 문제를 파생하는 악순환으로 이어진다. 일찍이 중국의 근대 전환기에 강유위는 『대동서』에서 계급, 경계 있음을 인생의 고통으로 지적한 바 있지만, 언뜻 '경계 없음'처럼 보이는 '글로벌'도 '계급'을 엄폐하거나 수식하는 용어에 불과하다. 다문화주의도 이 같은 계급 관계의 엄폐나 무마라는 점에서, 사물 인식에 있어 소수성의 위치에 있거나 '로컬리티'적 취약성의 맥락에 있다. 거듭 말하거니와 로컬리티와 마찬가지로 소수성의 위치에 있다는 유사성을 지니거니와, 그런 점에서 '인정이나 인식 국면'의 동일 반열에 있다. 한편 이즈음의 다문화 인구의 전국적 분포로 볼 때, 로컬리티는 그 수용 공간이 되고 있다.

이런 점에서라면 보다 근원적인 존재론적 국면의 '사유와 성찰'도 또한 요구된다. 이런 문제의식을 또한 곁들이는 다문화에 대한 논의의 장이 바람직해 보인다. 근대공간에서 어떤 획일성, 예를 들어 자본의 효율성, 국가 차원의 통제는 사물의 차이성이나 본질에 대한 왜곡된 인식을 낳아 '인정'의 문제를 발생시킨다. '인정'이란 사물에 대한 자기 승인이다. 인정의 문제는 때로는 인식 주관에 의해서 가려질 수 있는 대상 인식의 난맥상을 포함한다. 국가 중심주의가 확대되며, '세계화', 또는 공동체의 경제통합, 예컨대 유럽공동체와 같은 단일성의 추구는 어떤 지역이나 국가에 존재하는 문화적 주체의 특이성을 매몰하기 십상이다. '자본'에 의해 발생하는 이동성은 매 한가지로 지역이나 인간의 고유성 또는 독특성을 잠식한다.

이즈음의 상황은 '천민자본주의'라 불릴 만큼, 물질에 의해 동질성을 가장하고 우리 또한 그것을 기준으로 타자의 주체성을 '우리 안'에 넣으려 한다. 성별에서 오는 차이, 출신 국가나 지역의 문화적 특성, 관습을 무시한 채, '유용성'의 잣대를 들이대어 상대를 접근하고 평가한다. 이렇듯 '다문화'도 본질적으로 접근되는 것이 아니라 자본에 종속되는 방식으로 비인간화 되고 있다. 사물을 보는 시각은 나와 남이 서로 다르지만, 다르다는 그 점은 오히려 소통의 배경일 수 있다. 장자적 전일주의는 이 같은 이념에 기반한다. 다문화를 보는 시각도 이 같은 견지가 일정부분 필요해 보인다.

그럼에도 개인이나 집단의 역사적 다양성이나 문화적 차이를 의미하는 다문화와 우리가 안고 있는 지역적 정치적 단일성이 서로 조화로운 관계를 맺는 것은 쉽지 않아 보인다. 그런 어려움을 뒤로 한 채, 공존을 모색하며 공동 이익을 추구하지 않으면 안 된다. 이른바 top-down 방식으로 단일성을 추구하려는 동아시아 국가 경험으로 볼 때 전제성이 일정부분 팽배되어 있고 정치, 경제, 사회 방면에 이르도록 고정적 가치가 오랜 전통으로 자리하는 과정이었다. 이 같은 상황에서 다문화란 원치 않든 원하든 할 것 없이 우리의 '현장 조건'에 와 있다.

한국의 다문화정책이 저출산·고령화 사회라는 인구학적 해결책으로 고안되었는데, 실제로 결혼이주여성을 제외한 나머지 90%에 해당하는 외국인 가운데 대다수를 차지하는 (특히 비숙련) 이주노동자가 이를 반증해 준다.[25] 그 만큼 '단일민족'이나 '국민교육'을 강화하여 우리만의 결속하는 것과 같은 정체성 쌓기란, 우리 밖의 '자연적 운동성'이나 유동성, 이동성의 물살에 격세지감으로 다가오는 것이 되고 만다.

인식의 폐쇄성 너머에 '그 무엇'이 존재할 수 있으련만, 우리의 관념이나 의식은 그 같은 변화에 대한 아량이 없거나 그 속도를 따르지 못한다. 시공간적 상황에 따른 인식체계를 결여함으로써 '로고스' 아닌 로고스로 착각하기도 한다. 이 같은 점에서 장자는 '자연적 각도'에서 사물의 가치를 바라볼 것을 권한다. 인간의 완고한 인식체계를 넘는 상대성과 관계성을 아울러 견지하는 사물 바라보기를 요구한 것이다.

현재 인류는 가치관이나 사물을 보는 관점이 다양화된 시대를 맞이하고 있다. 세계의 복잡성에서 생겨나는 다양성을 분리와 대립의 도식으로 파악하기보다는 그 다양성의 존재를 허용하고 평가하는 새로운 사고방식이 요구된다.[26] 내가 어떻게 할 수 없을 만큼 다양하게 전개될 이 세상에는, 항상 우리와 무관하게 수많은 양태로 만들어져 있는 길도 있고 우리가 가야할 길도 또한 즐비하게 존재할 것이다. 노자의 논법대로라면, 그런 '길'은 황홀하여 어떻게 말할 수 없다. 평평하고 밋밋해

---

25 김영옥, 「결혼이주여성과 '다문화사회' ─ 가족이데올로기를 넘어서」, 『문화/과학』 통권 69호, 문화과학사, 2012.3, 167~168쪽 참조.
26 시미즈 히로시, 박철은·김강태 역, 『생명과 장소』, 그린비, 2010, 65쪽.

서 그 같은 길이 있는지 알 수 없다.[27] 그 길은, 기존의 가치관을 고수한 나머지, 변화에 대해서는 미동도 하지 않으려는 사람에게는 무관한 길일 수 있다. 낡은 존재 방식을 부정하고 새로운 방식을 맞으려는 사람에게 마련되는 길이다. 한 마디로 역설의 길이요 카오스적 존재 방식을 맞이하는, 그야말로 인간의 도리일 수 있다.

다문화와 관련하려 일정 부분 이 같은 인식의 전환이 필요하다. 최소한 우리가 길이요 정체성이라고 선언적으로 말하는, 마치 '국시'인 양 떠들어내는 길은 아닌 것 같다. 국면마다 현안마다에 요청되는 '합리성'을 돈 되는 메커니즘으로만 접근하여, 타자의 특이성, 개별성 존재를 매몰하는 그 같은 길도 아닌 것 같다. 인간적 균형, 예를 들어 '나이차', 언어소통이나 문화차이를 서로 인정하고 '돈'으로만 모든 것을 매수하려는 듯한 만남도 잘못된 것이라는 문제의식이 존재하는 그러한 길의 모색이 바람직해 보인다.

레비나스 같은 사람이 주장하는 '타자성'이 아니어도, 내가 알 수 없는 그 무엇을 상대가 지니고 있음을 인식하는 것이 좋다. 글로벌, 지구촌 시대란 타자를 물질적 성취의 도구로 하여 서로를 '타자화'한다. 그 점에서 잠정적이건 노골화 되든 모순과 충돌의 여지를 늘 안고 있다.

---

27 노자는 『도덕경』 14장에서 "그것을 보아도 보이지 않으니 이름 하여 '이夷(밋밋함)'라고 하며, 들어보아도 들리지 않으니 이름 하여 '희希(드묾)'라 하며 손으로 쳐도 잡히지 않으니 '미微(아득히 작음)'라 한다. 이 세 가지 속성은 궁극적으로 밝힐 수 없기 때문에 마구 섞여 하나이다. 그 형이상학적 측면은 밝지 않으며 그 형이하학적 측면은 끊임없이 이어지는데, 딱히 이름 할 수가 없거니와 다시 물체도 없는 상태로 복귀해 버리니, 이를 일러 모양 없는 모양이라 하고 물체 없는 형상인지라 이를 일러 황홀하다고 한다(視之不見, 名曰夷, 聽之不聞, 名曰希, 搏之不得, 名曰微. 此三者, 不可致詰, 故混而爲一. 其上不皦, 其下不昧, 繩繩不可名, 復歸於無物, 是謂無狀之狀, 無物之象. 是謂惚恍)"고 하였다. 그리하여 인간의 인식 너머에 존재하는 황홀하고도 카오스적인 진리가 있을 수 있음을 지적한다. 존재물의 자연적 이치를 인간의 잣대를 벗어나 포착해 볼 것을 권하고 있다.

앞으로도 다문화의 발생은 계속 될 것이다. 물질은 인간의 생명적이고 생리적인 기초이고 그 획득의 욕망은 역시 생활 요건을 위한 기초이어서 모든 것에 선행한다. 그렇다고 물질에 대한 맹신에 그친다면 그것은 이루 말할 수 있는 무자비한 전쟁의 도구가 되고도 남을 것이다.

물질에는 인간적 질감을 섞어야 한다. 물질을 향한 메커니즘은 서구 근대 경험으로 볼 때, 제국주의를 낳았다는 점에서 부정적인 것이거니와, 그것은 인간이 갖고 있는 여타의 역량을 잠식할 수 있다. 더욱 치명적인 것은 물질 이상의 정신적 문화적 '인간 가치'의 실현에 장애가 될 수 있다. '하늘 아래 똑같은 꽃'으로서 인간들임에도 불구하고 겉으로 보이는 물질적 가치와 사물 판단의 기준에 의해 사람의 여타의 잠재성을 단순화하거나 타자화할 수 있다. 그 결과는 충돌, 싸움 그리고 전쟁일 수 있다.

여기서 '관계' 맺기의 중요성이 대두된다. 최근에 '이타적 유전자'로 번역된 책[28]에서 표명된 것처럼 '이타'란 결과적으로 자기 이익으로 돌아올 것을 염두에 둔 것임에 비추어 볼 때, 그 같은 논리에서 현실적 대안이나 방안을 위한 존재 방식, 관용이나 포용을 위한 제도는 매우 필요하다.

다문화라는 외침도 천편일률적인 면이 없지 않다. 때로는 범범한 이념이나 이론의 나열, 담론이 유행하고 있다는 느낌이 없지 않다. 그렇다고 할 때 그 같은 '다문화 문제 삼기'가 자칫 어울림을 뒷전으로 한 채 상대의 특이성만을 드러내 '우리'와 '다름'을 고착화할 수 있다. 따라서

---

28 Matt Ridley, 신좌섭 역, 『이타적 유전자(*The Origins of Virtue*)』, 사이언스북스, 2001 참조.

'외침은 작게, 실천이나 이론적 대안은 알차게' 할 필요가 있다. 그러면서 '공간적 수용'에 관한 구체적 논리나 그에 따른 실천적 토대 찾기가 이루어져야 한다. 그 점에서 로컬적 역할은 크게 대두되며 중앙정부의 면밀한 제도적 뒷받침이 또한 크게 요청된다 할 수 있다.

참고문헌

『老子』.

『莊子』.

『墨子』.

『商君書』.

張載, 『正蒙』「誠明篇」.

朱熹, 『朱熹集』.

崔漢綺, 『推測錄』·『氣學』.

葉秀山, 「論"事物"與"自己"」, 羅嘉昌 등 주편, 『場與有-中外哲學的比較與融通』(五), 中國社會科學出版社, 1998.

王永祥, 『中國古代同一思想史』, 齊魯書社, 1991.

王澤應, 『自然與道德-道家倫理道德精髓』, 湖南大學出版社, 2003.

宗白華, 『藝境』, 北京大學出版社, 1999.

강희복, 「동양사상에서의 '같음'과 '다름'의 문제에 관해」, 오경석 외편, 『한국에서의 다문화주의』, 한울아카데미, 2007.

김송희, 「예마네의 마을 기억, 로컬리티와 '로우 퀄리티'」, 『로컬리티의인문학』 23호, 한국민족문화연구소, 2011.

김영옥, 「결혼이주여성과 '다문화사회'-가족이데올로기를 넘어서」, 『문화 / 과학』 통권 69호, 문화과학사, 2012.3.

김종두, 『하이데거에 있어서 존재와 현존재』, 서광사, 2000.

문화콘텐츠기술연구원 다문화콘텐츠연구단 편, 『다문화의 이해-주체와 타자의 존재방식과 재현양상』, 도서출판 경진, 2009.

박병섭, 「세계사와 한국사에서 근대성, 자유주의 그리고 소수자들」, 『범한철학』 45집, 범한철학회, 2007.

이명수, 「동아시아 사유에 나타난 로컬리티의 존재와 탈근대성」, 『한국사상과 문화』 45집, 2008.

_____, 「존재의 공간과 인식의 경계」, 『동양철학연구』 74집, 동양철학연구회, 2013.

전영평, 「소수자의 정체성, 유형, 그리고 소수자 정책 연구 관점」, 『정부학연구』 제13권 제2호, 2007.

최병두, 『다문화 공생－일본의 다문화 사회로의 전환과 지역사회의 역할』, 푸른길, 2011.

탁석산, 『한국의 민족주의를 말한다』, 웅진닷컴, 2004.

시미즈 히로시, 박철은·김강태 역, 『생명과 장소』, 그린비, 2010.

한스 울리히 벨러, 이용일 역, 『허구의 민족주의』, 푸른역사, 2007.

Matt Ridley, 신좌섭 역, 『이타적 유전자(*The Origins of Virtue*)』, 사이언스북스, 2001.

Heidegger, Martin, *Sein und Zeit*(1926), Max Niemeyer Verlag Tübingen, 2006.

다문화 로컬 시민공동체 생성의 가능성

장세용

1. 다문화주의의 로컬적 전환

다문화주의 정책 도입에 앞장섰던 서구에서 다문화주의 정책의 짧은 승리와 오랜 '퇴위'를 공언하는 목소리가 드높은 시기이다. 이 연구는 그럼에도 다양한 로컬공간에서 '실제로 존재하는 다문화주의'[1]는 길을 잃은 '비판적 다문화주의'[2] 시대가 나아갈 방향 설정에 여전히 중요한 지침으로 작용한다고 판단한다. 다문화 사회의 생성과 변화에서 전지구global—국가national와 상호연관 되면서도 일정한 경향성을 가진 로컬local의 관계성을 드러내는 것이 중요하다. 국가적 다문화 현상과

---

1 J. Uittermark · U. Rossi · H. van Huttum, "Reinventing multiculturalism—urban citizenship and the negotiation of ethnic diversity in Amsterdam", *International Journal of Urban and Regional Research* 29-3, 2005, pp.622~664.

2 Isabel Awad, "Critical multiculturalism and deliberative democracy—opening spaces for more inclusive communication", *The Public* 18-3, 2011, pp.39~54.

다문화 정책의 그늘에서 현장처리 담당으로 전락한 혼종적 사회공간으로서 다문화 로컬의 독자적 위상을 드러내어 그것이 주체적 역할을 수행할 가능성을 시론할 필요가 여기 있다. 논의의 기본 주제는 다문화 로컬 사회에서 주체/타자들이 공존 가능한 시민권의 조건을 '문화적 시민권cultural citizenship' 개념과 '공간적 시민권spatial citizenship' 개념이다.[3] 마지막에는 노동이주민과 결혼 이주민으로 표상되는 소수자로 타자화 된 존재들을 다문화 로컬 시민공동체로 포섭 가능한 조건을 윌 킴리카의 자유주의적 시민권 개념과 마이클 샌들의 공화주의 시민권 개념을 중심으로 검토한다.

오랫동안 다문화 연구에서 핵심주제인 노동이주민과 결혼이주민 관련 연구는 이주민의 동화assimilation, 통합integration, 편입incoporation 관련 이론을 공식화하거나 세련시키면서, 국민국가 경계선 내부에서 사회적 결속을 유지하게 만드는 제도와 문화적 규범에 관심을 기울이는 데 치중했다. 그것은 의도적(또는 비의도적)으로 이주민들을 특수한 규범의 소지자들이며 사회적 연대에 근본적으로 위협이 되는 존재로 묘사하고, 본국민은 균일한 공통의 사회적 규범을 가진 존재로 가정하여 사회적 경계선과 배제의 논리가 작동하도록 만들었다.[4] 한편 다문화주

---

3 자유주의적 시민권 개념은 윌 킴리카, 공동체주의 시민권 개념은 마이클 샌들의 저술을 중심으로 논의한다. 전자는 Will Kymlicha, 장동진 외역, 『다문화주의 시민권(*Multicultural citizenship —A liberal theory of minority rights*)』, 서울 : 동명사, 2010. 비슷한 입장의 번역서가 있다. Patrick Savidan, 이산호·김휘택 역, 『다문화주의─국가정체성과 문화정체성의 갈등과 인정의 방식(*Le Multiculturalism*)』, 경진, 2012, 131~153쪽. 후자는 Michael J. Sandel, 이양수 역, 『정의의 한계(*Liberalism and the Limit of Justice*)』, 서울 : 멜론, 2012. 마이클 샌들, 김선욱 외, 『공동체주의와 공공성』, 철학과현실사, 2008.
4 Ian Goldin, *Exceptional People —How Migration Shaped our World and will Define our Future*, Princeton University Press, 2011.

의적 접근은 인종과 민족, 지역에 따라서 다양한 문화가 존재하며 사회 구성원은 이를 존중respect해야 한다는 자각을 제공하고 '차이difference' 의 '관용'과 '인정recognition'의 윤리를 표방하는 다문화 담론을 생산해 냈다. 이러한 '차이' 담론에 관심은 '인정' 개념이 윤리적 의제까지도 내포한 정치철학이 되도록 이끌었다.[5] 여기서 차이란 종족, 언어, 관습의 문화적 차이를 넘어서 하나의 시간에 서로 다른 공간이, 한 공간에 서로 다른 시간이 존재할 수도 있다는 복합적 시공간성의 자각이기에 세계관의 변화와도 연관성이 있다. 다문화 관련 논의가 인문사회과학 전반에 큰 자극을 제공한 이유도 이와 같이 다른 시공간성 이해를 자극한데 있다. 본래 인종, 민족 그리고 지역적인 문화적 차이의 자각은, 탈식민주의 관점에 따르면, 제국주의가 문화적 위계를 생성하는 방식이며, 문화 간 차이는 선험적 존재가 아니라 식민주의적 위계 속에서 권력들이 초국가적transnational으로 적극 상호작용한 결과로 구성된 것이다.[6] 이제 노동 이주의 산물인 다문화 사회의 이해 방식을 확장시키면서 '차이'는 다양한 정체성을 가진 존재들에게 불가피한 공존의 조건으로 승격되었다. 그 결과 사회경제적 불의를 교정하려는 재분배의 정치politics of redistribution가 제공한 의제를 넘어서 표현, 해석, 의사소통의 사회적 양식에 뿌린 내린 문화적 불의(편견과 차별)를 중요한 의제로 삼고 그것을 지탱해온 상징적 체계의 사회적 패턴이 변화하기를 요청하는 '인정' 의 정치politics of recognition[7]가 새로운 과제로 상정되었다.

---

5 Fraser Nancy · Honneth Axel, *Redistribution or Recognition? A Political-philosophical exchange*, tr, by Joel Golb · James Ingram · Christian Wilke, London : Verso, 2003.

6 Sandra Harding, *Science from below —Feminism. postcolonialities and modernities*, Duke University Press, 2008.

지금까지 다문화(주의) 사회 담론은 비록 서구에서도 국가 별로 논의 내용이 다양한 양상과 의미를 내포하지만[8] 기본적으로 국가를 중심 매개 고리로 삼아서 탐색되었다. 거기서 로컬은 통상 전지구화를 설명하는 현장에서 구체적인 사례를 설명하는 '장소place or location'로만 호명되는 경향이 압도적이었다.[9] 사실 국가 차원의 다문화주의 사회 담론도 그 내부에는 인종, 종족, 민족, 문화, 정치적 입장이 서로 경합하며 갈등하고 로컬 차원에서도 같은 현상이 프랙탈로서 겹치면서 경합한다. 그러나 그러한 경합이 국가적 차원의 경합과 동일한 결과를 배태하거나 산출하는 것은 아니다. 전지구적 자본이 추동한 노동력의 이동 결과 로컬 현장에서 생성되는 정치・경제・사회・문화 및 법률적 다문화 현상에 관한 심층적 이해와 정책의 모색, 그것이 되돌아서 국가적 변화를 추동하는 양상에 관한 탐색이 필요한 이유가 여기에 있다.[10] 필자

---

7 Charles Taylor, "The Politics of Recognition", Amy Gutman ed. and intro., *Multiculturalism —Examining the Politics of Recognition*, Princeton University Press, 1994, pp.25~74.

8 다문화주의는 학자들에 따라서 다양한 유형화가 이루어졌다. 크리스티안 욥케는 정부의 공식 입장을 분류기준으로 삼고서, 실질적 다문화주의와 공식적 다문화주의로 구분하였다. Christian Joppke, "Multicultural Citizenship—A Critique", *European Journal of Sociology*, Vol.42, No.2, 2001, pp.431~447; "Ethnic diversity and the state", *The British Journal of Sociology*, Vol.55, No.3, 2004, pp.451~463. 키스 밴팅과 윌 킴리카는 정부의 개입 정도에 따라서 약한 다문화주의, 중간수준의 다문화주의 및 강한 다문화주의로 구분하였다. Keith Banting・Will Kymlicha eds., *Multiculturalism and the Welfare State —Recognition and redistribution in contemporary democracies*, Oxford University Press, 2006, intro. 한편 스티븐 캐슬과 마크 밀러는 이주자의 포용방식에 따라서 차별적 배제 모델, 동화주의 모델, 다문화주의 모델로 구분한다. Stephen Castles・Mark Miller, *The Age of Migration*, New York : Gilford, 2003.

9 cf. Michel S. Laguerre, *Urban Multiculturalism and Globalisation in New York City —An analysis of diasporic temporalities*, Palgrave, 2003.

10 로컬리티 인문학에서 로컬은 담론성과 물질성을 통합한 세 가지 요소 곧 로컬 공간, 로컬 공간의 행위자, 행위자의 기호와 담론으로 구성되고 로컬리티 연구는 그것의 재구성을 시도한다. 고정된 단위가 아니라 끊임없이 유동적이고 잠정적으로 재구성되며 복합적 결집체이고 물질성으로서 로컬 사회 공간은 객관적 공적 공간이 아닌 관계적 공간이다.

는 다문화(주의) 사회 현상 연구는 로컬리티 연구가 기본적인 가치 개념
으로 삼는 타자성, 소수성 및 주변성의 문제를 가장 잘 표상할 뿐 아니
라, 거기에 혼종성 개념까지 포함하여 학문분야적 가능성과 한계를 잘
드러내는 쟁점이라고 판단한다. 그러면 다문화(주의) 사회현상에 기초
한 로컬 공간 이해와 담론 차원의 로컬리티 재구성은 어떻게 가능할
까? 이 질문은 민족적 정체성을 토대로 삼아온 한국사회가 새로운 다
문화 공동체를 생성할 공통의 가치와 사회적 귀속감을 찾아내는 것이
당면 과제라는 자각의 산물이며 해명할 과제이다.

2. 다문화 사회 로컬의 혼종적 주체 / 타자

다문화 사회는 반주변부나 주변부로부터 (재)생산을 목표로 감행한
노동이주의 산물이다.[11] 그 동안 많은 이론들은 노동이주의 결과 생성
된 개별 국민국가 내부의 차이가 초래하는 사회 분열적 요소를 강조할
뿐 그것이 가져오는 경험, 규범 및 가치들의 '공유'가 존재할 가능성을
무시하거나 소홀히 다루었다. 곧 이주자와 기존의 국민은 국가 경계선
안팎에 함께 존재하는 사회경제 및 정치적 절차와 관계망과 운동과 제
도에 자리 잡기 때문에 이들을 모두 함께 시민으로 수용해야할 가능성

많은 연구가 로컬리티는 사회적 시공간에서 사회적 관계들의 총체적인 접합과 융합의
산물로서 대상 공간에 선험적으로 존재하여 '발견'하는 것으로 설명한다. 그러나 정체성
은 발견되는 것이 아니라 비구성주의적으로 (비)재현된 것이다.
11 여기서는 결혼 이주 역시 가사노동 생산과 자녀 재생산을 위한 노동이주의 한 양식으로
본다.

을 그다지 고려하지 않았다. 예컨대 종족 집단을 준거로 삼는 연구는 특정도시에서 이주민 고립지역enclave이나, 이 지역에 이주민들이 편입되는 지름길에만 주로 관심을 기울였다. 곧 국민국가나 다른 지역 출신 이주민들을 로컬리티에서 정체성, 행동, 사회적 관계 및 신념의 공유 가능성을 타진하는 시각에 앞서 '종족집단'이라는 외부적 시각의 '이주민 렌즈'로 재단했다.[12] 그 결과 이주민 집단의 다양성을 강조하는 경우에도, 도시의 이종성에 공헌하는 실제적 실천과 역할의 문제에 주목하기 보다는 이종적 집단들의 확산을 반영하는 연구가 대부분이다.[13] 심지어 이주민의 비-종족적 관계망을 검토하는 경우에도 종족적 공동체와 대다수 주민들 사이의 교량 역할에 주목하는 경향이다.[14] '인정의 정치' 개념이 부각된 것은 공동체 구성원들의 관계 맺기에 관한 적극적 사유의 요청에서 비롯한다. 이것은 또한 다문화 사회의 로컬리티 탐색에서 로컬의 타자를 주체화하는 방식에 대한 고민을 자극한다.[15] 로컬리티는 공존하는 로컬 사회의 구체적 경험이나 특수성 만이

---

[12] N. Glick Schiller · A. Çağlar · T. C. Guldbrandsen, "Beyond the ethnic lens—locality, globality and born-again incorporation", *American Ethnologist*, Vol.33, No.4, 2006, pp.612~633. 특정 도시 곧 베를린의 터키인, 런던의 파키스탄인, LA의 멕시코인, 시카고의 무슬림 등과 같이 일정한 장소에 많이 사는 이주민 또는 조금 더 확장 시켜서 독일의 터키인, 영국의 파키스탄인 혹은 미국의 아이티인 하는 식으로 연구 대상을 고립시켜 설정했다.

[13] Steven Vertovec, "Super-diversity and its implications", *Ethnic and Racial Studies*, Vol.30, No.6, 2007, pp.1024~1056; Vertovec, ed., *Anthropology of Migration and Multiculturalism — New Directions*, Routledge, 2010, pp.65~96.

[14] Dirik Jacobs · Karen Phalet · Eric Swyngedow, "Asssociational membership and political involvement among minority groups in Brussels", *Journal of Ethnic and Migration Studies*, Vol.30, No.3, 2004, pp.543~559.

[15] 주체화는 사회, 정치 및 문화적 적극적 권리의 주체뿐 아니라, 공간성과 관련된 소극적 주체화 과정도 가능하다. 거기에다 미셸 푸코의 통치성(governmentalité) 개념과 연관된 자기 계발로서의 자기주체화, 곧 '국가와 사회', '공적영역과 사적영역'의 틀을 넘어 개인이 '자기주체화'하며 생산적이고 창조적 측면을 자극하고 자아계발하는 주체화 개념을

아니라, 로컬 안팎의 더 큰 사회구조 안에서 다양한 공간을 재구조화하고 문화현상과 가치들이 사회적 관계 및 과정들과 상호작용을 맺는 관계성을 인식한 산물이다.[16] 로컬이 혼종의 경계지대인 이유는 로컬을 단순히 국민국가 내부의 포섭과 저항의 관계로만 한정시켜 사고하지 않고, 전지구-국가와 관계를 함께 사고할 때 이해 가능하다.

다문화 로컬 사회 공간은 불투명하고 비가시적인 경계지대이다. 그 이유를 제시하고자 나는 우선 로컬 사회공간에서 다문화를 구성하는 요소들의 주체화 문제를 자크 라캉의 정신분석론에서 시론한 '주체와 타자의 관계'의 관계에 관한 공리를 빌려서 재구성을 시도하면서 설명한다.[17] 출발점의 전제는 바로 이것이다. 로컬의 잠정적 위상에 기호

끌어들이는 것 역시 가능하다. Michel Foucault, 오트르망 역, 『안전, 영토, 인구―콜레주 드 프랑스 강의 1977~78년(*Sécurité, territoire, population ―Cours au Collège de France 1977~1978*)』, 서울 : 난장, 2011. 한편 다문화 사회 담론에서 통치성 개념은 신자유주의적 통치술에 불과하게 작동한다는 비판도 받고 있기에 신중한 접근이 필요하다. 조지영·서정민, 「누가 다문화 사회를 노래하는가?―신자유주의 통치술로서 한국다문화 담론과 그 효과」, 『한국 사회학』 47-5, 2013, 101~137쪽.

16 로컬리티 연구에서 로컬은 항상 여러 개의 인식과 맞물린 담론 안에서 주체/타자가 의미화의 실천 곧 '의미화와 재의미화를 작동'하며 정체성을 형성하는 비본질적 구성체이다. 그 산물로서 로컬 정체성은 '수행성의 반복되는 재현'이 구조화되는 동시에 행위와 구조가 상호작용하며 변화의 동인이 새로운 정체성을 배치한다.

17 Jacques Lacan, *The Ethics of Psychoanalysis, 1959~1960 ―The Seminar of Jacques Lacan, B. 7,* W.W. Norton, 1992. 라캉에게 주체는 본질적으로 '결핍'된 존재이다. 주체에게는 타자가 사용하는 언어의 질서가 개입하기 때문이다. 언어는 사물과의 직접적인 연결을 끊는다. 따라서 주체는 타자의 장에 종속된 상태로서만 주체일 수 있다. 이때의 주체는 욕망의 대상을 발명하지 않고, 또는 발명하지 못하고 타자로부터 지정받는다. 주체의 지위는 실제로는 상상된 자아, 상상을 통해서 오인된 자아에 불과하다. 그 결과 주체는 자신의 존재―결여를 인지하고, 대타자(Autre, 신·국가·사회현실)가 자신의 결핍을 채워줄 것이라고 믿고 그를 불러내어 의존한다. 이것이 상징적 동일시이다. 그런데 문제는, 알고 보면 대타자 역시 결핍된 존재라는 사실이다. 다시 말하면 주체건 타자이건 모두가 결핍된 존재인 것은 똑 같다는 것이다. 그 결과 주체와 타자는 모두 결핍으로 말미암아 불안에 시달리고 이를 해소하기 위한 환상을 세운다. 바로 여기가 주체와 타자(사회현실 여기서는 이주자와 다문화)가 합류하는 장소이고 환상이 기호와 언어로 정치적 의미를 획득하는 상징계이다.

와 담론으로 가변적 정체성을 부여하는 행위자는 다름 아닌 로컬의 '타자'이다. 다문화 사회 로컬리티 연구는 로컬에서 '타자가 욕망하는 것'이 무엇인지, 또는 과연 무엇이 '결핍'되었는지 묻는 것이다. 결핍된 것은 무엇으로 채울 수 있는가? 다름 아닌 주체가 갈망하는 환상, 우리가 로컬리티라고 부르는 것, 다문화 사회 담론 공간 차원에서 말하자면 다문화 로컬공동체로 채워진다. 그러나 분명히 말해 둘 것이 있다. 상상된 자아로서 주체가 가변적이고 잠정적 존재인 것과 마찬가지로 로컬의 주체 역시 그렇다. 심지어 그것이 더욱 가변적 존재인 이유는 '로컬' 그 자체가 '국가'나 '전지구'와는 달리 개념적으로 독자적 자립이 불가능한 존재이기 때문이다. 백번 양보해서 로컬에서 어떤 고유성을 발견할 수 있다 하더라도, 로컬은 기본적으로 전지구와 국가의 유동하는 작용 관계 가운데서 개념적으로 탄생된 것이다. 따라서 다문화 사회적 공간으로서 로컬은 오직 우리의 환상이 투사된 관계적이고 잠정적 실체, 곧 우리가 잃어버린 원초적 대상, 실낙원을 찾는 욕망에서 들어간 장소이다.[18] 우리 로컬리티 인문학 연구단의 담론으로 전유해서 말하면 욕망이 투사된 장소는 유동하는 로컬이고 환상fantasme은 다문화 로컬공동체이다.

그러면 우리는 상징계에서 기호, 기표, 언어 또는 의미로 구성된 로컬리티 라는 환상의 추구로만 그쳐야만 하나? 결코 그렇지 않다. 우리는 상징계 안에서는 출현이 불가능한 로컬리티의 '실재'와 조우하는 것, 현실의 쾌락원칙을 포기하고 고통 속의 향유jouissance 획득에 몰두가

---

18 cf. Lorenzo Chieza, 이성민 역, 『주체성과 타자성 − 철학적으로 읽은 자크 라캉(*Subjectivity and Otherness —A Philosophical Reading of Lacan*)』, 난장, 2012.

필요하다. 상징계 안에서 타자의 질서인 상징적 질서 또는 문화적 질서 안에서 욕망을 길들이는 것과 그것의 묘사를 관건으로 삼을 것이 아니라, 문화적 교화에 강박되지 않는 충동의 즐거움을 찾아야한다. 타자의 질서 안에 포획된 주체의 타자성에 대한 우울한 묘사화나 풍경화 작업에서 벗어나 전복적 글쓰기와 실천의 모색이 필요하다. 다문화 '인정의 정치'도 그런 모색의 한 방법이다. 그 때 로컬은 그 내부 그리고 그 자체의 전복을 시도하며 외부의 대타자(사회현상)와 끊임없이 불화하는 주체이며 로컬을 형성하는 관계의 대상이 되는 타자(이주민)와 끊임없이 협상하며 다문화 로컬의 '상호주체'를 생성한다. 로컬의 상호주체는 누구인가? 그들은 존재론에서 출발 하지만, 탐구 대상으로 재구성을 겪으면서 권력과 담론의 매트릭스가 복합적으로 작동하며 서로 수렴하고 충돌하는 과정에 참여한 능동적 행위자 곧 타자로서 이주자들과 선주민으로 형성 된다. 그러나 다양한 담론적 명령들 예컨대 다문화 사회현상이 공존하며 복합적 재편성과 재배치로 만들어진 로컬은 국가 주체와 복종·수용·회피하며 경합하는 주체화 / 종속화 된 존재로 행위하고 관련 담론을 생산하는 주체이다. 그와 동시에 지속적인 타자화의 대상인 점에서 그것은 '주체 / 타자'이다. 그 점에서 투명하고 순수한 자율적인 로컬 주체는 없고, 로컬주체는 오로지 불순한 주체로만 존재한다.[19]

불순한 주체로서 로컬 주체는 공간 차원에서 규정하면 일종의 '장소장악자placeholder'이다. 하지만 그것이 곧 로컬 주체라는 말은 아니다.

---

[19] Judith Butler, 조현준 역, 『젠더 트러블―페미니즘과 정체성의 전복(Gender Trouble ― Feminism and the Subversion of Identity)』, 문학동네, 2008.

주체는, 일정한 '자기 제작self-making' 곧 '주체화' 과정을 겪어야 한다. 곧 일정한 거주공간을 가지는 이주민이 그대로 로컬 주체가 되는 것은 아니고 인식적 전환의 계기가 필요하다. 주디스 버틀러의 말을 빌려 말하자면 그 조건은 이렇다.

> 주체는 개인이 인식가능성을 달성하고 재생산하게끔 하는 언어적 계기 이자, 개인의 실존과 행위성을 위한 언어적 조건의 성취가 필요하다.[20]

이런 조건의 성취가 시도되는 로컬의 사회적 공간은 소규모의 고립된 단일성을 가진 단위가 아니다. 도리어 국가나 초국가 못지않게 내부적 차이와 다양성을 내포한 프랙탈적 차이화 형태를 지닌 결과 다양성과 미시성이 소통하며 상호 번역을 수행하는 혼종공간이다. 디아스포라적 경계와 횡단공간으로서 로컬은 고립적이고 자기충족적 지점이 아니라, 차이와 다양성에 개방된 장소로서 다른 로컬들과 연결망을 형성하고 탈영토화 된 상호문화적 연결점 역할을 한다.[21] 나는 인식적 전환의 성취 조건으로 전지구 및 국가와 관계를 맺는 결절점인 '로컬' 사회 공간의 혼종성hybridity에 주목한다.[22] 혼종성을 다문화 사회 공간 설명에 유용한 원리로 삼는 배경은 무엇인가? 종족적 차이 및 문화적 차이를 가진 이주민의 증가로 이종성이 증가하고 구성원들이 불안정한

---

20 Judith Butler, *Psychic Life of Power ―Theories in Subjection*, Stanford U. P., 1997, pp.10~11.

21 Virinder S. Kalra · Raminder Kaur · John Hutnyk, 정영주 역, 『디아스포라와 혼종성 (*Diaspora & Hybridity*)』, 에코리브르, 2014, 66~67쪽.

22 Arif Dirlik, *Global Modernity ―Modernity in the Age of Global Capitalism*, Paradigm Publishers, 2007.

생존에 내몰리면서 이질적 생산양식들의 공존과 혼합으로 발생하는 다양한 가치들과 계기가 단일한 가치 체계로 동질화되지 않고 비균질적이며 중층적으로 혼재하는 양상에 주목하기 때문이다. 이 공간에서 전지구적 자본 이동과 노동 이주에서 비롯된 다문화 사회 현상 설명에 가장 설득력 있게, 그러나 그 개념의 작동 양상을 둘러싸고 안팎에 논란을 거듭 자극하는 가치 개념이 있다. 곧 타자성alterity, 소수성minority, 주변성periphery 개념이다. 이 개념들에 주목하는 이유는 이것들이 물리적 공간, 인종적 양상, 문화적 가치들의 갈등을 초래하는 혼종적 현실에서 타협과 협상이 불가피하도록 만들기 때문이다.[23]

혼종성 개념에 주목하는 것은 그것이 다양한 이질성을 함축하여 '관용'과 '인정'의 개념과 결합에 유리하고, 그것이 작동하는 과정에서 탈식민주의자 호미 바바가 말한 '협상' 개념을 가장 중심적인 가치 개념으로 부각시킬 계기를 제공하는 탓이다.[24] 다문화 로컬리티 연구에서 혼종성 개념의 생산성을 기대하는 배경은 무엇인가? 잘 아는 바와 같이 전지구화를 추동하는 자본과 문화의 목표는 국민국가가 직면한 역할 변화의 틈새를 파고 들어서 로컬 공간을 자본의 조작과 관리 대상으로 삼는다. 특히 로컬 공간의 다층적 재구성을 시도하며 새로운 종족과 인종으로 구성된 노동이주의 증가를 자극하여 문화적 혼종성을 증가시킨다. 그러나 비록 문화적 혼종성이 로컬의 사회적 공간에 새로운 계기를 제공하지만, 그것이 가져온 문화적 양상들의 열려진 가능성과

---

23 Néstor García Canclini, 이상훈 역, 『혼종문화─근대성 넘나들기 전략(*Culturas híbridas ─ Estrategias para entrar y salir de la modernidad*)』, 서울 : 그린비, 2011.

24 Homi K. Bhabha, 나병철 역, 『문화의 위치(*The Location of Culture*)』, 소명출판, 2012.

가치가 반드시 로컬 주체들의 생산, 재생산, 전유와 창조로 이끌지는 않는다. 혼종성의 생성과 자극을 추동한 초국적 자본은 그것을 상품화하는 역량을 보유하지만, 막상 로컬 사회 공간의 주체는 이를 제대로 감당하지 못하는 경우가 대부분이기 때문이다. 필요한 것은 시민적 역량을 공동체적으로 결집하여 로컬 주체에게 유리하게 활용하는 방식의 모색이다. 그러나 전지구적 질서와 대면한 로컬의 양상이 중심부, 반주변부, 주변부 공간에서 결코 동일하지 않듯 다문화(주의)가 로컬사회에서 작동하는 양상도 결코 동일하지 않다. 그렇다고 관용과 인정의 기초로서 로컬 사회 공간의 혼종성 강조가 곧 문화적 '게토'들의 병치[25]를 용인하는 문화상대주의를 절대시하는 것은 아니다.

3. 다문화 로컬 시민권의 성립가능성과 조건

다문화 로컬에서 주체 / 타자로서 이주민에 대한 관심은 기존의 국가시민권이란 준거를 넘어 공유하는 경험적 가치에 주목하고 다문화 로컬시민공동체 성립을 구상[26]하도록 이끈다. 잘 알려진 존 롤즈가 정치적 자유주의의 전망에서 시민권적 정체성의 점진적 보편화를 기대했고, 위르겐 하버마스도 헌법적 애국주의의 전망에 입각하여 이주민

25 Marco Martiniello, 윤진 역, 『현대사회와 다문화주의—다르게, 평등하게 살기(*Sortir des ghettos culturelles*)』, 한울, 2008, 19쪽; *La démocratie multiculturelle—Citoyenneté, diversité, justice sociale*, Press de Science Po, 2011.
26 Thea Renda Abu El-Haj, "Becoming citizens in and era of globalization and transnational migration—Re-imagining citizenship as critical practice", *Theory into Practice*, Vol.48, 2009, pp.274~282.

들에게 시민권을 제공할 이론적 배경을 제시한 것은 사실이다.[27] 그러나 이주민에 대한 구분과 차별의 심화 특히 유럽에서 무슬림 이주민에 대한 관용이 약화되고 배제가 강조되는 현실에서 이주민과 시민권은 조화를 이루지 못하고 있다. 국민정체성에 준거한 배제의 논리를 넘어서 '인정'의 정치를 실현하려는 시도에서 부각되는 것이 국가가 주도하는 법률적 의미를 넘어 사회정치적 의미까지 포함하는 시민권citizenship의 부여 문제이다. 그것은 기본적으로 정치적 공동체의 공적인 사회적 삶의 영역에서 시민적 덕성과 민주적 가치를 구현할 수 있는 법률적 주체로서 시민의 지위, 권리와 정체성의 문제를 포괄하는 복합적 성격을 가진다.[28] 현재 시민권은 윤리적이고 규범적인 문제로 확장되어 심지어 하나의 '무기'로 까지 승격되었다고 말할 수 있을 정도이다.[29] 다문화 로컬시민권 논의에서 난관은 그것이 법률적 문제를 사유하고, 곧 국가의 영향력을 인정하고 출발해야하는 점이다. 그러나 로컬 차원에서의 정치참여 보장을 둘러싼 정치적 시민권 개념을 중심으로[30] 이와 연관시켜 경제적 시민권과 사회적 시민권 개념의 논의도 가능하다. 그 과정에서 초국적 자본의 중심부에서 활동하는 지성들이 제공한 명제적 개념들(타자성, 소수성, 주변성)은 나름대로 유용하다. 이 개념들은 기

27　John Rawls, 장동진 역, 『정치적 자유주의(*Political Liberalism*)』, 동명사, 1998; Jürgen Habermas, "Geschchtsbewusstsein und posttraditionale identität", *Eine Art Schadensabwicklung*, Suhrkampf, 1987; *The Inclusion of Other*, MIT Press, 1998.

28　Christian Joppke, "Transformation of citizenship—status, rights, identity", *Citizenship Studies*, Vol.11, No.1, 2007, pp.37~48. Anna Yeatman, "The subject of citizenship", *Citizen Studies*, Vol.11, No.1, 2007, pp.105~115.

29　Thomas Simon, "Citizenship as a weapon", *Citizenship Studies*, Vol.17, 2013, pp.505~524.

30　Ingrid Guldvik · Ole Petter Askheim · Vegard Johansen, "Political citizenship and local political participation for disabled people", *Citizenship Studies*, Vol.17, No.1, 2013, pp.76~91.

본적으로 전지구적 자본이 국가를 가로질러 로컬 공간까지도 포섭하기 위한 전략적 개념이란 혐의가 짙지만, 그것이 내포한 일정한 사회윤리적 성격은 단순한 포섭 전략 개념으로 규정하여 마구 비판하기가 결코 쉽지 않다. (한국 사회) 다문화 연구에서 이들 개념이 거의 윤리적 개념으로 승격된 것은 지식계에서 아젠다 설정의 서구중심주의 못지않게, 그것을 비판할 이론적 도구를 찾기가 어려운 측면이 작용한다.[31] 이것은 자본이 이주노동력 확보에 동원한 신자유주의 논리가 겉으로는 보편주의를 표방하지만 막상 그것이 초래한 결과물인 노동자의 자유이동은 부정하거나 견제하고, 사회적 지위와 정체성을 동시에 적용시켜 제한하는 '역설'적 현실을 잘 반영한다.[32] 로컬이 하나의 다문화 시민공동체 사회를 생성할 수 있는 조건을 고심할 필요성의 자각은 바로 여기서 비롯한다.

새로운 다문화 로컬 공동체 로컬리티의 기반은 어떻게 생성 가능한가? 그것은 로컬구성원의 행위와 규범, 로컬의 사회경제 및 정치적 구조와 제도 및 체계, 문화적 멘탈리티 등으로 비본질적으로 구성된다. 일반적으로 사회구성주의가 구조와 제도를 강조한다면 탈근대 인식은 '개체'의 행위에 초점을 둔다. 이것을 염두에 두고 나는 일단 다음과 같이 정리한다. ① 자발적인 결단에 바탕을 둔 '사적' 선택 행위가 로컬 주체의 행위와 그것으로 구성된 로컬리티 생성을 가능하게 만든다. ②

---

31 Christian Joppke, "Immigration and identity of citizenship: the paradox of universalism", *Citizenship Studies*, Vol. 12, No. 6, 2008, pp. 533~546. 이 지점에서 전지구적 자본의 전략적인 개념 도구를 다루는 방식은 단순한 비판이 아니라 수용-전유-재가공, 그리고 그 재가공물을 사용하여서 개념의 본부를 집요하게 '타격'하는 방식이라고 판단한다.

32 Nora Hui-Jung Kim, "Multiculturalism and the politics of belonging—the puzzle of multiculturalism in South Korea", *Citizenship Studies*, Vol. 16, No. 1, 2012, pp. 103~117.

인정 투쟁 곧 국가가 공적으로 부과한 규범 조건들과 부단히 투쟁하며 역설적으로 국가가 만든 법과 규범이 부과하는 부자유한 조건에 비판적 인식과 행위의 가능성을 열어놓을 때[33] 인식론적으로 로컬리티를 재구성할 기회를 제공 받는다.

그렇다면 다문화 사회에서 자발적 결단과 인정 투쟁은 무엇을 토대로 삼는가? 다문화 연구에서 가장 폭넓은 자극과 논쟁을 불러일으킨 것은 '문화적 시민권cultural citizenship' 개념을 초들면서 논의해보자. 이 개념은 이주민의 증가가 공공영역에서 사회적·종교적 자기정체성을 가진 집단의 이익과 유리한 지점을 제도적으로 보장하는 방법론 모색에 초점을 두는 '정체성의 정치identity politics' 개념의 강조로 귀결 된 것과 연관 있다.[34] 윌 킴리카 등은 개인의 시민적, 사회적 및 정치적 권리뿐 아니라 문화적[35] 맥락에 입각하여 평등한 자율성을 인정하는 '차이의 정치politics of difference'를 통해서 다문화 사회 소수자의 문화적 권리, 문화 자본 그리고 소비자—시민 개념을 보완하거나 개념적 경쟁을 시도한다.[36] 윌 킴리카가 다문화주의 시민권이란 이름으로 자치권, 집단 대표권, 다민족권polyethnic right 등의 개념을 포섭한 문화적 시민권 이

---

33 Jürgen Habermas, "Struggle for recognition in the democratic constitutional state", A. Gutman ed., *Multiculturalism*, pp.107~148.

34 cf. Michael Kenny, *The Politics of Identity—Liberal Political Theory and the Dilemmas of Difference*, Polity, 2004. 이 관점에 대한 비판적 검토는 Avigail Eisenberg·Will Kymlicha eds., *Identity Politics in the Public Realm—bring institutions back in*, UBC Press, 2011, pp.4~7.

35 여기서 문화는 문화적 특성(character of a culture)이 아니라 언어와 제도에 입각한 사회적 문화(societal culture)이다. '사회적 문화'개념은 문화를 해당 사회집단의 중요성과 의미보다는 도구적 조건에서 인정한다.

36 '차이의 정치'라는 개념에서 보듯 문화적 시민권 개념은 페미니즘의 영향을 많이 받았다. 킴리카는 소수자를 소수민족과 이민자로 구분하고 이들의 집단차별적(group-differentiated) 권리를 인정한다. 이에 기반하여 전자에게는 다민족적 권리(polyethnic rights)를 주장하지만 후자에게는 점진적 자유주의화가 필요하다고 본다.

론은 정치사상이 '문화적 전환'을 수행한 산물로 볼 수 있다. 그 내용은 시민권을 정치적이며 법률적인 규칙의 함축으로만 보지 않고 문화담론이 포함과 배제, 참여와 주변화를 결정토록 허용함으로써 국가가 결정하던 시민권의 범주를 공공영역에 들어온 신참자들—이들은 이주민일 수도 있고, 성적소수자일수도 있다—모두에게 자유의 권리를 갖고 자신의 목적을 실현하는 행위자로서 참여와 대표권 제공과 소속감을 부여하고 주체의 정체성 확장 작업을 허용하기를 요청한다. 이 주체는 인종, 종교, 민족, 성별과 같은 사람들 간의 '차이'를 핵심 구조가 아니라 단순한 속성으로 간주하여 주체들 간의 절차적 평등의 실현이 요청된다는 관점을 함축한다.

그런가 하면 최근 시민권을 장소의 제도적 하부구조, 역사 및 지리적 맥락, 사회경제적 구성과 같이 로컬의 시민 행동을 가져오는 불균등한 지리적 조건의 산물로 보는 경향이 나타났다.[37] 그것이 다름 아닌 공간적 시민권 개념이다. 과연 공간적 시민권 개념은 국가시민권 개념을 벗어나서 로컬 시민공동체 개념의 생성을 가능하게 만드는가? 본래 국민국가는 기본적으로 상호감시와 배제라는 규범을 수행하는 공동체에 근거한 '행동적active 시민권'으로서 국가시민권을 요청한다. 그러나 최근 '행동적 시민권'의 조건도 장소에 바탕을 둔 공동체에서 활동하는 것으로 판단하는 경향이 출현했다. 이것은 무엇보다도 신자유주의 국가가 다문화의 생성을 매개하고 공간규모 재구성rescaling을 통해서 공간과 장소로서 공동체에 새로운 로컬리티의 성격을 부여한 결과이다.

---

37 K. Hankins, "Practicing citizenship in new space—rights and realities of charter school activism", *Space and Polity*, Vol.9, 2005, pp.41~60.

초국가적 이주민의 증대는, 그것이 국가시민권 개념을 반드시 감소시켰다고 말하기는 어렵지만, 그럼에도 '전지구적 시민권' 의식을 확산시킨 것만은 분명하다. 전지구적 시민권 의식은 결국 책임과 권리에서도 다층적 시민권이 가능하다는 관점을 가져왔다. 곧 전지구, 국가 나아가 로컬 차원에서 시민권의 존재가능성, 서로 다른 공간규모에서 서로 다른 책임과 권리를 가지는 '차이의 존재'가 가능하다는 다중공간규모 multi-scalar 시민권 의식의 확산을 가져왔다. 이것은 결국 시민권의 공간을 상대화시키며 거주권[38]에서 출발하는 로컬 시민권과 새로운 로컬리티를 가진 시민공동체의 생성을 구상하도록 이끈다.

공간적 시민권은 문화를 넘어서 실천되는 친밀하고 / 가내적이며 그것이 전지구―국가와 상호연관 관계를 가지는 다수층위의 장소와 공간에 주목한다.[39] 그 이유는 일반적인 이주노동자만이 아니라 여성가사노동자들까지도 포섭하는 공간을 설정하여 구성원에게 시민권을 부여하여 다문화 로컬 공간을 형성할 수 있다고 생각하기 때문이다. 이것은 장소, 공간, 공간규모scale의 조건에서 친밀하고intimate, 일상생활을 함께 영위하며, 생태적인 시민권 개념이란 새로운 다중공간규모 multi-scalr를 가진 '시민권의 지리학'을 상정한다. 친밀한 시민권이란 무엇인가? 그것은 성적인 또는 젠더화된 시민권을 포괄하면서 '개인 삶의 방식에 관한 공적 담론과 이야기를 분석하는 개념을 감성화 하는

---

38 Bolizsár Nagy, "Residence rights, resident questions", *European Journal of Migration and Law*, Vol.1, No.1, 1999, pp.271~274; Samantha Currie, "Accelerated justice or a step too far? Residence rights of non-EU members and the Court's ruling in Metock", *European Law Review*, Vol.34, No.2, 2009, pp.310~326.

39 Ruth Lister, "Inclusive Citizenship—realizing the potential", *Citizenship Studies*, Vol.11, No.1, 2007, pp.49~61.

것'을 말한다. 또는 돌봄careing과 같은 개인에 삶에 대한 공적 담론으로 서 '개인적인 것과 정치적인 것에 잠재적인 교량' 역할을 수행하는 것 이다. 물론 가사노동과 환자간호 같은 '돌봄 노동' 그 자체는 정치적 행 위가 아니지만, 어떤 분위기에서는 가내적 공간에서 돌봄의 실천은 시 민권을 획득해나가는 과정이며 정치적 시민권을 표현할 수 있다.[40] 예 컨대 필리핀 여성가사노동자들의 경우 고용주의 친밀한 사적공간에서 부터 시작하여 자신의 모국과 연결되고, 전지구적 '돌봄' 체인을 통해 서 연결되는 시민권을 가진다. 이러한 연쇄는 두 개의 '가내적' 시민권 공간, 즉 하나는 고용자 가구의 친밀한 / 가내적 공간, 다른 것은 '국민 적 장'으로서 '국내적인 것the domestic' 사이를 연관시킨다.[41] 그 배경에 는 권리와 책임과 협상하는 '생활 경험'으로서 시민권은 '공간적 맥락' 을 비롯한 물리적 환경의 맥락과 분리할 수 없다는 관점이 작용한다.[42] 이렇게 되면 시민권 개념은 확장되어 '국가시민권' 개념의 장벽을 넘어 서는 '전지구적 시민권'을 상정하는 동시에, 이와 대척점으로 현실 공 간에서 '로컬시민권'을 설정하여, '국가시민권', '전지구적 시민권' 및 '로컬시민권'이라는 3중 시민권을 구상하는 것이 가능하다.[43]

그러나 공간시민권 개념도 문제가 있다. 그것은 로컬 공동체에서 주

40 Linda Bosniak, "Citizenship, noncitizenship, and the transnationalization of domestic work", Seyla Benhabib · Judith Resnik eds. , *Migrations and Mobilities —Citizenship, Borders, and Gender*, New York Uni. Press, 2009, p.133.

41 Ruth Lister · F. Williams et al., *Gendering Citizenship in Western Europe —new challenges for citizenship research in a cross-national context*, Polity Press, 2007.

42 L. Desforges · R. Jones · M. Woods, "New geographies of citizenship", *Citizenship Studies*, Vol.9, No.5, 2005, pp.439~451.

43 Joachim Blatter, "Dual citizenship and theories of democracy", *Citizenship Studies*, Vol.15, Nos.6 / 7, 2011, pp.769~798.

체의 형성을 '공간장악자placeholder'로만 이해하는 사실이다. 이주민의 행위자적 측면에만 주목하여 사회적 이동의 공간성만 강조하고 시민권을 부여하는 것은 다문화 사회가 직면한 문제를 표피적으로 이해하고 사태의 심층 분석을 어렵게 만든다. 먼저 우려되는 것은 그것이 결국 전지구적 자본이 노동이주를 용이하도록 상시적인 전방위 이동예비군화 하는 전략을 정당화하는 논리에 자발적으로 '부역'하게 될 뿐이란 점이다. 시민권의 주체는 주체로서 인정 가능한 특정 '규범'과 '행위'를 일정하게 체현함으로써 잠정적으로 구성된다. 집결체assemblage로서 로컬에서[44] 삶의 조건은 제도적 구조는 물론이고, 행위조차도 기본적으로 국가가 제공하는 일반 범주 규범과 영향력 안에서 작용한다. 우리의 관심은 바로 로컬 자체, 로컬 구성원 또는 그 내부 집단들이 국가적 규범체제, 나아가 전지구적 규범체제와 비판적이고 전복적인 관계 맺기의 증대에 있다. 곧 대항과 굴복, 모방과 아첨, 분열과 파탄, 협상과 비틀기로 모색하는 삶의 다양성 증대에 관심이 있다. 비록 로컬 주체가 국가 규범체제 및 전지구적 규범체제의 산물이지만, 그 체제 안에서 관계를 맺고 삶과 욕망의 조건과 한계를 두고 범위를 정하고 안팎으로 부딪치고 협상을 실현하는 과정에 관심이 필요하다. 이 말은 다름 아니라 로컬의 장소장악자가 그 자체에 머물지 않고 로컬적 규범의 실천이라는 맥락에서 행위자로서 '자기제작self-making or self-crafting'의 과정[45]이 필요하다는 말이다. 그럼에도 주체의 존재적 자격은 내부에

---

[44] Frederic P. Miller · Agnes F. Vandome · John McBrewster eds., *A New Philosophy of Society — Assemblage Theory and Social Complexity*, Alphascrift Pub., 2011.

[45] Judith Butler, "Giving an account of oneself", *Diacritics*, Vol.31, No.4, 2001, pp.22~40; *Giving an Account of Oneself*, Fordham University Press, 2005.

많은 굴곡이 있어 결코 평등하지 않다. 다문화 사회를 구성하는 요소들 가운데서도 주체의 위상을 시간과 공간성 안에서 관용, 인정 또는 투쟁을 통해서 잠정적으로 획득하는 존재와, 여전히 주변화 되어 머무는 존재 사이에 위계와 배제를 둘러싸고 정치적 헤게모니가 첨예하게 작동한다. 다문화 사회에서 '인정'의 로컬리티에 관한 관심이 주체화와 로컬 외부 관계만이 아니라 내부 모순과 갈등 관계를 검토해야하는 이유가 바로 여기에 있다.

4. 다문화 로컬 시민공동체의 생성 가능성

그렇다면 국민국가의 제도와 경계선을 횡단하는 다문화 로컬 시민사회 공동체 공간의 성립은 그것의 연계관계를 말하는 용어—예를 들자면 통합, 포함, 동화, 편입—과는 어떤 관계를 가지며 생성되는가? 그것은 기본적으로 국민적 담론을 거쳐 형성되므로 정치적 변화와 굴절을 겪는다. 그러다보니 용어의 생성에서 막상 자본의 재구성이 공급하는 경제적 절차들과 연계시킨 고찰에는 소홀한 결과를 가져왔다. 예컨대 사스키아 사센으로 대표되는 '글로벌 도시' 관점은 이주민 연구를 로컬리티의 생성과 연관시켜 이론화하기 보다는 초국가 도시주의 현상과 막 바로 직결시키는[46] 성급함으로 보였다. 그런가하면, 로컬의 다

---

46 Saskia Sassen, *The Global City —New York, London, Tokyo*, Princeton University Press, 1992; "The Global City—An Introducing a Concept", *The Brown Journal of World Affair*, Vol.11, No.2, 2005, pp.27~42.

양성을 전지구화가 가져오는 불균등 공간의 역동성이란 주제에 교묘하게 종속시켰다. 물론 필자도 로컬 공간은 곧 불균등 공간이란 개념의 설득력을 인정하지만[47] 그것이 반드시 공간의 역동성과 연관된다는 논리는 과잉진술이라고 판단한다. 공간적 역동성을 외부적 조건과만 연관시키고 그것을 성취하는 주체를 성찰에서 배제했기 때문이다. 여기서 우리는 얼굴 없는 이주노동자 곧 타자를 다문화 로컬 시민공동체의 주체(주체 / 타자)로 세울 수 있는 방도를 모색한다. 그리고 로컬 주체가 생성하는 공동체 성립의 가능성을 사유하고자 윌 킴리카의 자유주의적 다문화 시민권과 마이클 샌들의 공화주의적 시민권 개념을 비교하면서 그것의 실현가능성을 모색한다.

자유주의적 다문화 시민권 개념은 기본적으로 개인의 존엄성과 자유를 보편적 특성으로 삼고서 출발한다. 윌 킴리카의 다문화주의 시민권은 인간 존재가 주변상황으로부터 독립적이고 자유로운 인식적 개인이라는 데카르트적 정의에 근거한 자유주의와 결합한 결과로서 실현된다. 그렇다고 킴리카가 모든 개인주의적 권리를 긍정하는 것은 아니고, 개인의 권리 억압을 포함하는 나쁜 소수자 집단의 권리와, 개인의 권리를 보완하는 양상으로 이해될 수 있는 좋은 소수자의 권리를 구별한다. 그리고 개인의 민주적 제 권리를 억압하는 반자유주의적 소수자의 문화적 관행은 관용의 한계를 넘어서므로 수용이 불가능하다는 자유주의적 다문화주의를 표명한다.[48] 본래 윌 킴리카는 『다문화주의

---

47 David Harvey, 임동근 외역, 『신자유주의 세계화의 공간들—지리적 불균등 발전론(*Spaces of neoliberalisation —towards a theory of uneven geographical development*)』, 문화과학사, 2010.

48 Will Kymlicka, 장동진・정휘・우정열・백성욱 역, 『현대 정치철학의 이해(*Contemporary Political Philosophy —An Introduction*)』, 동명사, 2006, 472~473쪽; 킴리카, 앞의 책, 2010, 352쪽.

시민권』에서 현재의 자유민주주의 제도가 표방하는 개인의 권리에 입각한 정상적 시민권 견본과 시민권 개념이 가진 한계를 지적하면서 출발했다. 곧 그러한 견본과 개념의 준거에서 이탈자들을 자유주의자는 물론 좌파들까지도 경제적 위계 뿐 아니라 문화적 '차이'를 구실로 배제, 주변화, 침묵 및 동화의 대상으로 삼는다는 비판이다.[49] 그리고 그런 양상은 문화적 다원주의가 특징인 현대 사회에 적합성을 부정하며, 평등한 개인의 자율성과 책임감에 근거한 문화적 다양성에 긍정적 의미를 부여하는 '인정의 정치'를 요청한다.

'인정의 정치'는 평등한 개인의 선택 결과로서 언어 및 사회제도에 기초한 사회적 문화에서 소수자(소수민족, 종족종교집단, 비시민Metics, 흑인 및 이민자 집단)의 권리에 주목하고, 그 결과 나타난 다문화 사회, 다인종 사회, 다민족국가에서 소수자의 연대감과 공통의 목적을 시민들의 수준에서 증진시키는 가능한 방법을 모색한다.[50] 그 방법은 소수자의 민족적 정체성 또는 종족적 정체성들을 공동체에 종속시키는 것이 아니라 공동체가 그것을 수용하고 그것의 보유자들에게 시민권을 제공하는 정치'를 구현하는 것을 말한다. 거기에서 필요한 태도는 관용, 공공선public good 증진, 정치 참여, 경제 및 환경에 대한 자기억제self-restraint, 개인적 책임의 행사 의지 그리고 정의감sense of justice과 자원의 공정한 분배에 대한 신념이다.[51] 이때 곧 다문화주의적 상호연대 의식을 생성시키는 것은 공동체적 기초가 아니라 다종족문화적 권리polyethnic rights에 바탕

---

49 킴리카, 앞의 책, 2010, 9~10쪽.
50 위의 책, 324쪽.
51 위의 책, 361~362쪽.

을 두고 소수자의 민족적 정체성들이 거부되거나 배척되지 않고 상호 배양되는 자치권self-government rights, 소수자특별집단대표권special group representation rights을 행사하는 보다 더 광범위한 정치체the larger polity이다.[52] 비록 킴리카가 말하는 소수자 공동체의 다인종적 문화성 인정과 포용의 논리가 로컬 시민공동체를 염두에 두고 있지는 않지만, 집단 차별적 권리와 자율성 보장과 대표성의 권리 확보를 촉구한 측면은 로컬 시민공동체와 연결시켜 재성찰할 기회를 제공하는 것만은 사실이다.

윌 킴리카가 위와 같은 자유주의에 입각한 다문화주의 시민권 이론 전개에서 토대로 삼은[53] 인물은 사회의 다양한 요구 가운데서 중립적 절차에 따른 정의의 실현 가능성을 강조한 존 롤즈이다. 존 롤즈는 유명한 저술 『정의론』에서 '합당한 다원주의' 개념에 근거하여 민주주의 사회에서 합당한 성원이 되는 문화집단의 자격은 다름 아닌 무연고적 자아unencumbereded self로서 자유와 평등의 근본 원칙에 따른 절차를 수용할 때만 성립가능하다고 전제한다.

> 문화와 정체성에 관한 논의는 민주주의 강화와 사회정의 강화에 대한 광대한 논의 속에 통합되어야 한다.[54]

여기서 우리는 다양한 종교적 · 철학적 · 도덕적 신조들의 깊은 불일치에도 불구하고, 만인이 자유롭고 독립적인 인격들의 평등한 중립적

---

52 위의 책, 391~395쪽. cf. 설한, 「킴리카의 자유주의적 다문화주의에 대한 비판적 고찰—좋은 삶, 자율성, 그리고 문화」, 『한국정치학회보』 44-1, 2010, 59~84쪽.
53 Tariq Modood, *Multiculturalism —A Civic Idea*, Polity Press, 2007, pp. 21~35.
54 마르코 마르티니엘로, 앞의 책, 135~136쪽.

상호존중을 민주적 사회질서 유지에 필요한 초문화적 최소 도덕으로 공통적 승인을 요청하는 보편적 도덕주의를 목격한다. 그러나 현실에서는 우리의 기대와 달리 그런 보편성은 제대로 작동하지 않는다. 이 경우 롤즈는 시민들의 행복추구권을 침해하는 관념은 금지하는 것이 필요하다고 본다. 그것은 무엇으로 판단하는가? 바로 정치적 가치이다.

> 정치적 정의관과 상충하는 가치들과 이러한 가치들을 지탱해주는 덕목들은 상호 존중을 토대로 공정한 사회적 협력을 가능케 하는 조건들과 갈등하기 때문에 통상적으로는 정치적 가치가 우선할 수 있을 것이었다.[55]

그러나 킴리카는 인종과 종교적 문제에서 롤즈가 말한 정치이론의 중립성 개념의 불공평성을 지적한다. 그리고 그 대신 '좋은 삶good life' 에 관심을 촉구하고 자율성에 도덕적 가치를 부여했다. 킴리카가 다문화주의는 보수적 개념일 수도 있고 진보적 개념일 수도 있다고 평가했던 것은 사실이라고 평가받고 필자도 일정 부분 동의한다.[56] 하지만 그가 말하는 '좋은 삶'은 여전히 내적인 주관적 가치가 중심이라는 점에서 자유주의적 개인주의와 더 근접하고 공화주의가 지향하는 공동체주의적 덕성과 같은 것은 아니다.[57]

그러나 비록 윌 킴리카의 견해에 동의한다 해도 만일 다문화 사회에서 시민들이 선한 삶에 대한 특정 개념을 공유하지 않는다면 어떻게 되

---

55 존 롤즈, 앞의 책, 195~196쪽.
56 패트릭 새비던, 앞의 책, 102쪽.
57 윌 킴리카와의 대화, 2014년 7월 5일 아침 11시 캐나다 킹스턴 소재 퀸즈대학교 방문 중 빅토리아홀 라운지에서 필자와 대화.

는가? 그 경우 다문화 사회를 위한 특정의 공유된 가치들shared values, 예컨대 공동선common good의 관념을 정치적 가치로서 공유할 수 있다. 이것은 자유주의자들의 가치중립적인 '절차적' 정치 개념을 보완한다. 킴리카가 그러한 공유된 가치들의 형성에 기여한다고 보는 것이 바로 사회적 '문화담론'이다. '문화담론'은 구체적으로 무엇을 말하는가? 그 것은 상당히 폭넓은 개념이며, 다원주의나 상호문화주의 또는 사회참 여나 공동체적 유대관계, 미디어 운용이나 심지어 소비주의일 수도 있 기에 단순 명료한 규정은 어렵다. 분명한 것은 다음과 같은 자각이다.

정치권력과 정치적 기원에 대한 권리를 요구하는 근거가 되는 것은 문화 의 본질적 가치가 아니라 도구적 가치이다.[58]

킴리카의 '사회적 문화 담론' 개념 역시 문화를 해당 사회집단에게 의미를 부여하는 중요성이라는 측면보다는 도구적 조건에서 인정한 다. 문화적 시민권 개념도 자유주의적 입장이냐 공화주의적 입장이냐 에 따라 세부 내용이 좀 다르지만[59] 기본 특성은 절차적인 규범적 행 동, 곧 다문화 사회에서 시민훈련과 시민행동 규범의 설정과 연관이 있 다.[60] 그러나 종교적 신념 등은 시민훈련과 행동에 포섭되기가 쉽지 않

---

58 Kymlicha, "Do we need a liberal theory of minority rights? reply to Carens", *Constellations*, Vol.4, No.1, 1997, p.83.

59 Kymlicha, *Politics in the Vernacular —nationalism, multiculturalism, and citizenship*, Oxford U. P., 2001. 공화주의적 시민권 개념은 Judith Vega, "A neorepublican cultural citizenship— beyond marxism and liberalism", *Citizenship Studies*, Vol.14, No.3, 2010, pp.259~274.

60 E. F. Isin · G. M. Neilson eds., *Acts of Citizenship*, Zed Books, 2008; Pieter Boele van Hensbroek, "Cultural citizenship as a normative notion for activist practices", *Citizenship Studies,* Vol.14, No.3, 2010, pp.317~330; Davina Bhandar, "Cultural politics—disciplining

아서 정치적 배제의 논리가 작동하는 빌미가 될 가능성은 감추고 있다. 또한 본래는 사회경제적 쟁점인 것들을 문화적인 것으로 미리 결정적으로 전환시켜 재단할 가능성도 없지 않다. 자유주의적 다문화 시민권 논의는 그것이 상대주의적 악순환에 빠질 것이라는 지적을 많이 받았고 이것은 자유주의자들이 해명해야할 과제가 되었다.

반면에 마이클 샌들의 공화주의는, 자유주의에 입각한 무연고적 자아의 절차적 공화정preocedural republic이 시민을 도덕적 유대 또는 공민적 유대 없이 자유롭게 선택하는 독립적 자아라고 설정하는 문화적 시민권 논리의 한계를 비판한다.[61] 이것은 자유주의적 다문화 시민권 개념을 비판하고 공간적 시민권 개념 및 공동체주의와 친화력이 내용을 심화시킬 실마리를 제공한다. 샌들에 따르면 타인에 대한 도덕적 책무와 연대의 의무는 대부분 주체가 선택하거나 동의한 것이라기보다는 이미 공유하고 있는 어떠한 것이다. 그러므로 연대의 책무와 그것의 귀결로서 두텁게 형성된 연고 깊은 자아encumbered self[62]를 인정해야만 우리의 도덕적 난관 및 정치적 난관을 이해할 수 있다.[63] 이것은 다름 아닌 잘 알려진 공동체주의communitarianism를 말하는 것인가? 염두에 둘 것은 샌들이 자신의 공화주의가 '공동체주의'와는 별개라고 지속적

---

citizenship", *Citizenship Studies*, Vol.14, No.3, 2010, pp.331~343.

61 Michael J. Sandel, 안규남 역, 『민주주의의 불만─무엇이 민주주의를 뒤흔들고 있는가?(*Democracy's Discontent ─America in Search of a Public Philosophy*)』, 동녘, 2012, 427쪽.

62 연고(緣故)적 자아(encumberred self)는 혈통이나 정, 법률 등으로 인연을 맺은 기반 위에 시민적 덕성을 발휘하는 것을 말한다. 킴리카 자신은 샌들의 연고에 기반한 공동체주의 자아 관념이 롤스의 비 공적 정체성 자아(self of non-public identity) 관념과 비슷하다고 본다. 킴리카, 앞의 책, 2010, 328쪽. cf. 김범춘 「다문화 사회 정치철학으로서 공동체주의의 가능성」, 『시대와 철학』 24-2, 2013, 67쪽.

63 샌들, 김선욱 외, 앞의 책, 2012, 55쪽.

으로 강조하는 점이다. 공동체주의는 공동체의 구성원은 특정 공동체의 관습적이고 지배적인 가치에 의해서만 권리를 보장받는다고 보지만, 공화주의는 공동체를 문화와 혈연의 공동체가 아니라 보편적 시민의 삶을 보장하는 공동체라고 본다.[64] 이런 관점은 우리 '로컬리티의 인문학 연구단'이 구상하는 로컬시민공동체가 공동체주의에 입각한 것이라기보다는, 동료 시민들이 각자 냉철한 판단에 따라서 서로를 평가하면서 폐쇄적이지 않은 우애의 정신에 바탕을 두고 비편파적으로 연대하는 삶을 모색하는 공동체라는 점에서 일단 긍정적으로 수용할 만하다. 거기에다 샌들이 알렉시스 토크빌의 저술『미국의 민주주의』를 인용하여 19세기 전반 미국의 빈부격차가 별로 없는 자영업자들의 읍민회의를 자치가 실현되는 자유의 산실로 본 것은 로컬 시민공동체를 상상하는 데 자극을 준다. 이것은 동시에 자유주의적 다문화 담론이 문화에만 집중한 것과는 달리 샌들이 자치로서의 자유를 실현하는 경제체제에 관심을 가진 것을 알려준다.

샌들이 염두에 두는 공동체는 존 롤즈가 생각한 '도구적' 공동체[65]가 아니란 것은 이미 말했다. 그것은 또한 서로 다른 주체들이 협력하는 과정에서 정서적으로 묶이게 되는 '정서적' 공동체도 역시 아니다. 도리어 이들을 포함하면서도 더 강한 공동체 즉 동료 시민에 대한 애착, 시민들과 공유하는 속성, 시민들의 자치에 필요한 성품들을 길러내는 형성적 정치formative politics에 기반을 두고 정체성까지도 구성하는 다

---

64 샌들, 앞의 책, 2012, intro.
65 존 롤즈는 협력하는 주체들이 자기이해에 따르며 공동선은 오로지 무연고적인 자아가 합리적인 절차를 통해서 합의하는 정의의 원칙에 충실한 공동체를 상정한다.

양한 형식의 '구성적' 공동체이다.[66] 이것은 지금처럼 사적 이익과 공익이 격렬하게 충돌하는 시대에는 공정성을 실현하려면 단순한 개인의 권리보장 이상의 그 무엇인 공동체 의식이 필요하고, 시민들이 개인적 권리 뿐 아니라 공공선을 증진하도록 이끌어야한다는 판단의 산물이다. 특히 민족, 인종, 문화, 종교가 다른 다문화 사회에서 귀속감과 충성심, 공동체의 다른 구성원에 대한 책임을 길러내는 일이 무엇보다 중요하다. 공동체 구성원들이 좋은 삶good life이란 어떤 것인지에 대해 합의하지 않는다면 정의나 개인의 권리도 제대로 논의할 수 없기[67] 때문이다. 그러나 얼핏 들으면 멋있게 들리는 이 명제에도 문제가 없지 않다. 무엇보다 특히 공동체론에서 선good을 지향하는 합의를 강조하는 것이 다문화의 '동화'를 강요하고, 그 결과로서 사실은 공적 담론에서 공정한 절차적 민주주의의 가치를 손상시킬 수도 있기 때문이다. 그러나 샌들은 아무리 자유주의가 말하는 공정한 절차에 따른 올바른 결론의 도출이 시민의 삶에 중요하다해도, 그것에만 집착하면 비시장적·규범적 삶의 영역에 까지도 시장 지상주의가 침범하여 불평등이 공정성을 파괴할 것이므로 선한 삶에 대한 지속적인 논의와 토론을 공동체에서 배제할 수 없다고 본다.[68]

샌들이 염두에 두는 공동체는 시민이 자신의 운명을 지배하여 공동체의 직무에 자율적으로 적극 참여하여 인간적 본성을 실현하는 자치공동체이다. 이것은 장 자크 루소가 『사회계약론』에서 일반의지의 구

---

66 샌들, 앞의 책, 2012, 310~313쪽.
67 Sandel, 안진환 역, 『왜 도덕인가?(*Public Philosophy, Essays on Morality in Politics*)』, 한국경제신문, 2010, 220쪽.
68 샌들, 앞의 책, 2012, 24~26쪽.

현을 모색하는 정치체와 같은 것인가? 물론 비슷한 점이 많다. 그러나 루소가 일반의지를 구현하는 의사결정시에 소수자는 자신의 의견이 오류라고 생각해야한다고 천명한 것[69]과는 달리, 샌들은 구성적 공동 체에서는 비록 소수자들이라도, 시민으로서 자치에 참여하여 시민적 덕성을 보유하거나 습득하도록 배려와 설득이 전개되어야 한다고 본 다. 그러므로 다문화 사회가 요구하는 시민적 덕성은 때로는 개인의 권리와 충돌하는 사회적 책임을 수용하고, 서로 다른 신념과 가치들이 야기하는 갈등을 감내하고 살기를 요청한다. 그러나 사실 이러한 덕성 의 배양과 유지는 달성하기 어렵다.

> 개인들 속에서 보다는 개인들 사이에서 다원성을 가지고서 살아가는 것 이 더 쉽기 때문이다.[70]

다시 말하면 개인들 '사이에서' 보다는, 개인들 '속에서' 다원성을 유 지하는 것이 더 어렵다. 다문화 로컬 공동체를 시민적 덕성의 공동체 로 구상할 실마리도 여기서 열고자 할 때 사실 그것을 실현하기란 여간 해서 쉽지 않다. 샌들의 공화주의적 공동체는 세 가지 문제점을 내포 하고 있다. 하나는 구성적 공동체 논의가 구체적 실현 방법론에서 상 당히 공허하다는 것, 두 번째는 공화주의에 대한 오랜 비판으로서 자율 적 시민이란 형성적 존재가 되기를 요구하는 정치는 결국은, 장-자크

69 Jean-Jacques Rousseau, *Du contrat social*, B. Gagnebin et al. ed., *Oeuvre complètes de Rousseau*, 5 tomes, Gallimard : Pléiade, 1959~1998, t. III, 4장 2절.
70 샌들, 앞의 책, 2008, 130쪽.

루소가 말한바 대로 '자유로워지도록 강제'하는 것이 될 수 있다는 것이다, 그리고 세 번째는 공동체가 시민들의 인격에 이해관계를 가진다면 나쁜 공동체가 나쁜 인격을 형성할 수도 있다는 말이 된다. 그러면 강한 공동체 없이 도덕적 시민공동체는 구성할 수 없는가? 다시 말하면 다문화 시민로컬 공동체에서 개인의 자율성을 훼손하지 않으면서도 공동체적 가치를 구성원이 수용하고 이를 도덕적으로 실현할 수는 없는가?

한편 필립 페팃의 공화주의는 '간섭의 부재non-interference'를 자유의 충분조건으로 상정하는 토마스 홉스 이래의 자유주의—여기서 차이의 인정이 필수조건으로 요청된다—는 물론이고, 루소가 말한 '자율적 자기지배autonomical self-rule'를 강조하는 샌들의 공화주의가 현대사회에는 결코 적합하지 않다고 비판한다. 대신 그는 제3의 길로서 '지배의 부재non-domination', 곧 자유의 조건으로서 자신이 자신의 지배자가 되는 것이 아니라, 남이 내 지배자가 되지 않도록 하는 것을 모든 정치적 가치의 중심에 둔다. 이 자유는 개인의 자유가 아니라 다양한 사회적 약자들이 집단적으로 실현하는 다원주의적인 공동체의 자유이다. 그런 점에서 '지배의 부재' 원리를 중심에 둔 페팃의 공화주의는 자유주의적 다문화주의가 표방하는 '차이'의 '인정'과 같은 '자비'와 '선의'의 정치가 아니라, '재분배'를 실현하는 질서를 실현하는 공동체주의를 내포한다. 그 결과 나는 다문화 로컬공동체의 모색에서 필립 페팃의 관점이 적극적 자유를 강조하는 샌들만큼 선명하지는 않지만, 도리어 개인의 사생활중심주의도 어느 정도 인정하는 소극적 자유에 입각한 측면에서 현실에서 실현 가능성이 좀 더 크다고 판단한다. 사실 페팃은 다양한 대항 담론 예컨대 사회주의, 페미니즘, 생태주의, 다문화주의 같은 저항 담론의 토대는 '지배의 부재'로서 구현하는 집단이나 계급의 공동체적 자유 획득에 다름 아니라고 규정했다. 그리고 유례없는 현상인 다문화주의 문제에 상당히 고심하며 주류문화에 속하는 다수의 이익과 주류문화 바깥의 이주민과 인종적 소수자의 이익을 평등하게 보장해 줄 수 있는 원리와 제도의 창출 가능성을 모색한다.[71] 특히 그는 다문화주의는 원칙에서 한 개인이 단지 소수 문화집단의 구성원이라는 이유만으로 지배당할 위험에 노출된다면, 그것은 한 개인의 문제가 아니라 문화집단 구성원의 공동문제이므로 문화집단의 일반적 요구를 분명히 할 것을 요청한다. 또한 구체적으로는 주류문화 소속 구성원은 소수 문화집단이 공동의 공화주의적 선인 '지배의 부재'를 시민권이란 공동선으로 누리려면 소수 집단의 특별한 조건에 좀 더 많은 관심과 지원 - 보상, 조직 등 을 제공할 필요를 지적한다. 이러한 논의는 구체적 수준에서 과연 어느 정도 실현시킬 수 있는지는 궁금하게 만들지만 적어도 그것이 다문화 공동체의 운영에 대한 지속적인 성찰을 요구하는 점에서 위르겐 하버마스의 성찰적 민주주의[72] 개념과 연관시켜 비판적 다문화주의를 검토할 계기를 제공한다.

---

71 Philip Pettit, 곽준혁 역, 『신공화주의 - 비지배 자유와 공화주의 정부(*Republicaniism - A Theory f Freedom and Government*)』, 나남, 2012, 276~280쪽.
72 Jürgen Habermas, *Moralbewusstein and kommunikatives handeln*(1983), Christian Lenhardt · Shierry Weber Nucholson tr., *Moral Consciousness and Communication Action*, MIT Press, 1990.

5. 소극적 공화주의 로컬 시민권

이 연구의 배경은 다문화 현상과 이를 정책적으로 성찰하는 다문화주의에 관심이 역사학, 사회학, 인류학, 여성학, 정치학, 교육학 등 분야에서 이론과 사례 연구는 물론 교육 프로그램 개발까지 다양한 범위에서 폭발적으로 전개되는 현실과 연관 있다. 물론 현재 다문화 현상, 규범, 정책에 관한 담론이 일관성 없이 범람하고 있다는 비판도 적지 않지만 다문화주의는 현실과 이론에서 끊임없는 쟁점들을 만들어 내고 있다.

다문화주의 논의를 활성화시킨 한편 반성적 성찰의 대상이기도 한 중요한 주제는 문화적 다수집단이 문화적 소수집단을 대등한 가치를 보유한 집단으로 수용하여 사회참여를 보장하고 문화적 권리를 인정하는 '차이의 정치' 또는 그 차이의 인정에 큰 가치를 부여하고 소수집단의 문화적 권리를 요청하는 '인정의 정치' 개념이었다. 최근 한국에서 다문화 사회와 관련된 성찰은 한때 서구의 이론을 준거로 삼아 '관용', '환대' 또는 '보편적 인권'과 같은 선험적이고 윤리적인 담론을 남발하던 단계를 넘어서 더욱 정교한 분석과 이해, 처방과 대안을 성찰하는 분위기이다. 같은 맥락에서 본고는 먼저 국가 차원에서 전개되는 '인정의 정치'를 비롯한 다문화 담론을 로컬리티 연구 차원에서 전유하는 방법을 시론하고 그것을 현실에서 구현하는 방법을 모색했다. 나아가 '타자' 이주민을 로컬의 주체로 수용하는 방도를 주체화 및 혼종성 개념과 연관시켜 시론한 결과 상호주체적 존재인 주체 / 타자 개념으로 포섭했다. 그리고 이 혼종적인 주체 / 타자에게 시민권을 부여할 수 있는 조건을 문화적 시민권 개념과 공간적 시민권 개념을 통해서 가능성을 두고 장단점을 검토했다.

이 논문에서 중요한 의제로 삼고 지속적으로 탐색한 것은 다문화 사회 로컬시민권 개념의 성립 가능성 여부였다. 이를 위해 윌 킴리카의 문화적 시민권 개념을 비판적으로 검토하고 공간적 시민권 개념의 성립가능성을 대안적 검토했지만 그것이 '장소장악자'에게 권리 선점권을 부여하는데서 오는 논의의 피상성도 역시 지적했다. 그리고 다문화주의 정책의 토대인 '인정'의 정치 개념이 사회경제적 불의를 교정하려는 '재분배의 정치'가 제기한 의제를 넘어서려는 시도에 주목했다. 윌 킴리카의 자유주의적 다문화주의 이론은 다문화 사회에서 표현, 해석, 의사소통의 사회적 양식에 뿌린 내린 문화적 불의(편견과 차별)를 중요한 의제로 삼고 그것을 지탱해온 상징적 체계에 관한 사회적 패턴의 변화를 요청한다. 결과적 분석에서 나는 기본적으로 개인의 절대적 보편성을 전제로 삼고 논리를 전개하는, 윌 킴리카를 비롯한 자유주의자들의 문화적 시민권 개념에 근거한 다문화주의 시민권 개념으로는 실제로 존재하는 로컬 시민공동체 형성의 토대로 삼기 어렵다고 판단하고 공간적 시민권 개념의 유용성에 주목했다. 그리고 그것을 지지하는 이론으로서 마이클 샌들의 적극적 공화주의 시민권 개념이 시민적 덕성의 공동체 성립을 지지하는 측면에서 긍정적이라고 판단했다. 그러나 시민권 개념의 현실적용 가능성을 성찰할 때 공동체주의 요소가 강한 샌들의 관점은 근대의 성과물로서 깊이 뿌리박은 개인주의와 충돌할 가능성이 있다. 따라서 '지배의 부재' 개념에 입각하여 '재분배'에 주목하는 필립 페팃의 소극적 공화주의 시민권 개념이 기본 원주민과 이주민의 상호주체화 곧 주체 / 타자화를 확장시켜 다문화 로컬 시민 공동체를 생성시키는 데 더 생산적일 것이라는 잠정적 전망에 도달했다.

참고문헌

김범춘, 「다문화 사회 정치철학으로서 공동체주의의 가능성」, 『시대와 철학』 24-2, 2013.

설한, 「킴리카의 자유주의적 다문화주의에 대한 비판적 고찰-좋은 삶, 자율성, 그리고 문화」, 『한국정치학회보』 44-1, 2010.

조지영·서정민, 「누가 다문화 사회를 노래하는가?-신자유주의 통치술로서 한국다문화 담론과 그 효과」, 『한국 사회학』 47-5, 2013.

마이클 샌들, 김선욱 외, 『공동체주의와 공공성』, 철학과현실사, 2008.

Sandel, Michael J., 안규남 역, 『민주주의의 불만-무엇이 민주주의를 뒤흔들고 있는가?(*Democracy's Discontent —America in Search of a Public Philosophy*)』, 동녘, 2012.

Bhabha, Homi K., 나병철 역, 『문화의 위치(*The Location of Culture*)』, 소명출판, 2012.

Butler, Judith, 조현준 역, 『젠더 트러블-페미니즘과 정체성의 전복(*Gender Trouble — Feminism and the Subversion of Identity*)』, 문학동네, 2008.

Canclini, Néstor García, 이상훈 역, 『혼종문화-근대성 넘나들기 전략(*Culturas híbridas —Estrategias para entrar y salir de la modernidad*)』, 서울 : 그린비, 2011.

Chieza, Lorenzo, 이성민 역, 『주체성과 타자성-철학적으로 읽은 자크 라캉(*Subjectivity and Otherness —A Philosophical Reading of Lacan*)』, 난장, 2012.

Foucault, Michel, 오트르망 역, 『안전, 영토, 인구-콜레주 드 프랑스 강의 1977~78년 (*Sécurité, territoire, population —Cours au Collège de France 1977~1978*)』, 서울 : 난장, 2011.

Harvey, David, 임동근 외역, 『신자유주의 세계화의 공간들-지리적 불균등 발전론 (*Spaces of neoliberalisation —towards a theory of uneven geographical development*)』, 문화과학사, 2010.

Kalra, Virinder S.·Kaur, Raminder·Hutnyk, John, 정영주 역, 『디아스포라와 혼종성 (*Diaspora & Hybridity*)』, 에코리브르, 2014.

Kymlicka, Will, 장동진·정휘·우정열·백성욱 역, 『현대 정치철학의 이해(*Contemporary Political Philosophy —An Introduction*)』, 동명사, 2006

_____, 장동진 외역, 『다문화주의 시민권(*Multicultural citizenship —A liberal theory of minority rights*)』, 서울 : 동명사, 2010.

Martiniello, Marco, 윤진 역,『현대사회와 다문화주의 — 다르게, 평등하게 살기(Sortir des ghettos cultureles)』, 한울, 2008.

Pettit, Philip, 곽준혁 역,『신공화주의 — 비지배 자유와 공화주의 정부(Republicaniism — A Theory f Freedom and Government)』, 나남, 2012.

Rawls, John, 장동진 역,『정치적 자유주의(Political Liberalism)』, 동명사, 1998.

Sandel, Michael J., 안진환 역,『왜 도덕인가?(Public Philosophy, Essays on Morality in Politics)』, 한국경제신문, 2010.

＿＿＿＿＿＿＿, 이양수 역,『정의의 한계(Liberalism and the Limit of Justice)』, 서울 : 멜론, 2012.

Savidan, Patrick, 이산호 · 김휘택 역,『다문화주의 — 국가정체성과 문화정체성의 갈등과 인정의 방식(Le Multiculturalism)』, 경진, 2012.

Awad, Isabel, "Critical multiculturalism and deliberative democracy — opening spaces for more inclusive communication", The Public, 18-3, 2011.

Banting, Keith · Kymlicha, Will eds., Multiculturalism and the Welfare State — Recognition and redistribution in contemporary democracies, Oxford University Press, 2006.

Blatter, Joachim, "Dual citizenship and theories of democracy", Citizenship Studies, Vol.15, Nos.6 / 7, 2011.

van Hensbroek, Pieter Boele, "Cultural citizenship as a normative notion for activist practices", Citizenship Studies, Vol.14, No.3, 2010.

Bhandar, Davina, "Cultural politics — disciplining citizenship", Citizenship Studies, Vol.14, No.3, 2010.

Bosniak, Linda, "Citizenship, noncitizenship, and the transnationalization of domestic work", Benhabib, Seyla and Resnik, Judith eds., Migrations and Mobilities — Citizenship, Borders, and Gender, New York Uni. Press, 2009.

Butler, Judith, Psychic Life of Power — Theories in Subjection, Stanford U. P., 1997.

＿＿＿＿＿, "Giving an account of oneself", Diacritics, Vol.31, No.4, 2001.

＿＿＿＿＿, Giving an Account of Oneself, Fordham University Press, 2005.

Castles, Stephen · Miller, Mark, The Age of Migration, New York : Gilford, 2003.

Currie, Samantha, "Accelerated justice or a step too far? Residence rights of non-EU members and the Court's ruling in Metock", European Law Review, Vol.34, No.2, 2009.

Desforges, L. · Jones, R. · Woods, M., "New geographies of citizenship", *Citizenship Studies*, Vol.9, No.5, 2005.

Dirlik, Arif, *Global Modernity —Modernity in the Age of Global Capitalism*, Paradigm Publishers, 2007.

Eisenberg, Avigail · Kymlicha, Will eds., *Identity Politics in the Public Realm —bring institutions back in*, UBC Press, 2011.

Goldin, Ian, *Exceptional People —How Migration Shaped our World and will Define our Future*, Princeton University Press, 2011.

Guldvik, Ingrid · Askheimm Ole Petter · Johansen, Vegard, "Political citizenship and local political participation for disabled people", *Citizenship Studies*, Vol.17, No.1, 2013.

Habermas, Jürgen, *Moralbewusstein and kommunikatives handeln*(1983), Christian Lenhardt · Shierry Weber Nucholson tr., *Moral Consciousness and Communication Action*, MIT Press, 1990.

_____, "Geschchtsbewusstsein und posttraditionale identität", *Eine Art Schadensabwicklung*, Suhrkampf, 1987; *The Inclusion of Other*, MIT Press, 1998.

_____, "Struggle for recognition in the democratic constitutional state", A. Gutman ed., *Multiculturalism*, Princeton University Press, 1994.

Hankins, K., "Practicing citizenship in new space —rights and realities of charter school activism", *Space and Polity*, Vol.9, 2005.

Harding, Sandra, *Science from below —Feminism. postcolonialities and modernities*, Duke University Press, 2008.

Jacobs, Dirik · Phalet, Karen · Swyngedow, Eric, "Asssociational membership and political involvement among minority groups in Brussels", *Journal of Ethnic and Migration Studies*, Vol.30, No.3, 2004.

Joppke, Christian, "Multicultural Citizenship—A Critique", *European Journal of Sociology*, Vol.42, No.2, 2001.

_____, "Ethnic diversity and the state", *The British Journal of Sociology*, Vol.55, No.3, 2004.

_____, "Transformation of citizenship—status, rights, identity", *Citizenship Studies*, Vol.11, No.1, 2007.

_____, "Immigration and identity of citizenship—the paradox of universalism", *Citizenship Studies*, Vol.12, No.6, 2008.

Kenny, Michael, *The Politics of Identity —Liberal Political Theory and the Dilemmas of Difference*, Polity Press, 2004.

Kim, Nora Hui-Jung, "Multiculturalism and the politics of belonging—the puzzle of multiculturalism in South Korea", *Citizenship Studies*, Vol.16, No.1, 2012.

Kymlicka, Will, "Do we need a liberal theory of minority rights? reply to Carens", *Constellations*, Vol.4, No.1, 1997.

_____, *Politics in the Vernacular —nationalism, multiculturalism, and citizenship*, Oxford U. P., 2001.

Isin, E. F. · Neilson, G. M. eds., *Acts of Citizenship*, Zed Books, 2008.

Lacan, Jacques, *The Ethics of Psychoanalysis, 1959～1960 —The Seminar of Jacques Lacan, B. 7*, W. W. Norton, 1992.

Laguerre, Michel S., *Urban Multiculturalism and Globalisation in New York City —An analysis of diasporic temporalities*, Palgrave, 2003.

Lister, Ruth, "Inclusive Citizenship—realizing the potential", *Citizenship Studies*, Vol.11, No.1, 2007.

Lister, Ruth · Williams, F. et al., *Gendering Citizenship in Western Europe —new challenges for citizenship research in a cross-national context*, Polity Press, 2007.

Miller, Frederic P. · Vandome, Agnes F. · McBrewster, John eds., *A New Philosophy of Society —Assemblage Theory and Social Complexity*, Alphascrift Pub., 2011.

Martiniello, Marco, *La démocratie multiculturelle-Citoyenneté, diversité, justice sociale*, Press de Science Po, 2011.

Modood, Tariq, *Multiculturalism —A Civic Idea*, MA : Polity Press, 2007.

Nagy, Bolizsár, "Residence rights, resident questions", *European Journal of Migration and Law*, Vol.l, No.1, 1999.

Nancy, Fraser · Axel, Honneth, *Redistribution or Recognition? A Political-philosophical exchange*, tr, by Joel Golb · James Ingram · Christian Wilke, London : Verso, 2003.

Rousseau, Jean-Jacques, *Du contrat social*, B. Gagnebin et al. ed., *Oeuvre complètes de Rousseau*, 5 tomes, Gallimard : Pléiade, 1959～1998.

Sassen, Saskia, *The Global City —New York, London, Tokyo*, Princeton University Press, 1992.

_____, "The Global City—An Introducing a Concept", *The Brown Journal of World Affair*, Vol.11, No.2, 2005.

Schiller, N. · Glick, Çağlar, A. · Guldbrandsen, T. C., "Beyond the ethnic lens—locality, globality and born-again incorporation", *American Ethnologist*, Vol.33, No.4, 2006.

Simon, Thomas, "Citizenship as a weapon", *Citizenship Studies*, Vol.17, 2013.

Taylor, Charles, "The Politics of Recognition", Amy Gutman ed. and intro., *Multiculturalism—Examining the Politics of Recognition*, Princeton University Press, 1994.

Thea Renda Abu El-Haj, "Becoming citizens in and era of globalization and transnational migration—Re-imagining citizenship as critical practice", *Theory into Practice*, Vol.48, 2009.

Uittermark, J. · Rossi U. · van Huttum, H., "Reinventing multiculturalism—urban citizenship and the negotiation of ethnic diversity in Amsterdam", *International Journal of Urban and Regional Research* 29-3, 2005.

Vega, Judith, "A neorepublican cultural citizenship—beyond marxism and liberalism", *Citizenship Studies*, Vol.14, No.3, 2010.

Vertovec, ed., *Anthropology of Migration and Multiculturalism—New Directions*, Routledge, 2010.

Vertovec, Steven, "Super-diversity and its implications", *Ethnic and Racial Studies*, Vol.30, No.6, 2007.

Yeatman, Anna, "The subject of citizenship", *Citizenship Studies*, Vol.11, No.1, 2007.

다문화주의의 지역화 가능성
경기도 안산시의 경우

오경석

"이건 그냥 개인적으로 궁금해서 그러는 건데요. 그런데 안산에 '다문화'라는 게 있긴 있는 건가요? 그러니까 여러 나라 사람들이 안산에 와서 살고 있으니까 그걸 그냥 다문화라고 하는 건가요? 아니면 실제로 사람들의 삶이 다문화적으로 변화했다, 그런 것을 말하는 건가요?"

1. 다문화의 새로운 키워드, 지역

'이주민의 유입 및 정착과 가장 친화적인 공간'은 어디일까? 지역이다.[1] 왜 그럴까? 지역은 추상적인 정책 공간이 아니라 구체적인 삶의 공간이기 때문이다. 지역 사회에서 이주민들은 그들의 법적인 정체성

---

[1] 최병두, 「다문화사회를 대비한 도시 및 지역정책과제」, 『국토』 통권364, 국토연구원, 2012.

과 관계없이 전인격적인 생활 세계의 주체이자 이웃으로 존재한다.

정책의 대상으로서 이주민들은 체류 자격의 합법성 여부에 따라 포용과 배제가 결정되고 포용의 대상으로 분류되는 경우 비자 유형에 따라 재범주화되고 각각의 범주에 걸맞는 서비스와 금기의 목록이 배치된다. 이런 방식으로 이주민의 정체성은 '외국인 근로자', '결혼이민자', '난민', '이주 아동' 등으로 추상화되고 인위적으로 분절화된다.

지역 사회에서의 상황은 다르다. 지역이라는 구체적인 시공간에서 이주민들은 결코 탈인격화되고 분절화된 정책의 기표로 존재할 수 없다. 지역 사회의 노동자요, 소비자요, 납세자요, 학부모요, 세대주라는 점에서 이주민과 선주민의 구분은 무의미하다. 지역 사회에서 중요한 것은 그 혹은 그녀가 이주민인가 선주민인가의 구분이 아니라 지역 사회에 경제, 정치, 사회, 문화적으로 어떤 기여를 하고 있느냐의 여부이기 때문이다[2]

중요한 것은 지금 여기(지역 사회에서) 함께 살고 있다는 점이다. "이봐요, 우리도 안산 살아요. 안산 사람이라구요." 안산의 이주민들로부터 가장 많이 들었던 말이다. 이런 이유로 "외국인의 정착 과정에서 가장 먼저 관심을 가져야 할 주체" 역시 지역(사회)이다.[3] 다문화 사회의 핵심 과제는 다양한 문화 집단과 이질적인 문화적 배경을 가진 개인들이 "사회적 연대와 정치적 대표"의 문제를 해결하면서 더불어 살아갈 수 있는 새로운 "사회 구성의 원리를 모색"하는 일로 압축될 수 있다.[4]

---

[2] Takeyuki Tsuda, *Localities and Struggle for Immigrant Rights —The Significance of Local Citizenship in Recent Countries of Immigration,* Takeyuki Tsuda, ed, Local Citizenship in Recent Countries of Immigration : Japan in Comparative Perspective, 2006, p.11.

[3] 최병두, 앞의 논문.

그러한 모색이 이루어질 수 있는 최적의 공간, 그것이 다름 아닌 지역 사회인 셈이다.

이런 이유로 선발 이주 국가들 대부분은 외국인 혹은 다문화 정책의 주도권을 지방 정부나 지역 사회에 위임한다.[5] 이주민 정책의 국가 간 비교라는 것 자체가 어려울 정도로 지역 별로 매우 다양한 정책이 시행되는 현상도 이와 관련된다. 보수적인 정치 지도자들이 다문화주의 정책의 실패나 폐기를 선언하는 것과 무관하게 지역 사회 차원에서 이주민을 포용하려는 노력은 중단되지 않는다.[6] 이주민에 대한 시민권 논의 역시 속인주의(혈통주의)와 속지주의(출생지주의)라는 이분법을 넘어 거주지주의로 수렴되는 양상을 보이고 있다.[7]

한국의 상황은 사뭇 다르다. 국가 주도 다문화주의라는 비판이 무색하지 않을 정도로 한국의 다문화주의는 국가에 의해 도입되고 주도 되었다. 국가가 주도하는 한국 다문화주의의 주류화 과정에서 지역은 간과되거나 주변화될 수밖에 없었다. 지방 정부가 지역 특색에 맞는 독자적인 이주민 정책을 계획하거나 수립한 사례를 찾아보는 것 자체가 매우 힘든 실정이다.[8]

국가 주도 다문화주의는 단기간에 다문화를 제도화하고 확산시키는

---

4 김남국, 「다문화의 도전과 사회통합-영국, 프랑스, 미국 비교 연구」, 『유럽연구』 28권 3호, 2010, 134쪽.

5 R. Garbaye, *Getting Into Local Power —The Politics Of Ethnic Minorities In British And French Cities*, Blackwell Publishing, 2005.

6 박세훈 외, 『다문화사회에 대응하는 도시정책 연구(2)-지역중심형 외국인 정책 추진방안』, 국토연구원, 2010.

7 김남국, 「다문화 정책의 이론적 검토와 새로운 방향 설정」, 김남국 외편, 『한국의 다문화사회통합 정책-종합평가와 대안』, 사회통합위원회, 2012.

8 한국다문화학회, 『한국다문화정책개선을 위한 시민사회단체 역량강화 방안』, 특임장관실, 2010.

데에 성공하였다.[9] 다문화는 전국가적인 현안이자 전망으로 설정될 수 있었으며 수천 편의 학술 논문이 발간되었고, 미디어를 포함한 대중문화의 단골 아이템이 되었으며, 몇 사람의 이주배경을 가진 정치인을 배출할 수 있었다.

그러나 최근 들어 국가주도 다문화주의의 모순과 한계에 대한 문제제기가 정부 내부에서 조차 제기되고 있다. 국가 주도 다문화주의가 단기간의 성과를 위해 정책 수요자의 범위를 제한하고 그들의 욕구를 동질화함으로써 사회통합성의 제고나 문화다양성의 활성화에 반하는 결과를 만들어내고 있다는 것이다.

문제의 해결책은 다양하게 제시된다. 여성가족부는 다문화가족의 범위를 이주배경을 가진 가족으로 나아가 이주민과 선주민의 구분 없는 '가족' 전체로 확대하려는 움직임을 보이고 있다. 문화체육관광부는 내부적으로 현행의 '다문화'가 문화 획일화의 기제로 역기능하고 있다는 판단 하에 다문화를 금칙어로 설정, 문화다양성의 활성화를 위한 방안을 모색 중이다. 법무부 또한 '외국인의 정주화' 현상에 주목하며 대응책을 부심하고 있다.[10]

중요한 것은 이들 다양한 해결 방안들이 공통적으로 주목하는 공간이 지역이라는 점이다. 지역이 다문화주의의 새로운 구심이 되는 경우 정책 대상의 확대는 자연스럽게 이루어질 수 있다. 지역사회에서 이주

---

9 1990년대를 통틀어 2백여 건에 불과했던 다문화 관련 기사는 다문화가 이주민 정책의 키워드가 공표돼 이후인 2007년에는 무려 3만여 건에 육박하는 것으로 폭증했다. 2014년 정부가 시행중인 외국인 정책 관련 과제는 1,272개이며 비용은 8,792억원으로 추산된다. 2014년 현재 전국적으로 217개소의 다문화가족지원센터가 운영되고 있다.

10 오경석, 「한국의 '다문화' 정책, 변화의 탐색」, 『다문화사회, 다문화 정책의 현실과 미래 학술대회 자료집』, (사)한국다문화학회·숙명여대 다문화통합연구소, 2014.

노동자와 결혼이민자의 구분은 무의미하며, 지역적 삶에 있어서 노동과 혼인은 결코 분리되어 진행될 수 없기 때문이다. 생성적이고 자율적인 하위문화의 발원지라는 점에서 지역 다문화주의는 문화를 획일화하는 '문화 없는' 혹은 '반문화적인' 다문화주의의 위험성을 최소화할 수 있다. "떠나온 공간도 정착한 공간도 아닌 이른바 경계적 공간 또는 '제3의 공간'"으로서 다문화 공동체가 모색될 수 있는 최적의 공간 역시 지역이다.[11]

지역 중심의 다문화주의 논의에서 최근 부상하고 있는 개념은 주민권denzenship이다. 지역의 성원권에 기반한 비공식적인 지역 시민권local citizenship, subnational forms of citizenship이자 제한된 시민권으로서의 주민권은 거주 여부에 근거해 지방 정부나 지역 사회가 이주민들에게 보장하는 기본적인 사회정치적 권리들과 서비스 목록이다.[12]

지역 사회 시민권으로서 주민권 개념은 1980년대말 이민 이론에 도입되었다. 주민권은 포용과 배제, 안과 밖의 기계적인 이분법에 근거해서 구동되는 시민권 패러다임에서는 고려될 수 없었던 영토적 내부자이지만 소속감에 있어서의 외부자를 포용하기 위한 시도이자 시민들과 비시민 영주자들 사이의 권리를 융합함으로써 사회적 응집력을 제고하기 위한 시도로서 제안되었다.[13]

지역 중심의 다문화주의 논의는 특히 한국과 같은 비이민국가에서

---

11 최병두, 「다문화 공간과 지구·지방적 윤리—초국적 자본주의의 문화 공간에서 인정을 위한 투쟁의 공간으로」, 최병두 외편, 『지구·지방화와 다문화 공간』, 푸른 길, 2011, 25쪽.

12 Takeyuki Tsuda, op. cit. pp.7~8.

13 Meghan Benton, *A Theory of Denizenship*, submitted for the degree of PhD in Political Science at the Department for Political Science, University College London(UCL), 2010, p.11.

다문화 사회로의 이행을 모색할 때 중요해진다. 주지하다시피 한국에 체류하는 외국인 가운데 영주권자의 비율은 전체 외국인의 6% 남짓에 불과하다. 그것은 한국에 체류하는 외국인들의 대다수가 실제로는 일시적인 체류자이거나 미등록 체류자에 해당됨을 의미한다. 출입국 통제를 엄격히 해야만 하는 중앙 정부 차원에서 기본적인 '체류권 혹은 거주의 권리'가 보장되지 않는 대다수의 외국인들과 시민 사이의 사회적 통합 내지 사회결속력 제고를 논의하면서 정책의 일관성을 유지하는 일은 매우 어려운 과제가 될 수밖에 없다. 이런 점에서 이주민을 포용하는 시민권의 확장을 가장 적극적으로 논의할 수 있는 주체 역시 지역사회이다.[14]

이러한 문제의식으로 이 글은 한국의 다문화주의가 국가 주도 다문화주의를 넘어 새로운 지평에서 재모색될 수 있는 가능성을 안산 지역을 중심으로 탐색해보고자 한다. 이견이 있을 수 있지만 안산은 여전히 한국에서 '다문화 공간'으로 명명될 수 있는 거의 유일한 곳이다.[15] 다문화주의의 지역화 가능성을 타진해볼 수 있는 최적의 사례가 안산인 셈이다.

한국의 다문화주의 지형에서 차지하는 안산의 이와 같은 독보적인 위상으로 인해, 안산의 이주민 혹은 다문화에 대해서는 이미 적지 않은 학문적 논의가 이루어진 바 있다.[16] 원곡동 이주민 집주 지역의 역사

14 Takeyuki Tsuda, op. cit.
15 박세훈 외, 『다문화사회에 대응하는 도시 정책연구(1) – 외국인 밀집지역의 현황과 정책 과제』, 국토연구원, 2009.
16 구본규, 「다문화주의와 초국적 이주민 – 안산 원곡동 이주민 집주지역의 사례」, 『비교문화연구』 제19집 2호, 2013.

적, 공간적 형성과정,[17] 이주민의 생활 실태와 내외국인의 관계,[18] 다문화 담론 및 정책,[19] 다문화주의를 둘러싼 여러 주체들의 정치학,[20] 다문화 교육과 문화적 실천[21] 등 매우 다양한 연구 주제들이 다루어진 바 있다.

이 글은 안산의 다문화주의에 대한 분석적 접근을 시도한다는 점에서 기존의 연구들과 구분된다. 분석적 접근을 통해 이 글은 경험적 기술이나 당위적 전망을 지양하려 한다. '안산에 다문화가 있다 없다', 안산의 다문화 담론과 실천은 다문화주 '이다 아니다'라는 이분법적 결론을 넘어서 안산 다문화주의의 객관적 위상과 수준을 가늠하고 다문화주의가 지역화될 수 있는 구체적인 방안들을 타진해보고자 한다. 그를 위해 이 글은 우선 현상, 정책, 철학이라는 세 차원에서 안산의 다문화주의를 검토해볼 것이다. 그리고 관용, 비차별의 제도화, 다문화주의라는 세 범주에서 안산의 다문화주의에 대한 평가를 시도해볼 것이

---

17 박배균·정건화, 「세계화와 잊어버림의 정치-안산시 원곡동의 외국인 이주노동자 거주지역에 대한 연구」, 『한국지역지리학회지』 10(4), 2004; 장영진, 「이주 노동자를 대상으로 하는 상업지역의 성장과 민족 네트워크」, 『한국지역지리학회지』 12(5), 2006.

18 이선화, 「외국인 노동자 유입에 대한 도시지역원주민의 대응-안산 원곡동의 사례」, 『비교문화연구』 14(2), 2008; 권온, 「다문화 공간에는 누가 사는가-다문화 공간을 둘러싼 갈등」, 정병호 외편, 『한국의 다문화 공간』, 현암사, 2011; 유일상, 「한국의 인도네시아 노동자들-그들이 살아가는 도시와 생활세계」, 정병호 외편, 『한국의 다문화 공간』, 현암사, 2011.

19 오경석·정건화, 「안산시 원곡동 국경없는마을 프로젝트-몇 가지 쟁점들」, 『한국지역지리학회』 12권 1호, 2006; 박세훈 외, 앞의 책; 오경석, 「국경없는마을」, 『안산시사』 7권, 안산시, 2010a.

20 서민우, 「현대 한국의 다문화 정치-경기도 안산을 중심으로」, 한국학중앙연구원 박사 학위 논문, 2011.

21 이부미, 「다문화교육의 혼돈과 이해의 과정-안산 '원곡동' 현장연구」, 『유아교육학논집』 15(5), 2011; 김희순·정희선, 「커뮤니티 아트를 통한 다문화주의의 실천-안산시 원곡동 리트머스의 사례」, 『국토지리학회지』 45(1), 2011.

다. 이들 세 범주는 지역 다문화주의의 이행 정도와 특화된 정책 지점을 탐색할 수 있게 해주는 분석틀이다.[22] 그를 근거로 지역 중심의 다문화주의가 구성되고 구현되기 위해 요청되는 몇 가지 과제를 제시해볼 것이다.

2. 안산의 다문화—현황, 정책, 철학

안산시 원곡동에 가면 모든 것이 다문화로 수렴되는 듯한 인상을 받는다. 거리 곳곳에는 여러 나라의 깃발들이 휘날리고 있다. 가로의 상점들은 저마다 이름 모를 언어들로 그를 알아볼 수 있는 고객들을 호객한다. 여러 나라의 향신료들이 어우러진 야릇한 냄새가 코를 찌른다. 지나가는 사람들의 패션과 외모가 각양각색이다.

상점들을 좀 더 자세히 관찰해보면 이곳에서는 정말 '다문화가 대세'구나 하는 생각이 절로 든다. 다문화 돼지갈비, 다문화 병원, 다문화 지구대, 다문화 인력센터, 다문화 학교, 다문화 센터, 다문화 도서관, 다문화 부동산 등 가로에 늘어서 있는 상점들은 업종에 관계없이 경쟁하듯이 자신이 다문화의 '적자'이자 옹호자임을 당당하게 드러낸다. 다문화가 일상이고 주류이며 정상인 곳, 그 곳이 바로 안산시 원곡동이다.

다문화주의란 일반적으로 "문화적 교류 및 혼합과 관련된 현상과 정책 그리고 규범을 다루기 위한" 개념으로 규정된다. 다원화된 사회인

---

22 김남국, 앞의 논문.

구적 현상, 다양성과 인권을 보장하고자 하는 정책, 그러한 규범과 가치를 정형화하고자 하는 철학이라는 세 층위가 다문화주의라는 개념 안에 내포되어 있는 셈이다.[23] 다문화주의라는 용어가 일반적으로 지시하는 이 세 가지 범주, 곧 현상으로서 인구 구성의 다양성, 반차별적인 정책, 탈전통적인 공동체 윤리와 철학에 해당하는 사례들의 목록이 안산 지역에는 아주 풍부하다.

안산은 규모와 다양성에서 전국 최고의 이주민 밀집 거주 지역이다. 2013년 12월말 현재 안산시의 등록 외국인은 62,359명으로 시 전체 인구 762,915명의 8.0%에 해당한다. 영등포, 금천, 구로 등 중국 동포 밀집 지자체를 제외하고는 전국 최고의 수준이다. 미등록 외국인과 유동 인구를 포함시키는 경우 외국인 인구의 규모는 등록 외국인 인구의 두 배 이상은 될 것으로 추산된다.

게다가 안산의 외국인 주민들의 출신 국가는 무려 76개 국가에 달한다. 외국인 주민 가운데 가장 큰 규모는 재중동포를 포함한 중국인들이다. 45,192명으로 전체 외국인 주민 인구의 72% 가량을 차지한다. 우즈베키스탄이 4,610명으로 두 번째 큰 외국인 주민 집단이다. 그 다음으로는 베트남, 인도네시아, 러시아, 필리핀, 네팔, 스리랑카, 타이, 방글라데시 순이다. 국가별 편차가 존재하지만 출신 국가 혹은 출신 지역을 기반으로 하는 친목, 종교, 스포츠, 음악, 댄스 등의 수많은 자조 모임이 활동한다.[24]

비자 유형별로 보았을 때 가장 규모가 큰 집단은 외국인 근로자로 안

---

23 최병두, 앞의 글, 2011, 24쪽.
24 오경석 외, 『이주민공동체의 문화다양성에 관한 조사 연구』, 문화부, 2007.

산시 전체 외국인의 약 50%에 해당되는 31,484명이다. 이들 대부분은 전국 최대의 산단인 반월 스마트 허브에서 생산 활동에 종사한다. 이들이 없다면 산단의 가동이 중단될 정도로 안산 지역 경제에서 이주노동자들이 차지하는 비중은 거의 절대적이다.

외국인 근로자 다음으로 규모가 큰 집단은 외국 국적 동포들이다. 중국계 한국인들(조선족)은 주로 원곡동에 거주하는데 반해 러시아계 한국인들(고려인)은 '고향마을'과 '뗏골'이라는 곳에 거주한다. 고향마을에는 2000년 정부의 영주 귀국 정책에 의해 60여 년 만에 귀국한 사할린 동포 500가구가 살고 있다. 그들은 1938년부터 1945년까지 일제의 강제 동원령에 의해 징용되었던 사람들이다. 선부동 일대 뗏골에는 2세대 혹은 3세대 고려인들 6천여 명이 모여 살고 있다. 그 밖에 결혼이민자 5,421명, 유학 및 연수자 764명, 전문취업자가 540명, 난민 296명이 포함된 방문 등 기타 체류 자격을 가진 11,040명이 안산에 거주한다.

2014년 5월말 현재 대한민국 전체의 난민 인정자가 389명, 인도적 지위 인정자가 269명에 불과하다는 점에서 안산시가 추계한 안산 거주 난민의 규모 296명은 매우 높은 수치다. 전체 난민 및 인도적지위자의 45%정도가 안산을 거주지로 선택한 셈이다. 안산을 선호하는 이주민들은 난민뿐만이 아니다. 이러저러한 이유로 '보호처' 혹은 '피난처'가 필요한 전국의 이주민 소수자들이 안산을 찾아오기 때문이다. 취약한 이주민들이 가장 선호하는 공간이라는 점에서 안산은 다른 이주민 밀집 지역과 구분된다.

안산에서도 이주민의 가장 밀집되어 있는 곳은 원곡동 내 다문화 특구 지역, 소위 국경없는 마을이라 불리는 곳이다. 2013년 10월말 현재 특구 지역의 거주 주민은 17,512명인데 그 가운데 71.8%에 해당하는 12,589명이 외국인이고 내국인은 28.2%인 4,932명에 불과하다. 특구 지역 내에서만큼은 규모면에서 내국인이 절대적인 소수자의 위상을 갖게 되는 셈이다. 특구 지역의 상점은 모두 1,368개소인데 그 가운데 외국계 업소가 349개소로 전체 상권의 26% 정도를 차지한다.

안산시 보고에 따르면 특구 지역 내 외국인 상권의 업종별 규모는 음식점 170개(49%), 슈퍼마켓 32개(9%), 미용업 13개(4%), 호프 13개(4%)의 순이다. 그러나 이들 업종이 전부는 아니다. 외국인 업소로 분류되지 않지만 외국인들의 욕구를 충족시켜줄 수 있는 다양한 상권이 존재하는 탓이다. 그 가운데 가장 눈에 띄는 업종은 핸드폰 가게로 수십 곳이 성업 중이다. 생활의 불안정성으로 주거가 불분명한 이주민들에게 핸드폰은 '주소'의 역할을 하기 때문에 핸드폰에 대한 이주민들의 수요는 거의 절대적이다.

그 밖에 일요일에도 영업하는 송금 센터 역할을 하는 국내외 은행들, 국제 배송업체, 여행사도 쉽게 눈에 띈다. 이주민들의 출입국이나 비자 업무를 대행해주는 '이주 행정사' 사무실도 아주 많다. 이주민 전담 법무 법인들도 다섯 곳이나 특구 지역 내에 입지해 있다. 핸드폰 가게만큼이나 규모면에서 압도적인 또 다른 업종은 인력사무소들이다. 중앙 가로와 골목길 할 것 없이 수많은 인력사무소들이 성업 중이다. 새벽녘 원곡동 여기저기에서 즉흥적인 인력 시장이 서는 모습을 어렵지 않게 발견할 수 있다.

전체적으로 외국계 업소는 매년 증가하는 추세로, 2013년의 경우도 전년 대비 5.7%(20개소)가 증가한 규모이다. 이에 반해 내국인 상권 특히 내국인 음식점은 매년 감소하고 있다. 상권의 주고객을 국적별로 분류했을 때 중국계가 280곳으로 전체의 80%에 이른다. 그 밖에 파키스탄과 인도네시아가 14곳, 베트남이 13곳, 네팔과 러시아가 5곳, 태국과 방글라데시가 3곳, 기타 국가가 12곳이다.

다문화 선도 지자체라는 평가가 무색하지 않을 정도로 안산시의 다문화 정책은 예산, 조직, 사업 내용 등에 있어서 타 지자체를 압도한다. 대부분의 지자체가 중앙 정부 정책의 '대행자' 역할을 수행하고 있다는 점에서 '다문화중심도시 발전전략(2009)', '외국인주민인권증진기본계획(2010)' 등 독자적인 지역 사회 이주민 정책이 수립되어 있는 안산은 '예외적인' 지역이다. 안산시는 전국에서 최초로 독립된 외국인 전담 부서(안산시 외국인주민센터)를 운영하는 곳이며, '다문화 특구'가 지정된 곳이기도 하다. 2009년 안산시가 제정한 '안산시 거주외국인 인권증진 조례'는 미등록 외국인에 대한 배제 규정을 명시화하지 않았다는 점에서 지방 정부 차원에서 이주민 인권을 진일보시킨 선구적인 사례로 평가된다. 안산시는 2012년 창립된 '전국다문화도시협의회'의 의장도시이기도 하다.

자생적인 다문화주의 윤리와 철학의 발원지라는 점에서도 안산의 위상은 독보적이다. 1990년대 중반 안산 외국인노동자센터(현 안산이주민센터)에 의해 시도된 '국경없는 마을 만들기' 운동이 그것이다. 새로운 공동체 철학이며 사회적 실천 프로젝트를 자임한 국경없는 마을 운동의 목표는 내외국인 주민이 차별없이 평등하게 어우러져 살아갈 수 있는 지역 사회 공동체 형성이었다. 다문화 지역 사회 공동체 형성을 위한 노력의 일환으로 국경없는 마을에서는 '이주노동자의 전지구적 시민권'이 논의되기도 하였다.

국경없는 마을이 제안한 이주노동자의 전지구적인 시민권에는 '외국인 노동자의 단결권 보장, 신분과 관계없이 송금 허용, 외국인노동자 변호사제 도입, 지방자치 내 외국인 위원회의 설치, 외국인노동자 자치조직의 지원, 국제결혼 가정 배우자 이름 주민등록 등본 정식 기재, 영주권 제도 도입, 사회복지제도의 외국인노동자에게 개방, 외국인노동자 전문복지시설의 확충'등 당시로서는 혁신적인 내용들이 포함되어 있었다.[25]

3. 안산의 다문화, 논쟁적인 평가

이주민 인구의 규모와 다양성, 다문화 관련 정책 그리고 다문화주의 윤리와 철학이라는 세 범주에서 안산은 매우 큰 강점을 가지고 있다. 이런 면에서 안산이 한국에서 '다문화 공간'으로 명명될 수 있는 거의 유일한 곳이라는 평가는 정당해 보인다.[26]

이주민 당사자들이나 한국인 활동가들에게도 이러한 평가는 공유된다. 이주민 당사자들에게 안산 원곡동은 "이주 노동자들의 수도"요, "고향 같은 곳"으로 묘사된다. 그들에게 원곡동은 "고향에 온 것과 같이 친밀감"을 느낄 수 있는 공간이다.[27] 고향 사람들이 있고, 또한 "고

---

25 박천응, 『국경 없는 마을과 다문화공동체』, 안산외국인노동자센터, 2002; 오경석 · 정건화, 앞의 논문.
26 박세훈 외, 앞의 책, 2009.
27 유일상, 앞의 글, 186쪽.

향과 접속될 수 있는 다양한 지점들이 모여" 있는 곳이기 때문이다. 그
래서 그들은 "원곡동에서 만큼은 한국인과 외국인 관계가 아무 문제
없어요. 차별이 없어요. 다 좋아요. 마음대로 편하게 살 수 있어요"라
고 말할 수 있다.

원곡동에 상주하면서 이주민 상담, 지원, 쉼터 운영 등의 활동을 10
여 년 이상 해 온 한국인활동가의 평가도 비슷하다. 그는 '알려진 원곡
동'과 '실재하는 원곡동' 사이에 적지 않은 괴리가 존재함을 인정하면서
도 원곡동에 대한 총평을 다음과 같이 해 준 바 있다.

> 원곡동이 다인종 사람들이 모여서 다른 곳에서 찾아볼 수 없는 원곡동만
> 의 특유한 분위기와 특이한 색깔을 만들어내는 대한민국 유일한 곳임은 틀
> 림없는 사실이에요. 이주민을 비롯한 우리 사회의 소수자들이 주변을 의
> 식하지 않고 살아 갈 수 있는, 살기 편안한 곳, 그곳이 바로 원곡동이죠.

주목할 것은 부정적인 평가들 역시 존재한다는 점이다. 안산 그리고
원곡동의 다문화에 대한 가장 빈번한 비판은 "마을"이라고 불리워질
만한 공동체가 존재하지 않는다는 점과 관련된다. 원곡동은 마을이라
기보다는 오히려 '게스트 하우스' 혹은 "잠시 머물렀다 떠나는 데 필요
한 시설들이 모여 있는 공항 같은 공간"에 가깝다.[28] 그에 관한 한 활동
가의 평가는 아주 단호했다.

---

28 유일상, 앞의 글, 194쪽.

원곡동에 국경없는 마을이나 다문화 마을에 해당하는 '실체는 없다'라고 단호하게 말할 수 있어요. 원곡동은 보다 나은 삶을 살기 위해 이주민들이 잠시 머무르는 과도기적인 경유지라고나 할 수 있겠죠. 일종의 뜨내기들의 집합소, 그것은 장사하는 사람이나 외국인이나 마찬가질 거예요. 누구나 곧 떠나고 싶지만 당장은 떠날 수 없는 곳, 그곳이 원곡동이에요.

실재하지 않는 공동체라는 지적에 덧붙일 수 있는 안산 원곡동의 다문화주의에 대한 또 다른 비판은 그것이 재현과 상징 정치의 산물로서 기획된 이미지에 불과하다는 점에 모아진다. 원곡동에서 활동하는 또다른 한국인 활동가는 이에 대해 통렬하게 비판한다.

방송에서 재현되거나 일부 엔지오들이 주창하는 방식의 '국경없는 마을'과 같은 것은 없어요. 그것은 철저하게 기획 의도대로 제작되는 이미지이거나 실현되지 않은 가설적인 예측이거나, 자신들의 사업을 위한 인위적이고 조작적인 세팅일 뿐이지요.[29]

탈현실화되고 기호화된 다문화주의는 사람들의 문제를 담론과 상징의 문제로 치환한다. 이 과정에서 핵심적인 에이전트는 이주민 당사자들의 삶의 권력이 아니라 덕의 패권과 비영리 마켓의 선점을 둘러싼 상징 투쟁과 정치적 쟁투가 된다. 이 점에서 원곡동은 다문화 정치와 담

---

[29] 이러한 비판에서 주목할 것은, 그 비판의 대상에 지방정부가 주도한 '다문화마을 특구'뿐만 아니라 시민사회가 주도한 '국경없는 마을'까지가 포함되어 있다는 점이다. 이 활동가는 '당사자 혹은 실질적인 공동체가 빠져 있는' 다문화주의에 탐닉하고 있다는 점에서 '민관의 구분'이 무의미하다고 지적했다.

론 생산자들이 경합하는 전국 최대의 다문화 마켓이다.

원곡동이라는 제한된 공간에서 활동하는 이주민을 지원하는 비영리, 비정부 단체는 거의 포화상태다. 2010년에 이루어진 안산 지역 이주민 지원단체 자원 및 네트워크 조사에 따르면 조사에 응한 30개의 이주민 지원 기관 가운데 무려 25개가 원곡동이 소재한 단원구에 위치해 있는 것으로 나타났다. 상록구에 위치한 기관은 5개소에 그쳤다. 상록구에 안산 이주민의 1/3 가량이 거주하고 있다는 점에서 안산의 이주민 지원 기관들이 입지가 매우 불균등함을 뜻한다.[30]

그럼에도 불구하고 여전히 원곡동에 활동 거점을 마련하고 싶어하는 적지 않은 단체들과 개인들이 존재한다. 그들에게 원곡동에는 이미 지원단체가 포화상태이니 지원 활동 수요가 있으나 지원 시설이 없는 곳에 센터를 설립하는 게 어떻겠느냐고 자문을 해 주어도 소용이 없다.

비판자들이 주목하는 것은 이 과정에서 이주민 당사자들의 역량은 주변화되고 "이주민의 생존에 대한 담론들" 역시 사라져 간다는 점이다.[31] 경험과 삶의 영역이 아니라 상징과 추상의 영역에서 이주민들의 위상과 역량은 여전히 취약할 수밖에 없기 때문이다. 따라서 상징 정치의 장은 결국 한국인 단체와 활동가들에게 전유된다. 문제는 그렇게 원곡동의 다문화 "정치의 장에서 이주민들이 배제되면서 (한때 이주민들의) '해방구' 역할을 했던 원곡동이 이제는 반대로 '덫'이 되어"간다는 점에 있다.[32]

---

30 한양대 다문화연구소, 『안산시 외국인주민 인권증진 기본계획』, 안산시, 2010.
31 서민우, 앞의 논문; 오경석, 「누구를 위한 다문화주의인가?—안산지역 이주민 지원활동에 대한 비판적 검토」, 『민주사회정책연구』 17호, 2010b.
32 위의 논문.

원곡동의 공간 변화는 외재적인 탑다운의 방식으로 결정되고 진행되었다. 특구 개발을 둘러싸고 특구의 성격, 목표, 방식 등에 대해 다양한 이견들이 개진되었으나 그에 대한 조정은 이루어지지 않았다.[33] 다문화 공간의 형성을 표방했지만, 다양한 문화를 가진 이주민들의 욕구와 내외국인 주민 사이의 갈등이 고려될 여지가 없었던 셈이다. 이와 관련 "단순한 물리적 환경 변화"에만 초점이 맞추어져 있었다는 점에서 다문화 특구 개발 사업이 "시작부터 잘못"된 기획이었다는 신랄한 평가가 내려지기도 한다.[34]

이런 점에서 원곡동의 다문화는 "있기도 하고 없기도 한" 모호한 상태를 유지한다. 사람들은 '한국의 다문화 일번지' 안산의 성과를 치하하면서도 떨떠름해 한다. 안산의 다문화를 벤치마킹하러 온 여러 나라 사람들의 태도가 그렇다. 그들은 지방 정부가 운영하는 대규모 센터에 놀라고, 다양한 엔지오들의 열정적이며 헌신적인 활동에 놀란다. 그러나 그들 대부분은 그러한 시설들을 둘러보고 난 후 "이게 전부야?" 하는 아쉬움을 해소하지 못한다. "우리가 기대했던 다문화 공동체는 어디 있어?"라고 차마 묻지는 못하지만 얼굴 가득 궁금증을 감추지 못하곤 한다.

안산 다문화주의의 이런 모호한 위상에 대해서 혼란스러워 하기는 안산을 전국 최고의 다문화 선도 지자체로 도약시키는데 혁혁한 공을 세운 공공 부문 종사자들 역시 다를 바 없다. 다문화 관련 정책 프로젝

33 오경석, 「'다문화 중심 도시'의 이상과 현실—안산시 원곡동의 경험」, 『월간국토』 4월, 국토연구원, 2009.
34 김용승 · 임지택, 「다문화 특구 공간 만들기—안산 원곡동 이야기」, 정병호 외편, 『한국의 다문화 공간』, 현암사, 2011.

트가 심의되는 자리에서 한 공무원은 사견임을 전제, 다음과 같이 속내를 드러낸 바 있다.

> 이건 그냥 개인적으로 궁금해서 그러는 건데요. 그런데 안산에 '다문화'라는 게 있긴 있는 건가요? 그러니까 여러 나라 사람들이 안산에 와서 살고 있으니까 그걸 그냥 다문화라고 하는 건가요? 아니면 실제로 사람들의 삶이 다문화적으로 변화했다, 그런 것을 말하는 건가요?

4. 분석틀―관용, 비차별의 법제화, 문화적 권리

안산의 다문화주의에 대한 상반된 평가들은 두 가지를 함의한다. 안산 원곡동에 이주민 친화적인 환경이 조성되어 있으며, 한국의 다른 공간에서 이주민 소수자들이 경험할 수 있는 차별적이며 특별한 시선으로부터 자유로울 수 있다는 점에서, 안산 원곡동에 다문화주의가 실체적으로 구현되어 있음은 분명하다.

반면에 한국 사회의 주류 집단과 이주민 소수자 사이의 비대칭적인 권력 관계를 시정하려는 노력 자체가 간과되어 있다는 점에서, 그리고 원곡동에 공간적, 제도적, 생활세계적으로 구현된 다문화주의의 독점적 에이전트가 다문화 상징 정치의 전문가들인 한국인들만으로 제한된다는 점에서 원곡동에 '다문화주의와 같은 것은 실재하지 않는다'고도 말할 수 있을 것이다.

이런 평가에 근거한다면 안산의 다문화주의가 국가 주도 다문화주의가 한계를 드러내는 그 지점을 돌파해 다문화를 실제적인 삶의 기술이자 규범으로 공유하는 지역 사회 공동체를 만들어내는 단계로 이행하기 위해서 요청되는 과제는 명백해진다. 안산 다문화주의의 실체성을 활성화하고 비실체성을 최소화할 수 있어야 한다. 곧 상징 정치의 전횡을 행사하는 주류 사회와 이주민 소수자들 사이의 비대칭적인 권력 관계를 균등하게 조정할 수 있어야 한다.

그런데 과연 이런 진단은 맞는 것일까? 단순한 감이 아니라 현실 세계를 어느 정도 적확하게 반영하고 있는 것일까? 그를 판단하기 위해서는 좀 더 분석적인 접근이 요청된다. 다문화주의를 분석적으로 평가하기 위한 도구로서 김남국은 '관용, 비차별의 법제화, 다문화주의'라는 세 가지 범주를 제안한 바 있다.

그가 '다문화 이행의 3단계 모델'이라고 명명한 세 가지 범주는 "사회적 다수와 소수 사이의 갈등과 협력이 어떤 수준에서 어느 정도로 진행되고 있는가"에 대한 객관적인 평가를 가능하게 해주는 분석틀이다.[35] 이러한 분석을 근거로 권력 관계의 재조정을 위한 좀 더 현실적합한 과제의 목록이 추출될 수 있는 것이다. 각각의 범주는 다음과 같은 함의를 갖는다.

관용은 서로 "다른 문화가 공존할 수 있는 능력"을 의미하는 개념이다. 관용의 능력은 "미디어의 역할과 교육 및 사회화 과정을 통해 향상

---

35 이 분석틀을 둘러싼 가장 큰 쟁점은 단계론이다. 논리적으로는 이러한 이행 단계의 설정이 가능하지만 현실적으로 다문화가 이 모델의 가정처럼 단계적으로 발전해나갈 수 있는가에 대한 의문이 존재한다. 김남국은 이에 대해 "이 모델은 다문화주의의 발전 단계를 비교 설명"하기 위한 분석 모델일 뿐 "이 세 단계가 반드시 순차적으로 나타나거나 배타적으로 진행되는 것은 아니다"라고 밝히고 있다. 김남국, 앞의 논문, 143~145쪽.

될 수 있다." 관용은 가장 낮은 단계의 다문화주의를 확인할 수 있는 평가 지표이다. 관용은 소수와 다수 사이의 평등한 권력 관계의 형성 자체를 목표로 하지 않는다는 점에서, 상징적이며 외재적인 비배제 혹은 환대의 '개별적인' 능력으로 제한되기 때문이다. 따라서 관용은 "공적 영역에서 법에 의해 강제할 수 없"으며 불관용에 대한 공적인 처벌 역시 불가능하다.[36]

　비차별의 법제화는 두 가지 요소로 구성된다. 우선 차별의 양상을 구체적으로 목록화하는 일이다. 표현 및 접근에 있어서의 차별, 신체적 관계에 있어서의 차별(물리적 폭력) 등이 구체적으로 적시될 수 있어야 한다. 그리고 차별에 대한 가중 처벌 규정을 명문화하여 법제화하는 일이다. 비차별의 법제화는 다른 문화와의 공존의 강제력을 높였다는 점에서 "임의적인 덕목"인 관용의 단계보다 진일보한 것으로 평가될 수 있다. 비차별의 제도화는 관용과 달리 실제적이지만 외재적이라는 면에서는 관용과 다를 바 없다. 비차별의 법제화를 통해서도 "사회적 다수와 소수 사이의 권력관계는 역전되거나 해체되지 않"기 때문이다. "다수의 동의와 묵인을 전제로 해야 가능"하다는 점에서 소수자의 위상은 여전히 다수자 의존적이다.[37]

　다문화주의는 "정책적으로 소수 문화적 권리를 지원하는 단계"이다. 다문화주의 평가 범주는 '다문화권리, 자치권, 집단대표권' 등으로 조작적으로 정의될 수 있다. "사회적 소수집단의 정체성과 문화적 이해를 공공영역에서 적극적으로 인정하려는 정책"의 유무가 이 단계를 평

---

36 위의 논문.
37 위의 논문.

가하는 중요한 기준이 된다. 다문화주의는 공적 영역에서 시도된다는 점에서 실제적이며 기존의 권력 관계의 변화를 전제한다는 점에서 성찰적이고 제도적 차별금지를 넘어 고유한 문화의 향유와 생산을 모색한다는 점에서 적극적이다. "이 단계는 다수중심으로 설정된 힘 관계의 근본적인 변화를 수반해야 한다는 점에서 주류사회의 기존 제도와 법의 틀 안에서 큰 양보 없이 실현 가능했던 관용 및 비차별의 법제화 단계와 구별된다."[38]

〈표 1〉 안산의 다문화주의에 대한 분석틀[39]

범주	관용	비차별의 법제화	문화적 권리
특징	상징적, 외재적, 소극적	실제적, 외재적, 소극적	실제적, 성찰적, 적극적
분석 범주	- 미디어 - 사회화	- 표현 - 접근 - 물리적 폭력	- 다문화의 권리 - 자치권 - 집단대표권
분석 내용 (대상)	- 미등록 체류자 무차별 단속 및 강제 추방 반대 운동 - 민관의 다문화 교육 프로그램	- 외국인주민센터 - 외국인주민인권증진지원조례 - 다문화 특구	- 공론장에의 참여 - 문화 향유 - 고유 문화 활용 - 자치 조직

5. 안산의 다문화주의

1) 관용

'낯선 존재' 혹은 '다른 문화'에 대한 관용의 관점에서 안산 지역은 상대적으로 긴 전통과 넓은 저변을 가지고 있다. 그것은 아마 외국인 주민

---

38 위의 논문.
39 위의 논문을 재구성.

이 유입되기 전부터 안산 지역이 전국 각지에서 이주해 온 내국인 이주자들의 집결지였다는 점과 무관하지 않을 것이다. 근대 안산은 그처럼 다양한 문화적 배경을 가진 사람들이 서로를 관용하면서 '안산 지역 사회'라는 공동의 정체성과 문화를 만들어가는 것으로부터 출발하였다.

이주민에 대한 관용이 안산 지역에서 최초로 공식화된 것은 국경없는 마을 담론을 통해서이다. 국경없는 마을 담론은 '환대' 개념을 도입함으로써 돈벌이 이방인으로서 이주민의 위상을 극진히 대접받아야 하는 손님의 지위로 격상시키고자 시도하였다. 관용이 환대를 넘어 연대와 포용의 에너지로 표출된 대표적인 사례는 2003년과 2005년 원곡동의 내국인 상인들이 주도한 미등록 체류자 무차별 단속 및 강제 추방 반대 운동이었다. 상인들은 '원곡동 주민 여러분에게 드리는 호소문'을 발표하고 정부의 미등록 체류자 단속에 반대하는 서명 운동을 전개한 바 있다.[40]

이주민에 대한 관용은 시민사회 단체들의 다양한 교육 프로그램을 통해 그 저변을 확대시켜나갈 수 있었다. 2006년 사단법인 국경없는 마을에서 진행한 '찾아가는 다문화 교실' 프로그램이 아마 안산 지역에서 시도된 최초의 다문화 교육 프로그램이었을 것이다. 역내 고교생들을 대상으로 진행된 이 프로그램은 파편화된 '문화 체험' 수준의 것으로 '스리랑카 결혼식 이벤트, 음식체험(커리 및 홍차), 의복체험, 노래 배우기, 민속놀이 체험(의자 빼기, 크리켓), 기념사진 촬영' 등으로 구성되어 있었다.

---

40 오경석, 앞의 글, 2010a.

2011년 안산시다문화사례관리네트워크에서 제작한 '문화다양성교육 프로그램 better together'는 훨씬 진일보한 내용을 담고 있다. 다문화를 인권이라는 보편적인 지평에서 확장적으로 이해하고 있으며, 단순한 체험의 차원을 넘어 반편견적이며 반차별적인 문화의 형성을 목표로 하고 있기 때문이다.

〈표 2〉 2011년 문화다양성교육 프로그램 better together

차시	제목	주요내용
1	다문화의 이해	차별 경험과 부당함 : 인권의 지평에서 다양성에 접근
2	상황극으로 만나는 다른나라 문화	역할극을 통한 문화 차이와 그로 인한 차별 이해
3	우리안의 다양성	게임을 통해 이주민에 대한 반편견, 반차별 태도 형성
4	함께 어우러지는 세상	콜라쥬를 통해 다문화 공동체 사회 표현

'다문화 사회를 위한 시민 인식 개선 사업'은 안산시의 주요한 다문화 시책 가운데 하나이기도 하다. 2014년 안산시는 '찾아가는 다문화체험 일일교실, 여름방학 다문화 체험 캠프, 안산시 다문화 홍보학습관, 외국어 회화동아리 Cafe, 다문화 현장체험 프로그램'을 진행하고 있다. 이 프로그램들의 목표는 "다문화 사회를 주도할 아동·청소년과 시민들의 다문화 공감대 형성과 글로벌 마인드 함양 및 다문화 감수성 제고"이다.

안산 지역에 이주민들에 대한 관용의 전통과 저변이 오래고 넓음에도 불구하고 교육과 사회화를 통해 그것이 시민들의 인식에 있어서 실질적인 변화를 만들어내는 데 성공하고 있느냐에 대해서는 장담하기 어렵다. 안산시민들의 원곡동과 외국인에 대한 태도는 과거에 비해 오히려 부정적인 양상으로 퇴행하고 있는 실정이다. 원곡동은 안산 시민들에게 여전히 "냄새나고, 더럽고, 무서운" 곳이다. 원곡동을 방문하고 난 후 시민들의 태도는 오히려 더욱 부정적으로 바뀐다.[41]

때때로 이주민에 대한 가장 가혹한(불관용적인) 평가는 이주민들과 원곡동을 삶의 공간으로 공유해야 하는 원곡동의 한국인 주민들로부터 내려진다. 한 때 원곡동의 미등록 상태인 이주민 이웃들을 보호하기 위해 대정부 투쟁도 불사했던 상인들의 태도는 답보 상태이다. 상인들과 주민들의 외국인 주민과 동료 외국인 상인들에 대한 평가는 매우 냉정하다.

그들은 "전반적으로 외국인들에게는 준법정신이 부족"하다고 불만스러워한다. "외국인들이 동네 상권을 차지하고 있는 상황에서 주인의식은 갖지 않은 채 점유만 하고 있는 것이 문제"라고 지적한다. 그런 점에서 외국인 상인들은 이웃 주민이 아니라 "돈을 벌어서 본국에 보내겠다는" 목적 하나만을 가지고 있는 이기적인 이방인들에 불과하다.[42] 이런 부정적인 생각들은 때때로 "남의 나라에서 부끄러운 줄 모르고" "아주 생지랄을" 떠는 "촌뜨기들"이라는 적대적인 태도로 이어지기도 한다.[43] 거의 인종차별에 준하는 위험한 생각들이다.[44]

---

41 오경석, 앞의 글, 2009. 안산 시민들의 원곡동 '경험'은 이주민 및 그들의 문화에 대한 친밀감이 아니라 거리를 강화시키는 역할을 한 셈이다. 이와 관련시킬 수 있는 지표 하나는 한국에서의 체류 기간이 길어질수록 '다문화가족'이 체감하는 편견과 차별의 정도가 강해지고 있다는 사실이다. 체류 기간이 1년 미만인 집단에 비해 10년 이상된 집단이 느끼는 차별의 강도는 무려 두 배에 달했다. 전기택 외, 『2012년 전국 다문화가족 실태조사 연구』, 한국여성정책연구원, 2013. '분리주의'적인 이주민 지원 정책, 그리고 교류와 공감이 간과된 '체험 프로그램'들의 심각한 부작용(side effect)이 아닐 수 없다.
42 김용승 · 임지택, 앞의 글, 214~215쪽.
43 권온, 앞의 글, 232~235쪽.
44 인종차별이란 "인종, 피부색, 가문 또는 민족이나 종족의 기원에 근거를 둔 어떠한 구별,

체험 수준의 다문화 교육의 효과는 이중적이다. 2006년 사단법인 국경없는 마을이 주관한 찾아가는 다문화 교실에 참여한 학생들은 소감문을 통해 '알지 못했던 문화'를 접하게 된 것에 대해 긍정적으로 평가한다. 교육을 통해 학생들은 앞으로 더욱 많이 타문화를 접하고 그에 대한 편견을 버려야 한다고 깨닫지만 그 이유는 매우 도구적이고 외재적이다. "외국인이라는, 흑인이라는 색안경"을 벗어야 하는 이유는 "어쩔 수 없음" 때문이다.

얼마 전 뉴스에서 우리나라 출생률이 1.1명이라는 내용이 나왔다. 2050년엔 13%나 줄어 무려 620만 명이 감소한다고 한다. 우리나라는 곧, 아니 지금도 노동력이 부족하고 그 부족한 자리를 외국인 노동자들이 채워 줄 것이다. 우린 이제 더 이상 외국인이라는, 흑인이라는 색안경을 더 이상 끼고 있을 처지가 아니다. 어쩔 수 없이 우린 더불어 살아야하며 좀 더 알려고 노력하는 것이 올바른 모습이라 생각한다.

주목할 점은 교육을 통해서뿐만 아니라 일상세계에서 다문화를 경험하는 원곡동의 초등학교 어린이들 역시 매우 편향된 다문화 인식을 보여준다는 점이다. 원곡동에 소재한 초등학교 저학년 교실의 경우 이주 배경을 가진 학생들이 비중이 50%를 상회한다. '다문화' 하면 떠오

배척, 제한 또는 우선권을 말하며, 이는 정치, 경제, 사회, 문화 또는 기타 어떠한 공공생활의 분야에 있어서든 평등하게 인권과 기본적 자유의 인정, 향유 또는 행사를 무효화시키거나 침해하는 목적 또는 효과를 가지고 있는 경우"('모든 형태의 인종차별철폐에 관한 국제 협약 제1조 제1항)를 말한다. 비속어를 사용하는 모욕적이며 적대적인 언사는 비록 의도하진 않았을 지언정 누군가 평등하게 누려야 할 기본권을 '무효화하거나 침해하는 효과'를 가질 수 있으므로 인종차별에 해당하는 것으로 평가할 수 있다.

르는 이미지를 그려보라고 했을 때 그들 대부분은 다문화를 사회적 약자에 대한 관심과 도움 정도로 축소시켜 표현한다.(〈그림 1〉)

〈그림 1〉   〈그림 2〉

　다수와 소수, 주체와 타자 사이의 비대칭적인 권력 관계를 전제로 하는 학습된 관용의 부정적인 효과를 상징적으로 보여주는 것은 두 번째 그림이다. 그림에서 파란 옷을 입은 키가 크고 능동적인 '단일 문화' 아이가 이렇게 말한다. "너 다문화 아이구나. 나랑 같이 놀지 않을래?" 그러자 초록 옷을 입은 '작고 위축된', '다문화' 아이가 "고마워"라고 답한다. 타지역에 비해 '다문화'가 친숙하고 학습 기회도 풍부함에도 불구하고, 아이들의 인식속에는 다문화와 단일 문화의 건널 수 없는 분리주의의 경계가 확고하게 심겨져 있다.(〈그림 2〉)**45**

---

45 주체와 타자 사이의 비대칭적인 권력 관계를 전제로 하는 관용의 이데올로기로서의 다
　문화주의에 대한 혹독한 비판은 지젝으로부터 제기된다. 그에 따르면 "다문화주의는 부
　정된, 역전된, 자기준거적 형태의 인종주의, 즉 모든 적극적 내용을 가지는 자신의 위상
　을 비운 인종주의이다. (다문화주의자는 직접적 인종주의자가 아니며 그는 타자를 자신
　의 문화의 특정 가치와 대립시키지 않는다.) 그럼에도 불구하고 다른 특정 문화들을 적
　절하게 전유 (그리고 평가절하)할 수 있는 특권화된 보편성의 텅 빈 위치를 가진다. 타자
　의 특이성을 위한 다문화주의의 존중은 그 자신의 우월성을 단정하는 것이다." 곧 다문
　화주의가 개별적이며 국지적인 문화를 다루는 태도는 "식민자가 식민화된 사람들을" 향

2) 비차별의 법제화

1990년대 초반부터 시민사회 중심으로 이루어지던 안산 지역의 이주민 지원 및 다문화 마을 만들기 활동이 제도화되는 시점은 2000년대 중반이다. 제도화의 시발점은 외국인 전담 부서의 운영이다. 안산은 전국에서 최초로 외국인 전담 부서를 설립하여 운영한 지자체이다. 2005년 5월 개소한 안산시 외국인근로자지원센터는 2007년 외국인복지과로 변경되었다가 2008년 외국인주민센터로 재변경되어 현재에 이르고 있다. 외국인정책, 다문화교류, 다문화 교육, 외국인 인권, 다문화 아동 등 다섯 개 팀으로 구성된 외국인주민센터에서는 20명의 공무원이 근무한다.

"외국인 주민에게 시민과 같은 동질의 행정 서비스를 제공"함으로써 안산 지역에 "내·외국인이 더불어 잘 사는 다문화 공동체를 형성"하는 것이 외국인주민센터의 운영 목표라는 점에서 외국인주민센터는 '비차별의 법제화'를 추진하는 안산시 특유의 공적 인프라에 해당한다.(〈그림 3〉)

외국인주민센터가 주도해서 이루어진 비차별의 법제화에 해당할 만한 가장 대표적인 사례는 '안산시 외국인주민 인권증진조례'의 제정 (2009.3.27)이다. 조례는 '거주외국인'의 범주에 "안산시에 거주하는 모든 외국인"을 포함시켜(제3조 2항) "자신의 법적인 지위를 불문하고" 안산시

해 "원주민들의 관습은 주의깊게 고찰되고 '존경되어야 한다'"라고 말하는 것에 다를 바 없다. S. Zizek, *Multiculturalism, or, the cultural logic of multinational capitalism*, New Left Review 225, 1997.

〈그림 3〉 안산시외국인주민센터 전경

의 모든 외국인이 "인권을 향유할 권리를" 갖는다(제5조 1항)는 점을 명백
히 하였다. 조례가 제정될 2009년 당시, '재한외국인처우기본법'(2007), '다
문화가족지원법'(2007), '거주외국인주민지원조례'(2007) 등 한국의 외국
인 관련 법령들이 예외 없이 합법적인 체류 자격을 갖는 외국인만을 정책
대상으로 설정하고 있었다는 점에서 이는 매우 획기적인 일이었다.

　외국인주민 인권증진 조례의 제정이 일부 외국인을 정책의 대상에
서 배제하는 차별을 시정하기 위한 노력의 일환이었다면, '다문화 마을
특구' 사업의 명목적인 목표는 다문화친화적인 생활환경을 조성함으
로써 생활세계 영역에서 외국인의 삶의 질을 제고시키는 것이었다. 다
문화 특구를 통해 안산역 환승센터가 만들어지고, 간판 교체 등을 통해
원곡동의 가로가 재정비되었으며, 특구 한 복판의 '어린이 공원'은 '만
남의 광장'으로 리모델링되었다. 원곡동 일대는 다문화음식특화거리

〈그림 4〉 원곡동 다문화의 상징조형물, '담음'

로 지정되었고, 다문화를 상징하는 '담음'이라는 이름의 커다란 접시와
식사도구를 형상화한 조형물도 설치되었다.(〈그림 4〉)

이주민들의 차별 시정을 위해 외국인주민센터는 조례의 제정 및 공
간 개발 이외에도 이주민 통역지원센터를 운영하고 있으며 다국어로
제작된 '생활＆법률 가이드 북'을 발행하여 배포하기도 한다. '다문화
마을 특구 우편사서함'은 외국인주민센터가 가장 최근에 기획한 프로
그램이다. 거소가 불안정한 외국인 주민의 사서함을 외국인 주민 센터
내에 설치해서 안정적인 우편물 수령처를 제공하고 그를 통해 공동체
네트워킹 형성을 지원해주겠다는 것이 취지다.

비차별의 법제화가 관용에 비해 진일보한 정책으로 간주되는 이유
는 실행력에서 찾아진다. 법과 제도는 강력한 행위규범으로서 준수되
지 않는 경우 그에 상응하는 엄격한 제재와 처벌이 불가피하다. 안산

시의 비차별의 법제화 노력들은 이 두 가지 점에서 그러나 긍정적인 평가를 받기 어려워 보인다. 무엇보다도 '외국인'이라는 차별적인 용어가 고수되고 있다는 점은 문제가 아닐 수 없다. 외국인 주민 센터는 물론이요, 인권 증진 조례조차도 외국인이라는 용어를 그대로 차용하고 있다. 2007년 시민단체들의 반대로 무산된 원곡동 다문화 특구의 명칭역시 '외국인 마을 특구'였다.

조례의 내용이 실효성을 가지기 위해서는 무엇보다도 (비)차별의 목록이 구체적으로 포괄적으로 적시될 수 있어야 한다. 그러나 조례의 인권 개념은 매우 협소했다. 조례는 인권을 "국적과 피부색, 인종과 민족, 언어와 문화의 다름을 이유로 차별받지 아니"하는 것(제2조 1항)이라고 규정함으로써 체류 자격에 따른 차별 및 정치적 견해의 다름에 대한 차별 금지를 제외했다. 안산 지역의 대다수 이주민들이 미등록 상태이며, 그들에게 가장 절박한 것이 정치적 결사의 자유라는 점이 적극적으로 고려되지 않은 셈이었다. 게다가 표현 및 접근에 있어서의 차별의 목록은 제시조차 되어 있지 않다.

구체화된 차별의 목록들을 실질적으로 시정해나가기 위해서는 전담기구 역시 필요하다. 그러나 조례에는 각 당사자의 책무에 대한 규정이 있을 뿐이다. 전담 기구 대신에 위원회의 설치가 포함되어 있다. 차별 시정에 대한 책무의 이행을 감독할 전담 기구의 부재와 더불어 조례의 실행력을 감소시키는 또 하나의 결정적인 한계는 차별 행위에 대한 이렇다 할 처벌 조항이 존재하지 않는다는 점이다. 주지하다시피 국제 인권 협약은 인종 차별을 금지하고 예방하기 위해 그에 대한 가중처벌을 명문화할 것을 강조한다.[46]

다문화 공동체 공간으로 기획된 특구 개발이 외국인 주민들의 삶의 편의성을 제고시키고 환경 개선 효과를 가져온 것은 분명하다. 그러나 내용적인 면에서 곧 표현과 접근, 신체적 차별을 시정하는 뚜렷한 효과를 거두고 있는 지는 미지수이다. 특구 개발을 통해 다양한 이주민들이 원곡동의 공적 공간에 접근하는 일이 오히려 어려워졌다는 평가가 가능하기 때문이다.[47]

다양한 문화를 가진 사람들이 공존하고 있다는 점에서 원곡동은 결코 획일적이며 균질적인 공간일 수 없다. 그것은 원곡동이 누구의 원곡동이냐에 따라 쪼개지고 단절된 수많은 원곡동들로 조합으로 이루어져 있을 뿐만 아니라 그들의 행위에 따라 "상이한 세계—시공간—에 속하는 여러 장소"로 동시에 존재할 수 있음을 의미한다. 이런 점을 고려했다면 특구는 다양한 이주민들이 각자의 자율성과 연대성을 동시에 향유할 수 있는 '작고', '다른', '많은' 공간들로 설계될 수 있어야만 했다.

그러나 특구 개발의 방점은 공간의 균질화와 통합화에 맞추어져 있었다. 특구 개발을 통해 공간의 통합화가 진행되면서 고유의 공간을 상실하고 타집단과 공간을 공유하게 된 행위자들 사이에 공간의 점유와 이용을 둘러싼 갈등의 빈도가 증가했다.[48] 특구 외부에서 이주민들이 지역 문화 시설에 접근하는 일 역시 매우 어려운 형편이다. 그에 대해 한 활동가는 다음과 같이 말해 준 바 있다.[49]

---

46 장서연, 「인종차별철폐위원회 최종권고와 이행과제」, 남윤인순 의원실 · 은수미 의원실 · 서기호 의원실 · CERD NGO 보고서 제출 단체, 『이주민 인권에 대한 유엔권고 (CERD)에 따른 이행과제 및 방안토론회 자료집』, 2012.
47 권온, 앞의 글.
48 위의 글.
49 한양대 글로벌다문화연구원, 『문화주체로서의 이주민 지원 방안 연구』, 2012.

문제는 뭐냐면 관공서에서 체육관 대여라든가 운동장 시설 대여라든가 이런 것들이 굉장히 좀 많이 협조가 안 되는 편이지. 시에서 그런 걸 조금만 신경 써주시면 좋은데. 시에서 하는 행사들은 되는데, 자체적으로 뭘 좀 진행하려고 하면 그게 여건이 쉽지가 않다는 얘기지. 아마 그게 잘 되면 각 나라별로 그런 행사들이 많이 있어요. 스리랑카도 있고, 미얀마, 인도네시아, 다 각 팀마다 자기들끼리 또 모여서 행사를 주관하고 싶어도 그런 걸 못 구해서 굉장히 애를 먹는 모양이더라고요.

안산지역에는 비차별의 법제화를 추진하기 위한 공공부문 인프라가 구축되어 있다. 제도와 담론, 공간의 차원에서 이주민들을 평등한 구성원으로 포용하려는 다양한 사례들이 존재한다. 그러나 표현에서의 차별은 여전히 노골적이며, 접근에서의 차별을 금지하고 처벌할 실질적인 규범 역시 부재한다. 결혼이주여성에게 카드 및 통장 발급을 거부하고 아르바이트 채용을 거부하는 사례들도 보고된 바 있다. 한 조사는 이주민들이 인권 침해의 가해자로 공무원을 지적한 경우가 5.6%에 달했으며, 엔지오 및 지원단체 활동가를 지적한 경우도 4.9%에 이른다고 보고한 바 있다. 이주민 지원 활동에 있어서 대부분의 소통은 여전히 한국어로 이루어지며 소수 민족 언어가 함께 사용되는 곳은 손꼽을 정도이다.[50]

---

50 한양대 다문화연구소, 앞의 책.

3) 문화적 권리

실질적인 다문화주의 단계에서 중요한 것은 이주민들이 정치적 사회적 의사 결정 과정에 참여할 수 있는 공론장 혹은 합의 구조를 만들어내는 일과 다양한 문화적 배경을 가진 사람들이 자신의 고유한 문화를 향유하고 만들어낼 수 있는 권리를 공적 영역에서 보장하는 일이다.

이주민의 공론장 참여와 관련된 안산 지역에서의 선구적인 사례는 2000년대 초반에 찾을 수 있다. 당시 원곡본동 주민자치위원회에서는 외국인 노동자 연석 회의가 열린 바 있으며 이주민 한 사람이 원곡본동 명예 주민자치위원으로 임명되었다. 한국 사회의 이주민들이 '언더 클래스'로 공공 부문은 물론이요 사적 영역에서도 혹독한 차별과 배제를 경험하던 (그리고 그러한 차별과 배제가 의문시 되지 않던) 시기였다는 점에서 놀라운 일이 아닐 수 없다.

이런 전통은 현재에까지 이어져 현재 원곡동에서 에쓰닉 레스토랑을 운영하는 가네스 리잘이라는 네팔 출신 사업가는 원곡본동주민센터 주민자치위원으로 활동하고 있다. 지역 공론장에 이주민이 참여하는 방식은 2000년대 중반 이후 지역 다문화주의가 제도화되면서 거버넌스라는 새로운 양상을 띠게 된다. 이주민 관련 각종 위원회에 이주민들이 참여하는 방식이다. 안산의 대표적인 이주 관련 거버넌스 기구로는 거주외국인지원 민관이주협의체와 안산시 외국인주민인권증진위원회가 있다.

안산시거주외국인지원 조례 제15조에 의거 조직된 민관이주협의체는 2014년 7월 현재 15명의 운영위원으로 구성되어 있다. 그 가운데는 두 사람의 결혼이주여성이 포함되어 있다. 안산시 외국인주민인권증진 조례 제 3장 제13조로부터 제18조에 의례에 설립된 안산시 외국인주민인권증진위원회의 15명의 위원들 가운데에는 5명의 이주민 당사자가 포함되어 있다. 중국출신의 이중언어강사, 베트남 과 방글라데시 출신의 외국인주민 모니터요원, 우즈베키스탄 출신의 영사관 직원, 몽골출신의 통역상담원이 그들이다.

다문화주의 단계에서 실제로 보장되어야 할 것으로 기대되는 문화적 권리란 문화적 소수의 정체성을 보호하기 위해 예외적인 규정 및 역차별을 통해 지원하거나, 공적 영역에서 문화적 정체성을 드러내는 언어, 의상, 소품 등의 사용을 허용하고 지원하는 것, 지방이나 국가차원에서 특별한 대표의 권리나 자치를 허용하는 것 등을 포괄하는 개념이다.[51]

문화적 권리는 문화를 향유할 수 있는 권리와 생산할 수 있는 권리로 조작적 정의가 가능하다.[52] 문화 향유와 문화의 생산 측면에서 자유와 평등 및 문화 활동이 가능한 환경을 조성하는 것이 문화적 권리 보장을 위한 관건이다.

이주민의 문화 주체성을 지원하는 프로그램은 이와 같은 맥락에서 이주민 자신이 문화적 권리, 곧 문화 향유와 생산의 주체로 참여할 뿐만 아니라, 그들의 참여가 지역 사회 공동체와 고립된 방식이 아니라 공동체에의 소속감을 강화하는 통합적인 방식으로 이루어 질 수 있는 문화 권리 행사 지원 프로그램으로 규정될 수 있다.

문화권과 관련 안산시 외국인주민센터가 운영하는 대표적인 프로그

---

51 김남국, 앞의 논문.
52 한양대 글로벌다문화연구원, 앞의 책.

램으로는 모국어 소식지 발간과 지구촌 생활체육 교실을 들 수 있다. 『다문화 소식지』, 『안산 하모니』는 8개 언어로 제작되어 격월간으로 12,000부가 발간된다. 안산 하모니는 각국의 커뮤니티가 자체적으로 제작하는데 참여하는 스태프들의 열정은 매우 뜨겁다. 지구촌 생활 체육 교실은 태권도, 축구, 배드민턴, 탁구, 농구, 배구 등 6개 종목에서 운영되는데 가장 인기 있는 종목은 태권도이다. 지금까지 10개 국가 출신의 유단자 141명을 배출한 바 있다. 이 밖에도 안산시는 이주민 강사의 모국 문화를 활용하는 '다문화강사와 함께하는 국가별 문화체험', 요리나 춤 등으로 특화된 이주민 자조 모임 프로그램을 지원한다.

이주민의 공론장에의 참여, 문화권 및 자치권의 행사를 종합적으로 고려해서 안산시가 가장 최근에 기획 중인 사업은 '외국인 주민 자치조직 운영' 프로그램이다. 기획안에 따르면 네 개 영역에서 구성될 예정인 외국인 주민 자치 조직은 내외국인 사이의 쌍방향 커뮤니케이션을 활성화시킴으로써 지역 사회에 다문화 공동체가 형성되는 매개 역할을 수행하게 된다. 안산시는 관련 조례(가칭, 외국인주민 직능단체 조직, 운영에 관한 조례)를 제정함으로써 확고한 추진 체계를 마련할 계획이다.(〈표 3〉)

다문화주의적인 맥락에서 안산에서 적극적이며 성찰적인 여러 사례들을 발견할 수 있으며, 여전히 진행 중이라는 점은 매우 고무적인 일이다. 그러나 그러한 시도들의 실제적 효력에 대해서는 재고해보아야 할 것 같다.

안산의 다문화 혹은 거버넌스 기구들의 공통적인 한계는 자명하다. 위원회의 영향력 그리고 (특히 이주민 출신) 위원들의 역할이 아주 미미하다는 점이다. 사적인 수준에서 의견을 제시할 수 있을 뿐, 위원회의

〈표 3〉 안산시 외국인 주민 자치 조직 운영(안)

	외국인주민 자치위원회	외국인주민 명예통장	외국인체육회	외국인 상가번영회
구성	15명 내외(국가별)	25명 내외(동별)	30명 내외 (국가별, 종목별)	20명 내외
회의	매월 1회 정기	매월1회 정기	분기 1회 정기	분기 1회
임무	- 외국인주민관련 각 종시책 협의 - 다문화축제 공동기획 및 주관 - 수렴된 외국인들의 의견 전달	- 외국인주민시책 홍보 및 행사 소개 - 수렴된 외국인들의 의견 전달 - 경기도의 다문화서 포터즈를 대체	- 외국인 운동팀 구성 - 종목별 대회 개최 - 생활체육 활성화	- 다문화특구 활성화 방안 논의 - 지역 사회 공헌 활동
인선	외국인 및 다문화 가족 중 사명감이 있고 활동성이 있는 사람을 선정			

회의 내용 그리고 위원들의 의견 개진이 안산시의 이주민 인권 정책에 구체적으로 반영되는 정도는 확인되지 않는다. 회의석상에 이주 배경을 가진 위원들이 참석하고 있음에도 불구하고 외국인 주민을 강력한 계도나 단속의 대상으로 간주하는 발언이 가감 없이 토로되기도 한다.[53]

생활체육교실에 참가한 이주민들의 평가 역시 냉정하다. 가장 인기 있는 태권도 교실이지만 이주민에게는 '넘사벽(감히 넘을 수 없는 장벽)'이 존재한다. 이주민의 경우 일정 정도 이상의 승단 심사 자체가 불허되는 탓이다. 일상생활 공간에서 생활 체육 시설의 사용 및 한국인들과의 체육 활동 교류에 여러 가지 장애들 역시 존재한다.

---

[53] 2014년 민관협의체 회의록에는 다음과 같은 발언들이 기록되어 있다. "외국인 체납 일소와 관련 강력한 제도 개선을 시켜 세금 안 내면 안 된다는 생각을 외국인에게 심어줄 필요가 있다고 생각합니다. 아울러 외국인 3대 기초질서 준수 운동은 경찰서에서 강력한 단속이 필요하다고 생각합니다"(a위원), "가장 중요한 것은 외국인에게 교육을 집중적으로 시키는 것이라고 생각합니다. 출입국 관련 부서에 외국인에 대한 기초질서 준수 교육을 강력하게 시켜달라고 건의하는 것이 필요하다고 생각합니다"(b위원).

국가별 문화 행사 및 주관 행사 지원에 대해서도 이주민들은 비판적이다. 행사들 자체는 의미 있지만 그러한 행사들이 일회성 행사, 동원형 행사로 그치는 경우가 많아, 자신들이 원하는 행사를 할 수 없는 참여자들 역시 큰 의미 부여를 하지 않는다는 것이다.

> 문화라고 이야기하지만 우리가 원하는 것을 하려고 할 때, 그 사람들이 원하지 않아서……. 아예 지원을 하지 않아요. '아 그래? 너희들이 그렇게 이야기 하니까 지원 해주지 않아도 되네' 하고 생각하는 거죠……. 4월 행사를 이야기할게요. 4월 행사 할 때 우리가 원하는 건 노는 거예요. 하루 종일 놀려고 하는데 한국 분들이 저희를 도와준다고 하면 그 분들이 중요한 건 행사보다 무대 행사가 중요한 거예요. 무대 행사라는 것은 VIP사람들이 오시고…….

외국인 자치 조직을 구성하고 그 운영을 지원하려는 취지는 매우 진취적이고 높은 평가를 받아 마땅하다. 그러나 이주민을 바라보는 시민사회와 공공 부문의 시선이 여전히 편향되어 있다면 외국인 자치 조직역시 실제적인 의미에서의 '자치와 자율'의 기능을 수행하기는 어려울것이다. 불행하게도 외국인에 대한 시민사회와 공공 부문의 편향된 시선은 '공적 조서'와 '추천서'에서 여실히 확인된다.

안산시 외국인 대상 후보자들의 추천서에는 "외국인근로자 답지 않게 열심히 성실하게 회사생활을 함", "본국에서 한국어 기초를 완벽하게 학습, 동료 친구들에게 한국어와 한국 문화를 가르침", "한국 음식, 노래 그리고 한국 영화도 좋아하는 한국사람보다 더 한국적 정서를 가지고 있음", "한국 문화 이해와 알리는 역할을 몸소 실천하는 실례로 본인의 결혼식을 전통 혼례로 치렀으며 자녀의 돌잔치 또한 한국 전통식으로 치루며 전통문화에 대한 애정을 드러냄" 등 대동소이한 내용이 담겨있다.

'다문화' 도시 안산의 시민사회와 공공 부문이 생각하는 외국인대상 수상자의 자격은 자신의 고유한 문화를 향유하고 생산하는 데에 있어서의 탁월함이나 공론장에 참여해서 문화적 소수자의 입장을 대변하는 활동 등으로 평가될 수 있는 문화적, 정치적 기여도와는 거리가 있어 보인다. 한국어와 한국 문화의 습득 정도 및 그에 대한 애정, 그리고 전파의 의지 등이 기준이기 때문이다.

지역 사회에서 이주민들은 이주민이기에 앞서 우리 가게의 고객들이요, 동종 업계의 동업자들이며, 우리 사업장의 노동자들이요, 우리 병원의 환자들이며, 은행 직원이며, 관공서의 통번역 요원들이다. 그런 점에서 이주민들이 내국인들과 다를 바 없는 지역 사회의 평등한 구성원이자 근린이라는 점은 두말할 나위가 없다. 그러나 안산에서 조차, 이주민들의 기여도가 타 지자체에 비교할 수 없이 지대한 안산에서 조차 이주민들은 여전히 주민으로서의 기본적인 성원권을 향유하지 못한다.[54]

안산은 시민 사회가 매우 활성화되어 있는 곳이다. 그러나 다양한 주민 조직들에 이주민 회원은 전무하다. 이주민들은 노동조합에도 소

---

54 2014년 안산시민의 날 '학술, 예술, 교육, 지역 개발, 체육, 봉사, 기업, 노사화합, 법질서 확립' 등의 다양한 영역에서 '모본'을 보인 49명의 시민들이 영예로운 시민상을 수상한 바 있다. 그러나 그 명단에 '외국인 주민'은 단 한 명도 포함되어 있지 않았다.

비자연대에도 마을만들기 센터 회원에도, 의료생협 조합원 명부에도 등재되어 있지 않다. 그래서 다문화 일번지 안산에서 조차 이주민들은 여전히 자유가 아니라 자유의 제약을 절감한다. "자유롭게 뭘 할 수가 있는 장소가 한국에는 없어요. 외국인들만 모여서 자유롭게 놀 수 있는" 공적 공간은 안산에도 거의 없다. 그런 상태라면 자기결정권의 행사는 더욱 요원한 일일 것이다.

> 지금 한국 사람들의 경우에서 이렇게 생각할 수도 있어요. 이주민들에게 많은 활동가들이 그렇게 생각하더라고요. '이주민들을 위해서 우리가 한다'. 그런 마음을 가져서는 안 될 것 같고요……. 이주민 스스로 할 수 있는 기회가 있을 것이라고 생각해요. 스스로 할 수 있는, 스스로 하게끔 하는 환경이 필요하다고 생각해요.

6. 가능성의 현실화, 몇 가지 과제

한국의 다문화주의 역사가 일천함에도 불구하고 안산 지역에는 국가중심 다문화주의의 모순과 한계를 최소화할 수 있을 만한 여러 사례들이 존재한다. 인구 구성의 다양성과 규모라는 다문화주의의 외적 환경에서 안산은 최적의 공간이다. 사회적 소수자 친화적인 노동자 도시로서의 전통은 이주민들에 대한 관용의 태도가 확산되는 데에 기여한다. 공공 부문과 시민사회를 아우르는 관용의 저변을 근거로 비차별의 제도화도, 전담 기구와 법제의 영역을 넘어 생활공간의 차원에서 까지 적극적으로 모색된다. 정치, 사회, 문화적 공론장에서 이주민의 참여를 보장하려는 적극적이며 성찰적인 사례들도 적지 않게 발견할 수 있다.

그러나 그러한 전통과 저변을 근간으로 다문화주의적인 사회 구성의 원리가 안산 지역 사회에 생성되는 것을 지체시키는 반대의 사례들과 경향들 역시 관측된다. 관용의 문화는 상징적인 수준을 벗어나지 못하고 오히려 실제적인 차별에 대한 둔감함으로 이어진다. "안산에 이주민의 인권 침해는 더 이상 존재하지 않는다"와 같은 오만한 독선을 정당화하기도 한다. 표현과 접근에 있어서 차별 금지를 생략하고 있는 비차별의 제도화는 오히려 가장 취약한 이주민 집단에 대한 차별을 합법화하고 차별 금지의 목표를 "안산시의 경쟁력 강화나 관광 활성화" 등 도구적, 실용주의적 수준으로 격하시킨다. 불안정한 체류권의 문제를 간과하고 정치, 사회, 문화적 공론장에의 자유로운 접근이 봉쇄된 문화권 담론은 오히려 이주민들의 역량을 약화시키는 기제로 작동한다. 다문화 담론을 둘러싼 시민단체와 시정부의 격화된 경쟁 속에서 '외국인 주민'들의 입지는 더욱 좁아지고 있으며 역량은 취약해지고 있는 것이다.[55]

향후 안산이 다문화 친화적인 지역 사회로 이행해 가기 위해서는 이러한 과제들이 반드시 선결될 수 있어야 한다. 관용의 문화가 더욱 확대될 수 있어야 한다. 생활 세계와 사적 영역을 넘어 공적인 영역으로 확대된 관용의 문화는 법제화를 통해 강제성을 띨 수 있어야 한다. 차별의 목록들이 구체적으로 제시되어야 하며 그에 대한 엄격한 처벌 규

55 박세훈 외, 앞의 책, 2009; 오경석, 앞의 글, 2010a.

정들이 마련되어야 한다. 비차별 규범을 확산시키며 차별을 감시하고 제재할 수 있는 권한과 책임을 갖는 전담 기구가 마련될 수 있어야 한다. 관용의 문화와 비차별의 법제화는 궁극적으로 다수자와 소수자, 선주민과 이주민 사이의 권력 및 덕 관계에서의 비대칭성을 해소하는 것을 목표로 할 수 있어야 한다.

가장 중요한 점은 이러한 과제들을 수행하는 과정 자체가 몇몇 사람이나 기관에 의해 전유되거나 독점될 수 없다는 점이다. 그 경우 자생적이며 생성적인 다문화의 활력은 균질화되고 무력화될 수밖에 없을 것이기 때문이다. 이와 관련 다양한 행위자들과 이해관계 당사자들이 참여하는 민주적인 포럼을 운영하는 일이 대안이 될 수 있다.

이러한 포럼이 해야 할 첫 번째 일은 조사이다. 실태와 욕구, 자원, 갈등의 요소, 역량, 환경에 대한 정규적인 조사가 반드시 필요하다. 객관적인 팩트에 준거하는 경우 원곡동의 미래와 그것을 구현하는 방법론에 대한 모색이 비로소 이루어질 수 있을 것이다. 공동의 목표 의식이 생겼을 때 주민들의 정체성 역시 새롭게 탐색될 수 있으며, 원곡동 특유의 공동체 규범과 문화를 만들어내는 일에 대한 논의도 시작될 수 있을 것이다.

원곡동의 미래가 '국경없는 마을'인가? '다문화 특구 마을'인가? '다문화 게스트 하우스'인가? 원곡동의 사람들은 이주민인가? 선주민인가? 다문화 마을의 주민들인가? 원곡동은 정주의 공간인가? 방문의 공간인가? "떠나온 공간도 정착한 공간도 아닌 경계의 공간, 혹은 제 3의 공간"인가? 원곡동에서 가장 필요한 규범은 보편적인 법질서인가? 각 집단에 고유한 관행과 관습인가? 개개인의 상이한 신념인가?

각각의 질문에 어떤 답이 선택되느냐에 따라, 과제를 수행하기 위한 일련의 방법론 전체가 상이한 형식과 내용을 갖게 될 것이다. 바로 그것, 현재 원곡동에 가장 부족한 것은 바로 그러한 질문과 각각의 질문에 답을 선택하는 공론장이다. 그러나 원곡동에 토론은 매우 빈곤하고, 활동은 과잉이다. 활동과 담론의 과잉 속에서 주장과 규모가 토론의 자리를 대신한다. 정치와 문화가, 담론과 삶이 대면할 수 있는 토론은 어떻게 구성되고 지속될 수 있는 것일까? 좀 더 평등하고 좀 더 다채로운 욕망이 실제로 구현되는 원곡동의 미래는 이처럼 너무나 익숙해서 둔감해진 질문을 공론장에 다시 꺼내어 놓는 일로부터 탐색될 수 있을 듯 싶다.

참고문헌

구본규, 「다문화주의와 초국적 이주민-안산 원곡동 이주민 집주지역의 사례」, 『비교문화연구』 제19집 2호, 2013.

권   온, 「다문화 공간에는 누가 사는가-다문화 공간을 둘러싼 갈등」, 정병호 외편, 『한국의 다문화 공간』, 현암사, 2011.

김남국, 「다문화의 도전과 사회통합-영국, 프랑스, 미국 비교 연구」, 『유럽연구』 28권 3호, 2010.

_____, 「다문화 정책의 이론적 검토와 새로운 방향 설정」, 김남국 외편, 『한국의 다문화 사회통합 정책-종합평가와 대안』, 사회통합위원회, 2012.

김용승·임지택, 「다문화 특구 공간 만들기-안산 원곡동 이야기」, 정병호 외편, 『한국의 다문화 공간』, 현암사, 2011.

김희순·정희선, 「커뮤니티 아트를 통한 다문화주의의 실천-안산시 원곡동 리트머스의 사례」, 『국토지리학회지』 45(1), 2011.

박배균·정건화, 「세계화와 잊어버림의 정치-안산시 원곡동의 외국인 이주노동자 거주지역에 대한 연구」, 『한국지역지리학회지』 10(4), 2004.

박세훈 외, 『다문화사회에 대응하는 도시 정책연구 1-외국인 밀집지역의 현황과 정책과제』, 국토연구원, 2009.

박세훈 외, 『다문화사회에 대응하는 도시정책 연구 2-지역중심형 외국인 정책 추진방안』, 국토연구원, 2010.

박천응, 『국경 없는 마을과 다문화공동체』, 안산외국인노동자센터, 2002.

서민우, 「현대 한국의 다문화 정치-경기도 안산을 중심으로」, 한국학중앙연구원 박사학위 논문, 2011.

오경석, 「'다문화 중심 도시'의 이상과 현실-안산시 원곡동의 경험」, 『월간국토』 4월, 국토연구원, 2009.

_____, 「국경없는마을」, 『안산시사』 7권, 안산시, 2010a.

_____, 「누구를 위한 다문화주의인가?-안산지역 이주민 지원활동에 대한 비판적 검토」, 『민주사회정책연구』 17호, 2010b.

_____, 「한국의 '다문화' 정책, 변화의 탐색」, 『다문화사회, 다문화 정책의 현실과 미래 학술대회 자료집』, (사)한국다문화학회·숙명여대다문화통합연구소, 2014.

오경석 외, 『이주민공동체의 문화다양성에 관한 조사 연구』, 문화부, 2007.

오경석·정건화, 「안산시 원곡동 국경없는마을 프로젝트-몇 가지 쟁점들」, 『한국지역지리학회』 12권 1호, 2006.

유일상, 「한국의 인도네시아 노동자들-그들이 살아가는 도시와 생활세계」, 정병호 외편, 『한국의 다문화 공간』, 현암사, 2011.

이부미, 「다문화교육의 혼돈과 이해의 과정-안산 '원곡동' 현장연구」, 『유아교육학논집』 15(5), 2011.

이선화, 「외국인 노동자 유입에 대한 도시지역원주민의 대응-안산 원곡동의 사례」, 『비교문화연구』 14(2), 2008.

이태정, 「외국인이주노동자의 사회적 배제연구-"국경없는마을" 사례」, 『사회연구』 10, 2005.

장서연, 「인종차별철폐위원회 최종권고와 이행과제」, 남윤인순 의원실·은수미 의원실·서기호 의원실·CERD NGO 보고서 제출 단체 편, 『이주민 인권에 대한 유엔권고(CERD)에 따른 이행과제 및 방안토론회 자료집』, 2012.

장영진, 「이주 노동자를 대상으로 하는 상업지역의 성장과 민족 네트워크」, 『한국지역지리학회지』 12(5), 2006.

전기택 외, 『2012년 전국 다문화가족 실태조사 연구』, 한국여성정책연구원, 2013.

최병두, 「다문화 공간과 지구·지방적 윤리-초국적 자본주의의 문화 공간에서 인정을 위한 투쟁의 공간으로」, 최병두 외편, 『지구·지방화와 다문화 공간』, 푸른길, 2011.

_____, 「다문화사회를 대비한 도시 및 지역정책과제」, 『국토』 통권364, 국토연구원, 2012.

한국다문화학회, 『한국다문화정책개선을 위한 시민사회단체 역량강화 방안』, 특임장관실, 2010.

한양대 글로벌다문화연구원, 『문화주체로서의 이주민 지원 방안 연구』, 2012.

한양대 다문화연구소, 『안산시 외국인주민 인권증진 기본계획』, 안산시, 2010.

Benton, Meghan, *A Theory of Denizenship,* submitted for the degree of PhD in Political Science at the Department for Political Science, University College London(UCL), 2010.

Castles, S, · Davidson, A., *Citizenship and Migration —Globalization and Politics of Belonging,* Routledge New York, 2000.

Garbaye, R., *Getting Into Local Power —The Politics Of Ethnic Minorities In British And French*

Cities, Blackwell Publishing, 2005.

Tsuda, Takeyuki, *Localities and Struggle for Immigrant Rights: The Significance of Local Citizenship in Recent Countries of Immigration,* Takeyuki Tsuda, ed, Local Citizenship in Recent Countries of Immigration : Japan in Comparative Perspective, 2006.

Zizek, S., *Multiculturalism, or, the cultural logic of multinational capitalism*, New Left Review 225, 1997.

2부

다문화시대와
로컬리티의 변화

로컬 전주의 다문화 인문학

박병섭

1. 학문의 기준

필자는 다문화주의 정치철학을 연구해 왔다. 다문화주의는 민족국가 차원에서 소수집단권을 연구하는 것이다. 로컬리티Locality 인문학 연구팀과 이미 여러 번 만나 교류하면서 매 상황마다 로컬리티의 인문학에 대해 무언가 발언해 왔지만 필자는 매번 그 취지를 이해하지 못해서 아리송해 하였다. 이번 시리즈에서는 다문화주의의 시민권의 입장에서 초고를 완성한 후 한 번 로컬리티의 입장에서 수정하고 다시 로컬의 입장에서 수정하였다. 처음에 로컬리티의 인문학이 보낸 편지는 라캉의 편지도 알튀세르의 편지[1]도 작성되지도 전달되지도 않았다. 필자

---

1 Louis Pierre Althusser, *Ecrits sur la Psychanalyse*, Stock / Imec, 1993(1976, 1993; 국역 1991); 「프로이트 박사의 발견(1976)」, 윤소영 편역, 『알튀세르와 맑스주의의 전화』(이론총서 2), 이론, 1993; 「맑스와 프로이트에 대하여(1976)」, 윤소영 편역, 『맑스주의의 역사』, 민맥, 1991, 소수.

는 쓰여지지 않은 편지를 배달받았다. 필자는 답장 차원에서 우선 맡은 일이나 제대로 하자는 생각에 다시 수정해 보기로 하였다. 결국 로컬리티의 인문학을 인권－개인권과 거주권으로 정리하게 되었다.

1) 학문, 지역분석의 학문, 다문화주의

학문이란 무엇인가? 학문이란 합리적 방식으로 전개된 사고방식들의 체계들이다. 학문성의 표준은 역사적으로 토테미즘, 샤머니즘 신화, 기축정신 혁명, 근대의 인간 자연권－과학 등으로 전개되어 왔다.[2] 근현대의 학문은 공리－공준－정리－사례들로 구성되는 논리적 수학적 형식적으로 진리성이 담보되는 형식과학과 경험적 내용으로 진리성이 담보되는 경험과학으로 구별된다. 근현대적 의미에서 경험과학은 가설－연역관계로 구성되는 자연과학과 상수－변이체 관계로 구성되는 사회과학으로 구성된다. 자연과학은 패러다임[보조가설, 문제설정][3]과 물질적 관계, 수학적 정식을 가진 가설들을[4] A-E-I-O 도식[5]의 가설연역적 법칙과 관찰명제의 검증관계로 확인하는 것이다.[6] 근현대 학문의 특징은 현재에 대한 기술과 미래 사건에 대한 예측을 통해서 설득력을 가지

---

2 양승호, 「알튀세르와 푸코의 지식론 연구」, 전북대 박사논문, 1999.
3 토머스 새뮤얼 쿤, 김명자 역, 『과학혁명의 구조』, 까치글방, 2002.
4 C. G. 헴펠, 곽강제 역, 『自然科學哲學』, 博英社, 1987.
5 Howard Kahane, *Logic and Philosophy －A Modern Introduction*, Belmont, California : Wadsworth Publishing Company, Inc., 1969, pp. 198〜205.
6 토머스 새뮤얼 쿤, 앞의 책; C. G. 헴펠, 앞의 책; 칼 포퍼, 이한구 역, 『추측과 논박－과학적 지식의 성장』, 민음사, 2001.

는 것이다(쿤, 헴펠, 포퍼).[7] 혹은 상수–변이체 법칙은 현재 상황을 설명하는 상수가 있고 미래에 달라지는 상황을 설명하는 변이체로 구성된다(레비-스트로스, 알튀세르).[8]

분과 학문에는 수학, 물리, 화학, 생물학, 경제학, 정치학, 사회학, 역사학 등이 있다. 수학은 양적 단위에 대한 관계를 다루고 대수학과 기하학 등이 포함된다. 자연과학은 자연의 물질적 관계를 양적 접근으로서 수학적 정식으로 접근하여 A-E-I-O 도식의 가설 A-E를 설정해서 관찰명제 I-O로 검증한다. 우선 전형적인 연구 단위를 생각해 보자. 물리학은 연구의 최소 단위가 물질이다. 화학은 연구의 최소 단위가 원자이다. 생물학은 연구의 최소 단위가 세포이다. 경제학은 연구의 최소 단위가 상품이고 상품의 생산, 소비, 유통, 분배를 다룬다. 정치학은 연구의 최소 단위가 국가이고 국가의 운영을 다룬다. 사회학은 인간사회의 다양한 집단 관계들을 다룬다. 역사학은 인간사회의 기록들을 다룬다.

좀 더 세분화한 연구 단위로 전진해 보자. 페미니즘은 여성의 관점에서 남녀 결합을 다루면서 남성과 여성 사이의 성적 차이와 각종 관계를 다룬다. 다문화주의는 민족 국가에서 소수 집단의 관점에서 다수 집단과 소수 집단 사이의 집단관계를 다루면서 소수 집단인 원주민, 소

---

[7] C. G. 헴펠, 앞의 책; 칼 포퍼, 앞의 책.
[8] Louis Pierre Althusser, *Sur la philophie*, 서관모, 백승욱 역, 『철학에 대하여』, 동문선, 1994; Louis Pierre Althusser, *L'avenir dure iongtemps* · suivi de *Les faits*, 권은미 역, 『미래는 오래 지속된다』, 돌베개, 1993; Louis Pierre Althusser, "Le courant souterrain du matérialimse de la rencontre", *Écrits philosophiques et politiques*, tome 1, 서관모, 백승욱 역, 『철학과 맑스주의 - 우발성의 유물론을 위하여』, 새길, 1996; Louis Pierre Althusser, "L'unique tradition matérialiste", *Lignes, n° 18*, 1993(repris dans *l'avenir dure longtemps*, nouvelle édition augmentée, 1994, pp. 467~507)(1985, 1993, 1994; 국역 1996), pp. 72~119; 서관모, 백승욱 역, 『철학과 맑스주의-우발성의 유물론을 위하여』, 새길, 1996; Daniel A. Bell, *China's New Confucianism —Politics and Everyday Life in a Changing Society*, Princeton and Oxford : Princeton University Press, 2008.

수 민족, 이주민 등의 권리를 다룬다. 폭로 역사학은 기존 사료를 형식 논리학으로 분석해서 '간과'를 폭로해서 술이부작述而不作하게 재구성한다.

새로운 학문으로 "로컬리티Locality의 인문학"은 모든 인간이 로컬 단위에서 인문 생활을 한다는 점에서 일반이론이다. 연구의 최소 단위가 (개인의 생활세계로서) 로컬 지역이고 그 하위 속성으로 개인 생활의 사유, 문화, 시간, 표상, 공간으로 구성된다. 로컬리티의 인문학은 한국의 로컬리티의 인문을 연구해서 국가를 초월해서 전인류의 로컬리티의 인문을 설명할 수 있다.

로컬리티의 인문학과 다문화주의가 만나면 양자 사이에는 공통점도 많지만 로컬리티의 인문학은 연구단위의 배경이 민족국가를 초월한 생활세계이지만 다문화주의는 연구단위의 배경이 민족국가 차원이라 상호 불일치하는 지점도 있다. 로컬리티의 인문학과 다문화주의는 연구 단위에서 민족국가의 초월여부로 상호 단순 접합이 불가능하다. 양자 사이의 관계는 대등, 종속, 토대-상부구조 관계 등이 가능할 것이다. 여기서는 거주권과 시민권 사이의 토대-상부구조의 위상관계 차이로 접근하겠다.

로컬리티의 다문화성 인문학을 분석하는 새로운 학문이 등장하려면 새로운 학문대상, 새로운 연구방법, 새로운 성과 등이 있어야 한다. 로컬리티를 설명하는 학문이 자연과학 및 사회과학에 해당하는 경험과학이라면 그 학문적 성과는 현재 사건들을 설명할 뿐만 아니라 미래에 발생할 사건에 대한 예측력을 가져야 한다. 지역공간을 설명하는 학문이 상수-변이체의 학문이라면 현재의 상황을 설명하는 상수가 설정되어야 하고 현실의 변화는 상수의 변이체들을 통해 설명되어져야 한다.

로컬리티의 다문화성이라는 개념을 지역학의 중심 개념이라고 가설을 세우면 이 개념으로 지역공간에서 발생하는 현재의 사건들을 설명할 수 있어야 하고 또 지역의 미래의 변화를 미리 예측할 수 있어야 한다. 혹은 지역공간의 다문화성이라는 개념을 지역학의 상수라 설정한다면 지역공간의 다문화성으로 현재 상태를 설명하고 그 후에 설정된 상수에서 벗어나는 사례들은 변이체로서 설명할 수 있어야 한다. 결국 로컬리티의 다문화성은 가설 혹은 상수로서 설정되고 관찰명제 혹은 변이체로 확인된다.

2. 로컬리티의 다문화성

로컬리티의 다문화성은 A-E-I-O 도식의 가설 혹은 상수−변이체의 상수로 취급된다. 가설 혹은 상수가 다음의 2) 3)이다. 2)는 로컬리티의 인문학과 다문화주의로 접근 가능한 로컬 차원의 개념이고 3)은 다문화주의로 접근가능한 민족국가 차원의 개념이다. 다문화주의는 시민권을 최고의 기본개념으로 상정해서 민족국가 차원에서 소수집단권을 분석한다면 로컬리티의 인문학은 민족국가를 초월한 보편적 거주권을 최고의 기본개념으로 해서 로컬들을 분석할 것이다. 필자는 로컬리티의 인문학이 사회제도 차원의 권리에서는 보편적 거주권에 기초할 경우에만 성립가능하다는 가설 혹은 상수에서 출발하겠다.

2) 지역 주민들의 조화 — 근대성, 개인권과 집단권, 인권, 시민권, 거주권, 주권

근대성

우리는 근대에 하나의 인류, 민족주의, 개인주의 의식, 그리고 민족
국가를 발전시켰다. 인간관계는 근대 이전에 간접 접촉 관계였다면 근
대에는 직접 접촉 관계로 변하였다.[9] 하나의 마을 단위 혹은 도시의 동
단위를 대상으로 양자를 비교해 보면 양자 사이의 차이가 드러난다.
근대 이전에 한 개인의 정체성은 어떤 마을에 사는 아무개의 동생, 조
카 등의 방식으로 타인을 매개하여 간접적으로 그의 정체성이 확립되
고 인지되었다. 근대에 개인의 정체성은 한 개인이 도시의 하나 동이
나 아파트 내에서 그의 이름을 통해 직접 타인과 관계를 구성한다. 근
대 사회의 우리는 민족국가를 배경으로 국내인과 외국인을 양분한다.
근대의 민족국가는 그 이전의 제국의 형태가 아니라 한 민족 단위로 국
가를 구성하는 제도이다. 로컬리티의 근대성은 개인 생활 단위로 동,
마을 혹은 전주 등을 분석한다. 개인의 생활 단위는 가정, 직장을 중심
으로 구성되고 자동차와 인터넷을 통해 시, 군, 읍 등으로 확장된다.

지역주민

하나의 지리적 공간에서 사람들이 만날 때 그 일정 공간을 지역 공간
이라 하고, 그 지역 공간에 함께 사는 사람들을 지역 주민이라 한다. 자

---

9 Charles Taylor(1995 : 272); Charles Taylor(1997 : 36~39, 36, 37) 「민족주의와 근(현)대성
(1997)」; Charles Taylor(2002 : 166~217); Charles Taylor([2002], 2003 : 199, 199~200,
210, 443).

유주의자라면 지역 주민들을 권리의 담론으로 분석하고 공동체주의자라면 선의 담론으로 분석한다. 양 담론은 다문화주의 관점에서 보면 동일 내용을 다른 언어로 포장한 것으로 이해할 수도 있다.[10] 논의의 친숙을 위해 여기서는 권리의 담론으로 접근하지만 선의 담론으로 접근해도 무방할 것이다. 지역 공동체 속의 지역 주민들은 토박이 한국인, 탈북한 한국인, 외래 한국인, 결혼이주자, 이주 노동자, 합법 이주 노동자, 불법 이주 노동자, 토박이 한국인 자녀, 외래 한국인 자녀, 국제결혼가족 자녀, 이주 노동자 자녀, 본적 없는 한국인, 동물들 등으로 구분할 수 있다. 로컬의 거주민은 원 거주자와 이주자, 국내인과 외국인으로 구성된다.

개인권과 집단권

로컬의 거주민은 다문화주의 차원에서 거주민의 개인권과 집단권을 구성한다. 권리는 개인권과 집단권으로 구별할 수 있다. 개인은 개개인이 가지는 권리이다. 집단권은 민족국가 내에서 집단으로서 가지는 권리이다. 집단권은 민족국가 내에서 다수 집단권과 소수 집단권이 있다. 다수 집단권은 민족국가의 민주주의 제도 내에서 이미 관철되어 실현되어 있다. 소수 집단권은 민주주의 제도 내에서 소수 집단들을 보호하기 위한 권리로서 원주민, 소수 민족, 이주민의 권리 등이 있다.[11]

---

10 Will Kymlicka, *Politics in the vernacular —nationalism, multiculturalism, and citizenship*, 박병섭 역, 『자기언어의 정치 – 다문화주의 개론』, 실크로드, 2013, 30~59쪽.

11 Will Kymlicka, *Multicultural Citizenship —A Liberal Theory of Minority Rights*, Oxford University Press, 1995a, p.280; Will Kymlicka ed., *The Rights of Minority Cultures*, Oxford University Press, 1995b.

인권, 인본주의

로컬의 거주민은 인간으로서 보편적 인권을 개인권으로 가진다.[12] 로컬 지역 주민은 모두 날 때부터 일정한 권리를 가진다. 천부 인권은 로크에 의하면 양도 불가능한 권리로서 보통 생명권, 자유권, 소유권이 포함된다(로크, 『시민정부론』). 천부 동물권은 킴리카에 의하면 양도 불가능한 권리로서 고통을 느끼는 모든 동물들이 인간과 마찬가지의 권리를 가진다(슈와 킴리카, 『동물권』).[13] 테일러는 근대의 인권 개념을 인본주의라고 파악한다. 그에게 인본주의는 고통을 회피하려는 근대인의 의식이다.[14] 로크가 서양 역사를 배경 삼아 생명권, 자유권, 소유권을 정당화한다면,[15] 한국인은 한국 역사의 환국 대동사회를 배경 삼아 천부의 권리를 정당화할 수도 있을 것이다.[16] 우리는 지역 주민 구성원이 생명을 존중받을 권리가 있다는 생명권을 무조건 지지할 수 있다. 우리는 지역 주민들이 자유권을 가진다고 믿고 싶어 한다. 지역 주민 속에 인간 정신박약인과 동물이 포함될 때 이들이 날 때부터 자유권을 가진다는 점에 대해 주저할지 모르겠다. 이제 로크가 제기한 소유권 개념이 남았다. 나는 나 자신을 소유한다. 나는 내 노동의 산물을 내

---

12 『2012 광주, 전남지역 다문화 인권 포럼』, 국가인권위원회 광주인권사무소, 2012.5.24; 『다문화인권교육프로그램』 국가인권위원회, 발간등록번호 11-1620000-000297-01. ISBN 978-89-6114-225-0 93370; 국가인권위원회, 『제7차 인권교육 포럼 개최 - 다문화 인권정책의 현안과 과제』, 전북대 법학전문대학원, 2009.12.4.
13 Sue Donaldson · Will Kymlicka, *Zoopolis —A Political Theory of Animal Rights*, Oxford, 2011, pp.19~49.
14 Charles Taylor, *Sources of the Self —The Making of the Modern Identity*, Cambridge : Harvard University Press, 1989; Charles Taylor, *Secular age*, Cambridge, Massachusetts · London, England : The Belknap Press of Harvard University Press, 2007.
15 존 로크, 이극찬 역, 『시민정부론』, 연세대 출판부, 2014.
16 박병섭, 『해모수 이야기』, 전남대 출판부, 2015, 162~183 · 224~233쪽.

것으로 가질 권리가 있다. 공유지에 존재하는 나무 열매는 누구의 것
도 아니지만 내가 공유지의 상수리나무에서 노동을 추가해서 따 온 상
수리 열매는 내가 소유할 권리가 있다. 이것은 한국(민족국가)에서 불법
노동자도 가지는 권리이다. 기본권에는 성적 자기결정권도 포함되어
야 한다. 로크의 인권은 개인권이다.

대동권

로컬의 거주민은 거주 지역에 공동생활을 할 수 있는 집단권으로서
대동권을 가진다. 우리는 천부의 권리 혹은 인권 / 인본주의를 논할 때
생명권 속에 실질적으로 살 수 있는 생존거리가 존재하는지에 대해 궁
금하지 않을 수 없다. 사람이 굶어 죽을 때 그것은 누구 책임인가? 국가
는 아직 존재 하지 않기 때문에 국가 책임일 수는 없다. 사람이 굶어 죽
는다면 국가 이전의 사회에서 누구 책임인가? 개인주의 사회에서는 그
것은 그 개인의 책임이다. 만일 환인(비국가로서 환국)의 대동 사회라면
'부 / 모 / 자 / 녀' 4부사회에서 개인의 생명과 삶은 보장된다.[17] 현재
인권(인본주의)은 현재 사회에서 생명권, 자유권, 소유권을 가져야 한다.
환인의 대동사회의 대동권은 집단권이자 개인권에 이중으로 속한다.
모든 인간은 인간으로서 대동사회에 소속될 대동권을 가진다. 어쩌면
모든 동물체는 동류의 동족에게 소속될 대동 동물권을 가진다.

---

[17] loc. cit.

거주권

로컬리티의 다문화성의 인문학은 권리의 다문화성을 기초하는 권리로 거주권에 기반한다. 로컬의 소속자는 거주 로컬에서 소속 국가를 초월해서 기본적인 거주권을 가진다. 로컬의 다문화성의 인문학은 보편적인 거주권을 다문화주의에서 중시하는 시민권보다 우선시한다. 로컬리티의 인문학은 보편적 권리로서 거주권을 일차적 요소로 보고 합법거주자와 불법 거주자를 초과해서 거주권을 다루기 때문에 민족국가를 초과하는 로컬리티의 인문학이 된다.[18] 이런 기반 하에서 민족국가 내에서 발생하는 시민권과 주권, 영주권, 합법 비자 등의 쟁점에 접근한다.

민족국가 내에서 외국인은 거주권을 가진다. 거주권은 한국 내에 실제 거주하느냐 거주하지 않느냐가 요점이 아니라 한국의 일정 지역에 거주할 수 있는 주민으로서의 권리이다. 지역 내 거주권은 (국적 취득 이전의) 결혼이민자, 이주노동자, 합법 이주노동자가 가진다. 거주권은 혹은 이주 노동자 중에 불법 이주 노동자도 포함한다. 거주권은 절반이 국법의 틀에 속하고 절반이 국법의 틀 밖에 있다. 거주권은 국적을 불문하고 동일 공간에서 함께 살 권리이다.[19] 한국은 이주자들에게 사는 동안 주민으로 거주할 실질적 권리를 주고 그 실질적 권리가 거주권이다. 한국 내에 거주하는 이주 노동자들은 한국 내에 거주할 수 있는 권리를 가진다. 이 거주권 속에 한국 내에서 노동을 할 권리가 포함되어 있어야 한다. 거주권은 대통령선거와 국회의원선거에서는 선거권

---

18 박병섭, 「촛불축제시위와 세계사적 의미」, 사회와철학연구회 편, 『촛불, 어떻게 볼 것인가』, 2009. 박병섭은 인간으로서의 권리인 인권 이외에도 민족국가를 초월해서 성립하는 제도적 권리로서 생명생존권을 상정한 바 있다.
19 Will Kymlicka, 앞의 책, 2013.

과 피선거권이 없지만 주민 이해를 대변하는 사항에서는 주민투표선거권(2005)을 가진다. 거주권은 합법 거주자와 불법 거주자를 구별하는 국법을 벗어나서 작동할 때에 예컨대 도서관 이용권, 외국인 노조에 가입하기 등이 포함될 때 실질적으로 작동된다. 우리는 이런 권리들의 구체적 권리들을 양적으로 확장하고 질적으로는 격상 시키는 법적 권리보장 작업이 필요하다. 동물권의 관점에서 보면 인간 근린생활공간에 함께 사는 청설모, 너구리, 비둘기 등은 생활공간을 공유하는 공동 거주권을 가진다.[20]

시민권

로컬의 소속자는 소속 민족국가에서 구성원의 보편적 권리로서 시민권을 가진다. 로컬리티의 인문학은 시민권 여부를 부차적 우연 요소로 취급한다. 로컬리티의 인문학도 시민권을 기준으로 합법, 불법, 망명자를 구분하지만 시민권의 여부가 일차적 중요 규정 요소가 아니다. 이에 비해서 다문화주의는 민족국가 내에서 다수 집단과 소수 집단의 관계를 다루기 때문에 잠재적으로 시민권이 표준이 되어, 민족국가 내에서 권리가 시민권, 주권, 영주권, 비자 등으로 순차화 된다.

시민권은 민족국가 차원의 일정한 정치 단위에서 개인 혹은 집단이 실질적으로 누리는 정치적 역량이다. 시민권 중에는 국내 시민권과 코스모폴리탄 시민권으로 구별할 수도 있다.[21] 국내 시민권은 민족국가 내에서 구성원이 가지는 시민권이다. 소속 국민들 개개인은 국가 내에

---

20 Sue Donaldson · Will Kymlicka, op. cit., pp.210~251.
21 Will Kymlicka, 앞의 책, 424~437쪽.

로컬 전주의 다문화 인문학 143

게 시민권을 가진다. 시민은 국가에서 선거권과 피선거권을 가진다. 이런 시민권의 구체적 항목들은 헌법, 형법, 민법, 상법 등에서 구성된다. 이 권리는 남한 토박이 한국인, 외래 한국인과 북한 탈북자가 가진다. 동물권의 관점으로 보면 인간과 함께 사는 개, 고양이 등은 인간과 공동시민권을 가진다.[22]

면책 특권과 야생동물 주권

로컬의 다문화성 인문학은 소속 민족국가 영역 밖의 권리로서 외국인, 동물, 외계인, 그리고 생명체 등에게 독자적 권리로서 주권을 인정한다. 공간을 공유하지만 민족국가의 틀 밖에 존재하는 외교관 등은 주권을 가진다. 한국 내에 거주하지만 한국법의 영향을 받지 않고 본국 법의 적용을 받는 것을 외교관의 면책 특권이라고 한다. 동물권의 관점에서 보면 뱀, 개구리 등 야생 동물들은 인간과의 관계에서 영토가 중첩되는 주권을 가진다.[23]

한국의 코스모폴리탄 거주권

로컬의 다문화성 인문학은 다차원적 권리로서 로컬 단위에서 정치적 행위를 해서 유럽 의회나 가상의 동아시아 공동체에서 정치활동을 한다면 이것이 코스모폴리탄 거주권이다. 한국에서 코스모폴리탄 시민권을 가지고 한국인과 비한국인이 동시에 동등하게 만날 수 있다. 코스모폴리탄 비한국인 시민권의 대상자는 불법이주노동자와 그 가

---

22 Sue Donaldson · Will Kymlicka, op. cit., pp.101~155.
23 ibid., pp.156~109.

족, 자녀 등이다. 이 경우에 한국 내의 어떤 공간 내에서 한국인과 불법 이주노동자가 구성원의 일원으로서 동등한 권리를 가지는 조직기구들을 만들어야 한다. 이 조직 기구 내에서 가지는 시민권이 바로 코스모폴리탄 시민권에 해당한다. 이런 조직 기구로는 만일 민주노총이 외국인 노동조합 안에 비합법노동자까지 포함하는 조직기구를 만들고 이런 민주노총이 일정한 힘을 가지는 세력이 되면 이 경우에 이들은 일종의 코스모폴리탄 시민권을 가진 조직원들이 되는 것이다. 이 경우에 코스모폴리탄 시민권은 거주권에 대한 다른 호칭일 수도 있다.

코스모폴리탄 시민권

로컬리티의 다문화성 인문학은 유럽 의회나 가상의 동아시아 공동체에서 각국 소속의 시민권을 초과해서 정치적 행위를 할 수 있는 권리이다. 코스모폴리탄 시민권은 어쩌면 허구의 개념이다. 코스모폴리탄 시민권은 모든 사람들이 코스모폴리탄으로서 시민권을 가진다. 코스모폴리탄 시민권은 유럽 의회에서 구성원들이 민족국가 단위를 벗어나서 의회의 일원으로서 누리는 권리이다. 이들은 이 시민권으로 유럽 의회에서 영향력을 행사하여야 한다. 현재 유럽의회는 민족국가 단위로 민족국가 내에서 민족어로 소속 민족의 구성원들을 설득하는 방식으로 여론에 영향을 미쳐서 선거권을 행사한다. 코스모폴리탄 시민권이 제대로 작동한다면 유럽의회에서 영국인이 프랑스인을 설득하여 유럽의회 내에서 다수를 획득하는 정치를 해야 한다는 의미이다.[24]

---

24 Will Kymlicka, 앞의 책, 432~437쪽.

로컬리티 인문학의 기초 개념들

로컬리티 인문학은 권리의 담론에서 기본권으로 인권과 거주권을 가진다. 인권은 인간으로서의 보편적인 권리이고 개인권이다. 거주권은 정치사회 제도 속에서의 보편적인 권리로서 생활 거주권, 코스모폴리탄 거주권을 다룬다.

3) 민족국가와 소수민족 그리고 민족연방제 원리

시민민족, 종족민족, 신화민족

로컬리티의 인문학은 로컬 단위의 기본권으로 거주권을 다루지만 민족국가 시대에 권리를 다루기 때문에 존재하는 민족 개념들도 상부구조로 다룬다. 로컬리티의 인문학도 로컬의 거주권이 발현되는 현상적 배경으로서 서구에서는 시민민족 개념, 동구와 동아시아에서는 종족민족 개념, 그리고 한, 중, 일, 독일 등에서의 신화민족 개념을 다룬다.

소수집단권은 한 민족국가 내에 여러 민족이 동거할 경우에 다수민족과 소수민족 사이에 집단권의 문제에 직면한다. 근대사회는 민족국가들(국민국가)로 구성되어진 사회이다. 민족국가의 민족 개념은 서구의 시민민족 개념 이외에 한국에서 시민민족, 종족민족, 신화민족으로의 구별이 필요하다. 서구는 시민민족 개념을 지지하지만 동구와 아시아는 종족 민족개념을 지지한다. 동구의 종족민족 개념은 동구권의 붕괴 이후 심각한 종족민족갈등으로 이어졌다. 동아시아의 종족민족개념은 상대적으로 큰 국경갈등 없이 한국, 일본, 중국 등으로 유지된다. 한국은 남북한이 분단되어 시민민족 개념으로는 민족국가가 아니다. 한국은 시민민족개념으로는 충분하지 않고 남북한 헌법차원에까지 각인된 종족민족 개념의 민족주의가 통용된다.[25] 한국 종족민족 개념은 민족 정체성의 쟁점에서 한국종족의 시발을 삼국시대라 규정하면서 학문상의 내적 갈등에 직면한다. 삼국시대가 분열상태이기 때문에 민족의 시발이 고려시대로 하향하든지 고조선시대로 상향하여야 한다. 한국 종족은 그 선대로서 고조선 시대를 선택하면 신화민족 개념에 도달하고, 그 후대로서 고려시대를 선택하면 종족 민족개념이 되면서 한국사에서 고조선 시대가 자동 배제되고 고구려-발해 시대도 논리적으로 배제된다.[26]

지역연방제

로컬리티의 인문학은 로컬의 거주권을 다루면서 그 배경으로서 단일 민족을 향해 전진하는 지역 연방제의 사례도 다룬다. 간단히 말해 지역 연방제에서의 거주권도 다룬다. 서구에서 다수민족과 소수민족 사이에 갈등이 발생하면 연방제로 해결하는 것이 일반적 방법이다. 미

---

25 제4조 : 대한민국은 통일을 지향하며, 자유민주적 기본질서에 입각한 평화적 통일 정책을 수립하고 이를 추진한다.(http://www.law.go.kr/ 대한민국헌법) 제9조 : 조선민주주의인민공화국은 북반부에서 인민정권을 강화하고 사상, 기술, 문화의 3대혁명을 힘있게 벌려 사회주의의 완전한 승리를 이룩하며 자주, 평화통일, 민족대단결의 원칙에서 조국통일을 실현하기 위하여 투쟁한다.(http://blog.naver.com/xknine9/80020829057/ 북한 사회주의 헌법)

26 어떤 집단들은 한국의 임시정부 정통성을 부정하기 위해 1947년 단독정부의 제헌절을 건국절로 변화시키고 싶어 하였다. 소위 '건국절'은 건국과 단독 정부수립 사이의 개념차이를 이해하지 못한 혼동의 산물이다. 만일 한국이 1947년에 건국하였다면 한국사는 한국인 정체성에서 1947년 이전의 모든 역사를 부정하여야 한다. 간단히 말해서 한민족사 혹은 한국사에서 고조선, 삼국-사국-오국사, 고려, 조선시대, 임시정부의 역사를 모두 부정하는 것이다.

국은 주들 사이의 갈등을 지역연방제라는 해결책으로 처리하였다. 지역연방제는 국가 주권과 주 주권들로 구성되지만, 현실적으로 시간이 갈수록, 특히 경제위기가 발생할 경우에 극적으로 통합되어, 결국 단일 주권의 단일 민족국가를 향해 전진한다.[27]

캐나다 다민족연방제 모델국가

로컬리티의 인문학은 로컬의 거주권을 다루면서 그 배경으로 다민족 연방제의 로컬의 거주권 사례도 다룬다. 간단히 말해서 다민족 연방제에서 로컬의 거주권도 다루어야 한다.

서구캐나대의 경우에 다수집단 영어권 캐나다와 소수집단 불어권 캐나다 사이에서 다문화주의 정책이 실행된다. 서구캐나대의 경우에 한 민족국가에서 다수집단과 소수집단 사이에 갈등을 해결하기 위한 원리로서 자유주의, 민주제 등의 공통점이 거론된다. 서구캐나대의 다수집단 영어권과 소수집단 불어권 사이에 민족적 차이는 국가 주권과 주 주권 사이에 갈등을 해결할 적절한 권력분립의 타협점을 찾는 문제로 표현된다. 다수 영어권 주들과 소수 불어권 주들 사이의 권력 분립에서 다수집단 영어권은 주들간의 지역적 평등을 요구하는 지역연방제를 요구하고, 소수집단 불어권은 영어권과 불어권의 민족 단위의 평등을 요구하는 다민족연방제를 요구한다. 간단히 정리하면 다민족연방제는 단일 국가의 주권과 내부 주 주권 사이에 동등한 권리를 인정하고, 지역연방제는 단일 국가의 주권이 우위에 있고 그 하위에 내부 주

---

27 Will Kymlicka, 앞의 책, 383쪽.

권들을 인정한다. 다문화주의는 미국식의 지역연방제가 아니라 캐나다식의 다민족연방제를 지지한다. 캐나다의 다민족연방제는 국가 주권과 주 주권 사이에 동등한 권리를 인정하고 양자를 통합하는 상위의 공통원리로서 자유주의를 전제한다. 캐나다 연방을 결합하는 상위의 원리로서 자유주의는 윌 킴리카의 경우는 단일한 자유주의라 하고[28] 찰스 테일러는 두 개의 자유주의라고 한다.[29] 이것을 연방제에서 캐나다 모델이라 말하기도 한다.[30]

한국에서의 다민족연방제 모델의 적용가능성

한국에서의 로컬리티의 인문학은 남북관계를 다루면서 로컬의 거주권을 기반으로 남북통일에 접근해서 남북통일의 소민족연방제, 남북한과 몽골의 중민족연방제, 동아시아 7개국인 연합하는 대민족연방제에서의 거주권을 다룰 수 있다. 로컬리티의 인문학은 첫째 탈근대 학문처럼 근대적 연구 단위인 경제, 정치, 사회 단위를 초과한 것이면서도 탈근대학문이 거대 담론을 거부하는 것에 반해서 로컬로서 인간사

---

28 Will Kymlicka, "Multination federalism", in Baogang He · Brian Galligan · Takashi Inoguchi, *Federalism in Asia*, 2009b, pp.33~56; Will Kymlicka, "Liberal Multiculturalism and Minority Rights—A Reply to Bell, Guiraudon, Keating and Schmidtke", *Ethnopolitics*, Vol.6, No.4, 2007, pp.619~623.

29 Charles Taylor, "The Politics of Recognition", *Multiculturalism and The Politics of Recognition*(1992), Amy Gutmann, ed.(Princeton : Princeton University Press, 1994, pp.25~73); *Philosophical Arguments*(Cambridge, Mass : Harvard University Press, 1995, pp.225~256).

30 Sujit Choudhry · Nathan Hume, "Federalism, Secession & Devolution—From Classical to Post-Conflict Federalism", in T. Ginsburg and R. Dixon, eds., *Research Hand book on Comparative Constitutional Law*, Edward Elgar Publishing, forthcoming, 2010. Choudhry, Sujit(with N. Hume), "Does the World Need More Canada? The Politics of the Canadian Model in Constitutional Politics and Political Theory", *5 International Journal of Constitutional Law*, pp.60 6~638. reprinted in S. Choudhry, ed., *Constitutional Design for Divided Societies—Integration or Accommodation?*, Oxford : Oxford University Press, 2008, pp.141~172.

회 전체를 설명하는 일반이론으로서 거대 담론을 추구하고, 둘째 동아
시아 담론처럼 한, 중, 일의 경제 공동체 등의 공동요소를 다루면서 공
동체를 설명해야 한다.

한국에 캐나다 모델의 다문화주의 철학을 적용하면, 다민족연방제
의 원리로[31] 한국의 토픽[정세]에서 종족민족 개념으로서 남한[남조선]과
북한[북조선] 사이의 갈등을 해결할 방안을 찾는 것이 순리이다. 한국은
물론 공통언어에 기반한 시민민족 개념에 근거해 남한과 북한을 단일
민족국가로 규정할 수도 있다. 서구 민주제와 사회주의권에서 역사상
에서 등장한 연방제의 원리에는 자유주의－자본제 국가와 사회주의
국가 사이에 대립을 해결할 정책을 만들지 못하였다. 민주제는 소속
인민의 다수결로 사안들을 해결하는 원리이고 국민국가에서는 국민들
[시민권자들]이 다수결로 사안들을 해결하는 원리이다. 국민국가가 남한
(자유주의)과 북한(사회주의)으로 분단된 경우에 민주제의 원리는 근본적
으로 이질적인 집단의 경우에는 적용될 수 없기에 분단국가로 남는다.
이런 분단국가는 종족 민족의 경우에는 남북한이 유일한 경우이고, 소
수민족을 포함한 경우로는 본토 중국(공산 중국)과 대만(본토 대만인과 외
래 중국인) 사이의 분단이 유사한 경우이다.

---

31 Will Kymlicka, op. cit., 2009b, pp.33~56.

3. 가설 A-E : 로컬 전주의 다문화성

'로컬 전주 거주자의 거주권을 보편적인 정치적 권리로 다룬다.' 를 가설 혹은 상수로 상정한다. 전주 혹은 로컬 전주는 가설 혹은 상수로 광의의 거주권 차원에서 다음 4) 5) 6) 7) 8)을 설정한다. 9)는 로컬 전주에서 보편적 거주권을 전제한 후에 거주자들이 민족국가 차이를 넘어 다문화주의로 단결할 가능성을 검토해보는 것이다.

4) 다문화 생애주기와 빈부위계, 언어위계, 지역공간위계의 변화

로컬 전주 지역의 분석

로컬 전주는 로컬리티의 인문학의 기층성, 위계성, 인지성을 염두에 두지만 느슨하게 적용하여 유연한 분석을 시도한다. 로컬리티의 인문학의 입장과 다문화주의 입장에서 동시에 통용될 수 있는 로컬 전주[32]의 거주권을 다루겠다.

로컬 전주의 거주조건으로서 도심구조

전주는 전라북도의 도청소재지이고 구는 완산구와 덕진구로 두 개가 있다. 전주 도심은 도심, 공단, 그리고 한옥마을로 구성된다. 건물유

---

[32] 전주는 다문화주의로도 로컬리티로도 분석할 수 있다. 여기서 전주는 로컬리티의 입장에서 분석된다는 점에서 로컬 전주이고 이것은 다문화주의 등으로 분석되지 않는다는 점에서 그냥 전주와는 다르다.

형은 아파트, 상가빌딩, 원룸, 한옥 등이 있다. 도심은 관통로 주변의 중앙도심, 아파트 주변의 소상권들, 홈플러스와 아마트 등의 대형마트, 견훤로 주변의 구도심, 도청주변의 신도심, 혁신도시, 팔복동과 삼례, 봉동 지역의 공단 등으로 구성된다. 전주는 자연 성장해서 도심이 계획성이 없이 확장되었다. 전주는 완주군의 안에 있고 전주의 밖에 완주군이 있다. 전주는 완주군을 통합해서 광역시를 목표로 하였지만 완주군의 반대로 통합에 실패하였다. 전주가 다른 도시와 다른 점은 한옥 마을이 있기 때문이다. 전주 한옥 마을은 최근 10년 사이에 유래 없는 대성공을 해서 전주를 성장시키는 동력 중의 하나가 되었다. 전주한옥 마을도 최소한의 계획성만 가지고 여러 방향으로 일관성 없이 발전하였다. 전주에서 한옥마을은 현재 계속 확장되고 재건축되고 있다. 전주의 매력 중에서는 자연도시가 가진 예측불가능성의 촌스러운 미로가 포함되어 있다.

전주는 환인의 대동사회, 환웅의 대인국 시절에 대해서는 알려진 바가 없다. 전주는 고조선 시대에 "진·번·방중국眞·番·旁衆國"(『사기』 "조선열전")과 "진·번·진국眞·番·辰國"(『한서』 "조선전")에서 '방중국=진국=삼한'(『후한서』, 『삼국지』의 "한전")[33]의 78개국 중에 마한 속에 속한다. 전주는 마한 54개국 중에 원산성에 속한다고 한다. 삼국시대에는 "백제"에 속한다. 이 명칭은 효자동에서 전주역까지의 동서대로에 "백제로"라는 지명과 약국명 등의 간판에 남아 있다. 백제 명칭은 이웃 중국과 일본에도 남아 있다. 백제시대 전주는 "완산"이었고 이 명칭은 "완

---

33 박병섭, 앞의 책, 2015, 92~161쪽.

산동", "완산구", "완산칠봉" 공원명칭으로 남아 있다. 전주에서는 당시 지명이 "비사벌"이라 하기도 하고, 이는 효자동 지역의 아파트 명칭으로 남아 있다. 전주라는 명칭은 대신라 경덕왕 때(757년) 시작되었다. 전주는 남북국의 대신라 시대에 남원경에 속하였다. 전주는 후백제 시대에 견훤의 왕도였고, 견훤의 흔적은 기린봉의 왕궁터와 덕진구 "견훤로"에 남아서 왕궁터의 성곽 추정지를 알려준다. 그 이외에 남고사 등에 산성으로 남아 있다. 전주의 "견훤로"는 강원도 원주시 문막읍 부론면에도 견훤로가 있다. 견훤 시대는 수도였던 전주와 견훤이 유폐되었던 금산사로 연결된다. 그런데 이상하게도 중국에도 전주와 금산사가 있다. 양자가 유사한 유래는 아직 잘 모른다. 전주는 고려시대에 전주목이 된다. 전주는 조선시대에 조선을 건국한 이성계가 조상의 터전이라 한 곳이다. 전주에는 조선의 건국자 이성계와 관련해서 그 조상의 터전임을 알리는 건지산의 조경단 유적지(실제로는 유골이 없는 단이지만 "왕릉" 이미지), 이성계 어진을 모신 경기전, 그리고 이성계가 고려 장군으로서 왜구를 물리치고 전주에 입성해서 친척들을 모아 잔치를 하였다는 "오목대"와 이목대가 있다. 전주는 조선시대에 전주와 라주를 합해서 전라도가 된다. 전주에는 "풍패지향"이라는 현판을 가진 객사가 있다. 풍패는 한나라 유방의 고향으로 전주가 조선 이성계의 유래지라는 의미이다. 전주는 풍패라는 명성을 강조해서 조선 후기부터 일반화시킨다. 전주에는 향교로 "전주향교"가 있고 근처 전주천변에 누각 "한벽당"이 있어 풍광이 좋다. 전주는 한지가 유명하였다. 전주는 동학 혁명군이 입성해서 통치하였던 집강소가 있던 곳이다. 전주 동학 농민 혁명군을 기념해서 완산칠봉에 "동학입성비"가 있고 한옥 마을에

"동학기념관"이 있다. 1935년 전주부와 완주군으로 개편되었다. 전주는 현재 대부분 완주군의 원 안 가운데에 있고 일부 익산시와 김제시와 접한다. 2013년 전주시와 완주군의 통합투표는 부결되었다. 1949년 전주시가 되었다. 전주는 현대에 수도권, 영남, 호남 중에서 호남에 속한다. 전주는 한국에서 음식이 맛있기로 유명하다. 전주에는 "전주비빔밥"이 있고 한국의 식당 명칭 중에서 제일 많은 것이 "전주" 상호가 들어간 것이다. 전주는 고창의 신재호가 정리한 판소리의 중심지이다. 전주에는 명창이 많다. 전주 기린봉과 중바위는 천주교가 강해지자 "치명자산"이라는 새 지명으로 변하였다. 전주에는 전동성당, 중앙성당 등과 최근에 들어선 대형교회들이 많다.

로컬 전주의 거주민과 다문화 소수집단

로컬 전주의 거주민은 원한국인, 장애인, 탈북자, 결혼이주여성, 이주노동자 등이 있다. 원한국인은 일반시민, 노동자, 공무원, 성매매여성, 무당, 목사, 신부, 스님, 한옥마을거주자, 서학동 예술인촌, 유명 음식점의 요리사, 장애인 등이 있다. 전주 시민은 아파트와 원룸에 주로 거주한다. 장애인은[34] 이동장애자의 경우에 주차공간에 근접거리에 주차권을 가진다. 노동자 단체는 전주시청 앞과 백제로 변에서 일상적으로 시위를 한다. 민주노총, 한국노총의 지부와 버스노조, 건설노조, 일반노조가 눈에 띤다. 풍남문 앞에서는 시민단체가 '세월호 참사'에 대한 수사권과 기소권 확보를 목표로 릴레이 농성 중이다. 전주의 공

---

34 주관 : 전북인권교육센터, 주최 : 국가인권위원회 광주지역 사무소, 『2009 장애차별 개선과 인식변화를 위한 인권교육 워크숍』, 전주 코아호텔, 2009.6.4.

무원은 주변지역으로 출퇴근하기 좋은 외곽지역에 거주한다. 성노동자 혹은 성매매여성은 구역전 지역인 노송동 집창촌과 남부시장 외곽천변 집창촌에 거주한다. 활동단체로는 성매매여성 재활 단체가 있다. 무당들은 모악산 아래에서 주로 치성을 드리고 시내 곳곳에 분산되어 있다. 한옥마을 거주자들은 최근 전주 시내에서 가장 번창한 자들이다. 한옥마을에는 곳곳의 관람지와 한지 공예 등의 기념품, 그리고 온갖가지 음식점과 찻집이 있다. 전주의 유명 음식점은 대개 한옥마을 밖에 있는데 개성이 강한 서민 음식점들이 아주 많아서 음식순례만 해도 몇 일은 걸린다. "예술인촌"은 게스트 하우스 등으로 변두리 서학동의 발전을 추동한다. "예술인촌"은 문인, 화가, 음악가, 인문학도 등이 운영하는 게스트 하우스로 품격이 다른 숙박업소를 지향한다. 전주 관광은 감출 수 없는 가난한 지역들을 관람하면서 인문학을 갖춘 숨겨진 장삼이사와 우연히 만나 대화하면서 음식 맛을 즐기는 것에서 찾을 수 있다. 전주에는 곳곳에 막걸리집이 있다.

다문화주의는 이주민을 포함한 다종족 국가와 다민족(원주민, 소수 민족)을 포함한 다민족 국가로 구별된다. 한국의 다문화주의는 남북한을 시민국가 차원으로 취급하면 다민족 국가(혹은 두 개의 민족국가)에 해당하고, 남북한을 종족국가 차원에서 취급하면 다종족 국가에 해당한다. 한국의 다문화주의가 다민족 국가 차원에 속하든 다종족 국가 차원에 속하든 한국에서는 선주민인 한국인과 이주민들로서 탈북인(시민민족 개념으로 보면 소수민족?), 결혼이민자, 이주노동자 등이 있다. 다문화주의를 기준으로 보면 탈북인은 하나의 모델에서는 이주민과 동일한 이주민으로 볼 수도 있고 다른 모델에서는 탈북인은 동족이고 이주민은 이족이라 구별될 수도 있다. 어느 기준으로 보아도 탈북인은 소수 집단권을 가진다는 점에서 다문화주의의 연구 대상이다. 전주 거주 탈북자는 비가시화된 채로 도심 외곽 구이 근방에 거주한다. 전주 시민은 전주 시내에 탈북자들이 거주한다는 사실 자체를 대부분 모를 정도로 비가시화되어 있다. 이것은 탈북자가 중앙에서 종편 방송을 통해 크게 가시화되어 있는 것과 대비된다. 전주 거주 탈북자는 남한에서 가장 억압받는 집단 중에 하나이다. 활동단체는 천주교와 개신교이고 활동은 가시화되지 않는다.

로컬 전주의 결혼이민 여성과 이주노동자는 팔복동 등의 공단 주변이 약간의 상대적 집성지이고 각 지역에 고루 분포되어 있다. 결혼 이민자의 활동단체는 전주시의 지원을 받는 곳이 중앙시장에 있고 그밖에 여러 단체가 있다.[35] 결혼 이민자들은 일 년에 2~3 차례 이상 각종 명칭의 잔치(노래자랑, 공연 등)에 참여한다. 이주 노동자는 드물게 행사를 통해 가시화된다.

로컬 전주 거주자의 인지성

한국사회의 특정 공간에서 다문화는 빈부차를 매개로 한 빈부의 위계체계, 영어를 정점으로 한 언어의 위계체계, 그리고 수도권을 정점으로 한 공간의 위계체계를 매개로 하여 주어진 공간에서 복합적 중층적으로 표현된다.

---

35 『2012년 전북지역 다문화가족지원센터 직원 역량강화교육』, 주최 : 여성가족부 · 전라북도, 주관 : 익산시다문화가족지원센터, 2012.7.24; 『2013년도 제1차 전북다문화포럼』, 전라북도, 2013.5.22.

생애주기

로컬 전주에서는 원한국인, 탈북자, 이주민이 그냥 섞여서 거주한다. 전주에는 여러 가지 생각을 가진 사람들이 골고루 섞여 있다. 원한국인은 전주에 거주하면서 그 연령과 함께 로컬 전주의 변천사를 경험한다. 로컬 전주는 거주자들의 생애에서 체험된 것으로 각기 다르게 로컬리티가 기억된다. 로컬의 원한국인은 생애주기에서 출생, 교육기간, 직장, 결혼 등이 중요하다. 생애주기에서 중고등학교는 이후 대학을 결정한다. 출신 대학은 이후 직장과 생활수준을 결정한다. 직장과 결혼 후에도 전주에 거주하면 전주 시민으로 남는다. 전주에는 대학생으로 전북대생, 전주대생, 우석대생, 기전대, 예수대, 한일신학대, 백제예술대 등이 있다. 전주에 고등학교는 자율형 사립고 상산고와 일반고들이 있다. 전주에서는 행정공무원, 국회의원, 교수, 교사, 유명 음식점 등이 상층을 구성한다. 로컬 전주는 거주자에게 연령대에 따라 각기 다르게 한벽당, 중바위, 전주천, 아파트들, 학교들이 체험되고 기억된다. 로컬 전주에서 예컨대 10대 거주자와 50대 거주자는 같은 시기에 조차 비동시대적으로 로컬 전주를 체험한다. 로컬 전주에 경기전의 위치와 주요 건물은 그대로라고 해도 경기전은 10대와 50대에게 전혀 다른 체험의 장소이다. 50대에게는 무료의 한가한 휴식처의 경험이 있지만 10대에게는 번화한 유료 관광지의 이미지만 인지되었기 때문이다.

이주민들은 이주의 생애주기에 따라 이주초기, 자녀임신과 육아기, 자녀학령기, 직업찾기, 생활안정기로 달라진다. 이주민들은 생애주기에 어디에 소속되느냐에 따라 한국에서 다문화 현상을 바라보는 관점, 소속 의식이 달라진다. 전주에서 이주민은 다수가 직장과 육아문제,

자녀 교육문제에 직면하고 있다. 전주 이주민은 지역의 특목고인 상산고, 전북과학고, 전북외고에서 이주민을 배려하는 사회 다양성 전형을 아직 제대로 활용하고 있지 않다.

빈부위계

전주에서 원거주 한국인과 탈북인, 결혼이민자, 이주노동자 사이의 관계는 빈부를 매개로 분할되어 원거주 한국인과 고위층 탈북자, 부유층 결혼이민자, 인텔리 이주노동자 사이의 관계와 한국인과 일반 탈북자, 일반 결혼이민자, 일반 이주노동자 사이의 관계로 분할되어 나타난다. 전주에서는 한옥마을 상권, 유명 인기 음식점, 롯데 백화점, 홈플러스, 이마트, 대형 아파트 밀집촌 주변이 주요 상권을 형성하고, 교수, 공무원, 의사 현대 자동차 노동자, 부유한 상인 등이 부유층을 형성한다. 전주에서는 그저 그런 부를 자랑하기보다 멋-맛-품격을 자랑하고자 한다. 로컬 전주에서 탈북자, 결혼이민자, 이주노동자는 전주의 멋-맛에 동참하지 못한다는 점에서 원거주 전주인과 격차가 있다.

언어위계

전주에서 언어의 위계체계는 영어-한국어-이주민 언어라는 삼중 언어시스템에서 '영어'-'한국어'-'중국어 / 일본어'-'동남아 언어들'로 헤게모니 언어 영어, 지역 위계어 중국어 / 일본어, 기타 언어들로 구성된다. 전주에는 가시적인 언어로 한국어가 사용된다. 전주에서 결혼이민자는 교육의 대상자가 된다.[36] 전주에서 결혼이민여성과 이주노동자는 끼리끼리 만나면 모국어를 사용한다. 결혼이민여성과 이주노동자가 자기 자녀와 모국어로 대화하는 모습을 가시적으로 볼 수 없다. 원어민 강사는 영어, 중국어, 일본어에서 볼 수 있지만 기타 언어에서는 볼 수 없다. 전주에서는 사투리의 사용자가 큰 부담을 느끼지 않는다.

지역위계

전주는 주변 지방 공무원이 거주하고 전주의 교수, 국회의원 등은 대전과 서울에 거주한다는 점에서 지역 위계에서 중간이다. 한국에서 로컬 이주민들은 그들이 속한 지역이 서울, 수도권인지, 도청소재지 도시인지, 아니면 중소도시인지 농촌인지에 따라 요구되는 배경이 다르다. 로컬 다문화 공간은 수도권, 영남, 호남 지역에 따라 다르게 나타난다. 한국의 로컬 다문화공간은 그 지역이 강남, 서울, 경기, 도청도시, 충청, 영남, 호남의 도청도시, 중소도시, 농촌의 어디에 속하느냐에 따라 로컬의 구체성이 달라진다. 호남의 중심이 광주이고 영남의 중심이 대구라 광주-대구 사이의 영호남 교류를 추진한다면 전주는 호남의 변방이다.

로컬의 다문화 함수

한국의 로컬 다문화공간은 이주민들, 국가정책, 활동가단체들, 선주 한국인, 언론매체, 이주민 한국어 학교, 이주민 자녀의 학교'수준', 이주민의 일자리 상황의 변이체에 따라 달라진다.[37] 한국의 로컬 다문화상

---

36 황혜신 외,『결혼이민자 멘토링 프로그램 매뉴얼』, 여성가족부, 재단법인 한국건강가정진흥원 전국다문화가족지원단, 발간등록번호 : 2014-KIHF-021; 황혜신 외,『결혼이민자 멘토링 프로그램 워크북』, 여성가족부, 재단법인 한국건강가정진흥원 전국다문화가족지원단, 발간등록번호 : 2014-KIHF-022.

황의 구체적 공간은 이상의 변수들을 결합해서 현재의 상황을 수학적 함수로 분석할 수 있을 정도로 정형성이 지배한다. 이 말은 실제 현실을 선험적으로 파악할 수 있다는 말이 아니라 주어진 현상의 대강을 전형적 분석틀로도 어느 정도 재확인할 수 있다는 말이다. 전주의 한옥마을의 번창은 이런 다문화 함수에서의 이변에 속한다. 전주에는 한옥마을 주변 남부시장에 국제결혼자의 상점도 적어도 하나 이상 있다.

5) 다문화주의와 민족주의의 재구성—다중언어교육, 다중문화감수성

세 유형들

전주에서는 배경으로 삼종의 민족개념을 가진 거주민을 설정할 수 있다. 민족국가는 민족주의와 다문화주의를 구성요소로 해서 구성된다. 민족국가에서 민족주의는 시민민족의 민족주의, 종족민족의 민족주의, 신화민족의 민족주의라는 세 개념으로 분화될 수 있다. 세 민족개념은 때로는 상호 엄격하게 구별되고 때로는 스펙트럼의 차이에도 불구하고 상호 연결된다.

---

37 외국인 정책위원회, 『2013년 지방자치단체 외국인정책 시행계획—제2차 외국인정책 기본계획 2013~2017』, 서울, 부산, 대구, 인천, 광주, 대전, 울산, 세종, 외국인 정책위원회, 발간등록번호 11-1270000-000550-10, 발행 : 출입국외국인정책본부; 외국인 정책위원회, 『2013년 지방자치단체 외국인정책 시행계획—제2차 외국인정책 기본계획 2013~2017』, 경기, 강원, 충북, 충남, 전북, 전남, 경북, 경남, 제주, 외국인 정책위원회, 발간등록번호 11-1270000-000550-10, 발행 : 출입국외국인정책본부; 외국인 정책위원회, 『2013년 중앙행정기관 외국인정책 시행계획—제2차 외국인정책 기본계획 2013~2017』, 외국인 정책위원회, 발간등록번호 11-1270000-000550-10, 발행 : 출입국외국인정책본부.

시민민족과 다문화주의

전주는 시민민족 개념을 배경으로 원한국인과 탈북자, 조선족, 결혼이민여성, 화교, 이주노동자 등을 민족으로 수용하고 불법 이주노동자를 외래 비민족으로 구별한다. 전주의 거주권은 세계 어느 지역 어느 나라의 어떤 로컬리티의 거주권과도 이론적으로 동등하다는 의미이다. 비교 연구에서 로컬 전주 거주권은 어느 로컬리티 거주권와도 동등하게 비교될 수 있다. 이 경우에 이데올로기가 다른 국가의 지역 로컬리티의 거주권이 모두 동등 취급될 수 있는 것을 고려해야 하는 쟁점이 발생한다.

민족국가 내에서 민족주의와 다문화주의 사이의 관계는 변증법적 관계로서 민족국가가 구성원들을 하나의 시민민족 개념으로 완전히 동화시키면 민족국가는 한 끝의 정점에 도달하고, 민족국가가 구성원들을 원주민 집단들, 소수민족 집단들, 이주민 집단들로 무리별로 독자화 시켜 시민민족 개념으로 구성하면 다른 한 끝의 정점에 도달한다. 민족국가 내에서 민족이 시민민족 개념으로 구성된다면 그 시민민족이 동화주의이든 독자집단으로 분화되었던 양자 사이의 차이란 사소한 것이다. 민족국가 내에서 민족주의와 다문화주의 사이의 관계에서 시민민족 개념에 입각한다면 양자 사이의 관계란 단순한 용어 차이에 불과할 수 있다. 원래 민족국가에서 민족주의와 다문화주의 사이의 관계란 대립적인 관계가 아니라 상보적인 관계에 속한다.

종족민족과 다문화주의

전주는 종족민족 개념을 배경으로 원한국인과 탈북자, 조선족, 재미동포, 재일동포, 결혼이민자 자녀 등을 민족으로 수용하고 결혼 이민자를 불분명하게 평가하고 이주 노동자를 외래 비민족으로 구별한다. 로컬 전주의 거주권은 남한과 북한의 어느 특정 도시의 거주권과도 동등하다. 이 경우에 거주권에서 고용이 불안정한 대신 거주 이전의 자유가 있는 남한 도시 로컬리티의 거주권과 고용이 보장되는 대신 거주 이전의 자유가 없는 북한 도시 로컬리티의 거주권 사이의 관계가 동질적인지 이질적인지의 문제는 남는다.

민족국가 내에서 민족주의와 다문화주의 사이의 관계에서 민족이 종족민족이라면 민족주의와 다문화주의 사이의 관계는 약간의 고려가 필요하다. 종족민족 개념은 한국, 중국, 일본 등이 가지고 있는 민족 개념이다. 남한(헌법 4조)과 북한(헌법 9조)의 경우는 민족분단에서 남북통일을 종족민족 개념에 근거해서 정당화할 수밖에 없기 때문에 한국에서 종족민족 개념을 간단히 포기할 수는 없다. 한국은 종족민족 개념(헌법 4조)에 근거해서 남북한의 통일정책 추구, 북한 탈북자의 동족으로 포용할 수 있다. 한국은 또한 이주민을 한국의 귀화시민, 결혼이민자, 이주노동자 등으로 포용할 수 있다.

신화민족과 다문화주의

로컬 전주는 신화민족 개념을 배경으로 대동이 민족들로 원한국인, 한중일, 몽골 등을 민족으로 수용하고 유럽을 외래 비민족으로 구별한다. 로컬 전주의 거주권은 동아시아의 어떤 도시 로컬리티의 거주권과도 동등하다. 로컬 전주의 거주권은 전형적인 '상상의 공동체'로서의 '신화'민족 개념에서 한, 중, 일, 몽골 등 사이에서 한민족 이후에 개인과 집단에 따라 상이한 친소의 연결선을 설정하지만 결국 유사한 로컬리티의 거주권을 공유한다.

민족국가 내에서 민족주의가 신화종족 민족 개념일 때에는 이 신화가 포용적이냐 폐쇄적이냐에 따라 원주민, 소수민족, 이주민을 바라보는 관점이 달라질 수 있다. 한국은 국민 개념과 민족 개념이 불일치하는 나라이기 때문에 한국민의 관점에 서면 한국사에 '고조선-삼국시대-신라 / 발해-고려-조선-남북한'으로 연결되고, 한민족의 관점에 서면 대동이주의의 한민족사에 '환인-환웅-고조선 단군-북부여 해모수-졸본부여 동명-고구려 / 백제 / 신라 / 가야-신라 / 발해-고려 / 거란 요 / 여진 금 / 몽골 원-조선 / 여진 청-대일 항쟁기-남한 / 북한'으로 이어진다. 한국의 경우에 포용적인 신화민족 개념은 환인-환웅의 경우에 한중일을 후예로 포용한다. 고조선 단군의 경우에는 한일, 스키타이-흉노를 후예로 포용한다. 북부여의 경우에는 졸본부여-고구려, 스키타이-흉노, 거란, 말갈 등을 동족으로 포용한다. 고구려-발해의 경우는 발해, 여진, 신라 등을 동족으로 포용한다. 고려의 경우는 고려, 여진, 거란, 몽골을 광의의 동족으로 포용한다. 조선의 경우는 조선, 청, 유구, 대마도를 광의의 동족으로 포용한다. 한국의 경우에 신화 민족 개념은 한국이 현재 중국과 일본 민족에 대해 경쟁적 관계로 있기 때문에 심지어 당대의 민족(건국)신화 개념에서 동족을 인식한 흔적이 발견되어도 그런 것을 무시하고 다른 민족으로 간주하는 것이다.

자칭 "다문화주의자"의 '민족주의' 공격의 위험성

로컬 전주의 거주권 분석에서 탈민족 개념으로의 비약은 결국 로컬리티의 기본권으로서 거주권에서 거주권 분석의 전제로서 배경이 되는 국가 분석을 약화시킨다. 연구 대상은 연구대상 설정을 통해서 내부와 외부의 경계선을 긋는다. 로컬리티의 다문화성 거주권 분석은 로컬리티의 현상적 성립 배경으로서 민족국가 분석을 전제해야 한다. 민족국가의 성격이 구체적으로 설정되지 않으면 로컬리티 거주권의 구체적 성격도 드러나지 않는다.

민족국가에서 종족민족 개념 혹은 신화민족 개념은 그 이념이 폐쇄적일 때 다문화주의와 대립적일 수도 있다. 종족민족 개념 중에 극단적인 경우는 우생학적인 의미의 종족 우수성을 주장할 수 있는데 이 경우에 히틀러 같은 인종말살 정책을 시도할 수 있다. 한국에서 우리민족의 혈통적 우수성을 믿고 외국인과의 결혼에 반대하는 이런 세력을 상정하기는 쉽지 않다. 한국에 다문화주의 반대 사이트 등이 있기는 하다. 다문화주의 반대 사이트는 결혼이민 및 결혼이민자 자체에 대한 반대라기보다 국제결혼의 실패에 따른 소수의 반대자와 이주 노동자에 의해 일자리를 잃었다고 믿는 노동자층에서 발생할 수 있다.

한국에서 다문화주의에 대한 반대자가 우리 민족의 '혈통상'의 순수성을 믿는 '순혈주의자'라고 지적해서 대립각을 세우는 것은 '허수아비' 공격하기에 불과하고 백보양보해서 설령 극소수 존재한다고 해도 유의미한 존재들이 아니라는 점에서 한국의 실상이 아니다. 우리는 이 지점에서 존재하지도 않는 '순혈주의자'를 조심해야 하는 것이 아니라 존재하지도 않는 '순혈주의'라는 유령을 창조해서 비판하는 존재하는

'사이비 자칭 다문화주의들'을 더 조심해야 한다. 민족국가 시대에서 다문화주의에서 민족주의 제거하기를 바라는 사람들은 다문화주의자들이 아니라 유령 개념 창조하기를 바라는 사람들이기 때문이다. 이들은 개념상의 혼동상태에 있는 사람들이라 현실적으로 위험한 사람들이다. 한국은 만일 다문화주의가 반민족주의라면 당장 다문화주의를 포기해야 하는 종족민족 개념에 근거한 분단국가이기 때문이다. 다문화주의는 언제나 통일교육과 호응할 뿐 적대적이라고 볼 수는 없다.

한국어 교육과 동화정책 유무

로컬 전주는 민족국가 한국에서 한국어를 교육 받으면서 거주권을 실현한다. 로컬 전주에서는 한국어가 통용 언어이기 때문이다. 로컬 전주 거주권자는 거주권으로서 자발적인 한국어 무료 교육을 계속 요구할 수 있다.

한국에서 다문화주의는 이주민들에게 한국어 교육을 해주고 한국문화 교육을 해주고 한국역사 교육을 해준다. 이런 교육을 한다는 것 자체는 다문화주의이든 반다문화주의이든과는 전혀 관계없는 쟁점이다. 한국이 이주민들에게 무료로 이런 교육을 해준다면 이주민들은 모두 환영할 것이다. 만일 한국이 이런 교육을 강제한다면 이 지점부터 쟁점이 된다. 한국이 이주민들에게 한국어를 모른다고 일자리를 주지 않는다면 현실적으로 한국어를 몰라도 관계없는 일자리일 때는 반다문화주의 정책이라고 분명하게 알 수 있다. 보통 이주민들은 한국어를 아는 것이 한국 생활에서 여러모로 유리하기 때문에 한국 정부의 강제에 의해서 아니라 자발적으로 한국어 교육을 원하게 되어 있다. 이주민에게 한국어 교육을 하는 것은 동화정책의 유무와는 무관한 쟁점이다. 이주민은 항상 들어 온 국가의 언어를 익혀야 현지 적응력이 높아지기 때문에 유입된 국가의 언어교육을 적극적으로 원하기 때문이다. 영어권에서는 언어교육 때 돈을 받고 한국에서는 무료로 하는 이유는 영어는 돈벌이가 되는 언어라 보급을 원하지 않아도 누구나 배우려 하지만 한국어는 돈벌이가 되지 않는다 해도 정부가 보급을 원하기 때문이다.

이중언어 교육 : 아빠나라 언어 한국어와 엄마나라 언어

로컬 전주의 탈북자는 학교 교육에서 북한 사투리 때문에 탈락자가 많다면 거주권에 근거해서 분리 교육을 요구할 수 있다. 결혼이민자와 이주노동자는 로컬 전주 거주권으로서 이중언어 교육 학교를 요구할 수 있다. 이중언어 교육은 보통 많은 비용이 들기 때문에 로컬리티의 인문학에서 도출된 거주권이 이중언어 교육을 지지한다는 것은 그렇게 단순한 문제가 아니다. 로컬 전주는 거주자들에게 거주권으로서 이중언어교육을 지원해야 할 의무가 도출되는 것으로 보인다.

다문화주의는 민족국가 내에서 이중언어 교육에 대한 지지를 통해서 자신의 존재를 분명하게 드러낸다. 민족국가 내에서 다문화주의가 이중언어 교육에 대한 지지를 한다는 것은 교육 전문가 양성, 교육장소 지원, 교육비 지원 등에 대한 지지를 의미한다.

이민자 언어교육의 효과와 자존감

로컬 전주의 이중언어 교육은 결혼이민자와 이주 노동자에게 그들의 거주권을 실현시켜 주기 위해 이중언어 교육을 하면서 교육효과로서 능숙한 이중언어 구사자를 기대하지 않으며 단지 정체성의 안정만을 실질적 교육효과로 기대하여야 한다. 로컬 전주의 결혼이민자와 이주 노동자에 대한 이중언어 교육은 교육의 효과로서 이중언어 구사여부를 쟁점으로 삼을 수 없다. 로컬 전주는 비용절감 차원에서 이중언어 교육으로서 한국어 학교교육과 현재 세계적으로 통용되는 부모 교사의 모국어 방과후교육 방법을 취할 수 있다. 이 경우에 로컬 전주에서는 교육청에서 결혼이민자와 이주노동자의 모국어 성취도를 학교 내신 성적으로 인정하는 제도를 마련해야 한다.

한국은 이주민이 그 자녀들에게 한국어 이외에 [결혼이민여성의] 모국어 교육을 원할 때 교육을 지원해 주어야 한다. 이 교육은 교육 자체의 가치 때문에 중요한 것이 아니라 이주민들의 자존감 때문에 중요하다. 이주민과 이주민 자녀는 부모의 언어를 교육 받을 때 스스로의 정체성을 긍정적으로 형성하고 자존감을 유지할 수 있다. 보통 이중언어 교육은 아주 어려워서 두 개의 언어를 자유자재로 사용하는 이중언어 사용자의 양성에 제대로 성공하기는 대단히 어렵다. 이주해서 2세대, 3세대가 되면 보통 이주민의 언어는 전승되지 못하고 사라진다. 우리는 이중언어교육 이후에 직업 선택에서 이중언어 능력을 성공적으로 사용하기를 바란다. 실제의 성공보다 더 중요한 것은 이런 이중언어 교육과정 자체가 주는 자아 정체성을 긍정적으로 만드는 효과이다. 실제 성공자는 한두 명에 불과하다 해도 이런 교육과정은 이중언어 학습자들에게 긍정적인 기대감을 가지게 한다.

국외 동포들의 한국어 교육사례

로컬 전주는 결혼이민자와 이주노동자가 거주자의 거주권에 입각해서 이중언어 교육을 요구할 때 적극적으로 지원하여야 한다.

한국의 국외 동포들의 경우에 구소비에트 지역에 거주자들은 그들이 대부분 독립운동자들의 후예로서 민족의식이 투철하였지만 2, 3세대들이 현재 한국어를 대부분 하지 못한다. 중국의 경우 연변 조선족의 2, 3세대들이 그런대로 상당수가 한국어와 중국어를 동시에 구사하는 이중언어 사용자들이지만 최근에는 조선어 학교가 축소되면서 그 재생산망이 붕괴되고 있다. 일본에서 2,3세대들이 민단계의 경우는 조선어를 거의 포기하였고 조총련계의 경우만 일본정부의 유례없는 야만적인 탄압 속에서도 근근히 명맥을 유지하고 있다. 우리는 국외에 한국인 동포들에게 적극적으로 한국어를 보급하고 있다. 우리는 마찬가지로 국내의 이주자들의 언어도 적극적으로 보호해주기 위해서 노력하여야 한다.

이중언어 교육의 사례와 아동을 위한 이중언어의 동화童話

로컬 전주는 이중언어 발표대회(2010.05. 기전대)를 하였다. 그중에는 아동의 동화, 노래 등이 포함되었다. 로컬 전주에서 아동 양육과 교육은 주요 쟁점 중에 하나이다.[38]

한국에서 이제 결혼이민자들의 자녀에게 이중언어 교육을 권장한다고 해도 그들이 한국어와 어머니 모국어를 동시에 구사할 가능성은 다

---

38 주관 : 전북발전연구원 여성정책연구소,『전북여성정책포럼, 전라북도 다문화가족 자녀 보육실태 및 지원방안』, 주최 : 전라북도, 2009.6.18.

른 나라의 사례로 보아 그렇게 높지 않다. 일반적으로 이중언어 교육은 엄청난 노력과 많은 교육비가 드는 정책이기 때문이다. 한국에서 다문화주의의 성공 여부의 성패를 좌우하는 것은 바로 이중언어 정책을 분명하게 지지해서 성과를 내는 것이다. 우리는 이주여성과 이주여성 자녀자들과 토박이 사이에 상호 문화교류의 일환으로 이중언어로 된 동화책을 만들 수 있다. 이것은 이중언어 동화책을 만들었다는 사실 자체보다도 그런 사업을 통해서 이중언어 사용을 격려하였다는 사실이 중요하다. 만일 그 사업의 성과가 한국에 새로운 동화책을 한 권 추가한 것으로 판단한다면 그것은 번역작업으로 간주하는 것이고 이 경우에 이 작업은 전문 번역가와의 경쟁에서 밀릴 수밖에 없다.

교육비와 부모교사

로컬 전주에서는 결혼이민자와 이주노동자가 그들의 이주권으로서 모국어 교사가 될 수 있는 자격증을 요구할 수 있다. 로컬 전주는 결혼이민자에게 일정한 교육 후에 방과후 교사 자격증을 주고 방과후 교사로 초빙할 수 있다. 방과후 교사 제도는 전주 교육청에서 학교 내신으로 이들의 언어 교과과목을 학교내신으로 인정할 때만 실질적 효과를 기대할 수 있다.

다문화주의 정책은 결혼이민자 자녀에게 어떤 경우에도 특별 분리 교육을 시켜서는 안 된다. 이중언어 교육은 한국인 자녀와 결혼이주자 녀들에게 동등하게 교육되어져야 한다. 이중언어 교육을 동등하게 시도하려고 하면 우리는 이 경우에 언어위계 시스템을 경험한다. 언어위계시스템은 세계 어디에서나 인정받는 기축언어로서 영어, 동아시아의 특정 국가에서 인정받는 지역열강언어로서 중국어와 일본어, 그리고 한국어 등, 그리고 베트남어, 타이어 등 같은 소수민족어들로 분할된다. 학교에서 결혼이민자 자녀들은 보통 한국어, 영어, 그리고 어머니의 모국어에 직면한다. 이 경우에 어머니의 모국어가 기축언어이면 환영받고, 열강언어라면 그런대로 존중받지만 소수민족언어라면 사실상 무시당할 위험에 직면한다. 다문화주의는 현실에 엄존하는 언어위계시스템을 고려하지 않고 이념적 차원에서 모든 민족언어들을 동등하게 지원하는 제도들이다.[39] 다문화주의는 교육비를 고려해야 하기 때문에 결혼이민여성들을 상대적으로 저비용의 모국어 교사로서 호명해서 학교 현장에 투입한다. 우리는 이 경우에 결혼이민여성 모국어 교사를 선발할 때에 모국어 실력의 비교우위에 입각해서 선발하지 임의적으로 선발하지 않는다. 일정한 연령 내라면 오직 비교우위의 실력에 입각해서 선발해야 한다. 결혼이민자 모국어 교사에게 주는 월급이 다른 한국인 교사의 월급에 근접하면 할수록 다문화주의에 가까워진다.

6) 다문화주의의 교육기관의 쟁점

다문화교육의 대상

로컬 전주는 전주 시민에게 다문화 공존 교육을 해야 한다. 다문화 공존 교육은 로컬리티의 인문학에 입각할 때 우선 거주자들이 거주권

---

39 박병섭, 『이주민과 다문화 가정과 함께하는 다문화주의 철학』, 실크로드, 2008.

을 가진다는 점과, 거주권에는 이중언어 교육, 다문화 관용 교육이 포함된다는 것을 교육해야 한다. 로컬 전주 다문화 교육은 권리들로서 인간으로서의 보편적인 인권, 개인권과 거주자로서의 기본적인 정치적 권리로서 거주권을 교육해야 한다. 로컬 전주의 다문화성 인문학은 연구 대상인 로컬리티에서 도출된 거주권을 기준으로 다른 정치적 권리들을 평가하게 될 것이다. 정치적 권리에서 거주권이 기본이 되고 거주권 위에서 그 후 시민권, 영주권, 비자 등을 부차적인 것으로 교육해야할 것이다.

한국에서 다문화주의가 다른 문화를 존중해서 함께할 수 있는 문화 공존이 일어난다면 그것은 대단히 환영할만한 일이다. 한국인이 이주민과 문화차이로 인한 갈등에 직면하였다면 그것은 대부분 한국인이 그들 문화를 잘 몰라서이지 특별히 그들 문화를 경멸하려해서 의도적으로 발생한 문제가 아니다. 이런 상황에서 한국에서 다문화주의 교육은 이주민에게 시키는 것이 아니라 한국인들에게 학교에서 시켜야 한다. 다문화주의 교육대상은 이주민이 아니라 바로 한국인이다. 학교에서는 다문화주의 교육대상이 결혼이민자 자녀가 아니라 바로 교사와 한국인 부부 자녀들이라는 사실을 명확히 하는 것이 필요하다. 학교의 다문화주의 교육은 인권교육, 사회정의교육으로 여러 이질적인 집단들의 다문화적 공존정신을 교육하면 된다.

다문화교육의 내용

로컬 전주의 인문학은 다문화 교육으로 전주 거주자들에게 인권, 개인권 교육과 거주권 교육을 해야 한다. 거주자는 거주권으로서 문화차이에 대해 관용을 요구할 수 있을 것이다. 필리핀계 결혼이민자는 장녀가 부모를 모시는 관습을 대화 주제로 제시할 수 있을 것이다. 인도네시아의 무슬림 문화출신의 결혼이민자는 돼지고기를 두려워하는 관습에 대해 한국인에게 관용을 요구할 수 있을 것이다.

다문화주의가 한국인들에게 다문화주의 교육을 하면서 외국인과 이주민들의 문화를 관용적으로 바라보는 태도를 교육하는 것이 중요하다. 다문화주의는 인권존중과 관용을 교육하는 것이지 외국인의 문화적 특성을 구체적으로 교육하는 것이 아니다. 다문화주의가 외국인의 문화적 특성을 구체적으로 교육하면 그것은 관용교육이 아니라 외국인을 식별시키는 능력을 향상시키는 교육을 한 것이다. 학교현장의 다문화주의 교육이란 상호 문화주의 교육이 아니다. 상호 문화주의 교육이란 한국인과 외국인들이 상호 상대자의 문화를 교육받음으로써 상호 문화이해가 향상되기를 바라는 교육이다. 상호 문화주의 교육은 현장에서 실제 성공한 바가 없다. 상호 문화주의자들은 현장에서 상호 문화교육 이후에도 성과가 나지 않으면 심층 상호 문화교육을 해야 하는데 현장에서는 피상적인 상호 문화교육만 해서 문화차이가 극복되지 못하였다고 주장한다. 그럼 어느 정도 상호 문화교육을 해야 그 '심층 문화교육'이 완결되어 문화차이가 극복될 것인가를 객관적으로 확인할 방법이 없다.[40] 상호 문화주의가 이스라엘과 팔레스타인 원주민 사이에 문화갈등을 해결하려고 한다면 그것은 식별의 구체화이지 성공의 가능성은 낮다. 우리가 상호 이해교육이라고 탈북(여성)자들, 결

---

40 Will Kymlicka, "Comment on N. Meer and T. Modood's 'Multiculturalism vs. Interculturalism'", *Journal of Intercultural Studies* Vol.33, No.2, 2012, pp.211~216.

혼이민여성들, 이주노동자들의 이주 과정을 자세히 설명하면 이것은 상호 이해에 도움이 되기는커녕 식별과 차별만 강화시킬 것이다.

다문화 역사교육

로컬리티의 인문학은 로컬 전주에서 한국사와 이주자의 나라 역사를 동시에 교육할 수 있을 것이다. 이 때 이주자가 한국어에 익숙하지 않아 한국사 교육을 이해하기 어렵다는 현실을 고려해야 한다. 로컬리티 인문학은 역사교육에서 고대 사료를 술이부작述而不作하고 형식논리학을 적용하는 '간과'의 '폭로 역사학'을 교육하는 것이 객관성을 확보하는 하나의 방법이 될 것이다.[41] 이런 폭로의 역사학이 그 자체로 객관적인 것인지는 연구성과가 축적된 후에 평가할 수 있을 것이다.

다문화주의는 본국인들에게 다문화교육을 인권교육, 관용교육 중심으로 전개해야 한다. 다문화주의는 다문화교육의 핵심으로 항상 인권교육, 시민교육, 그리고 역사교육 등을 둔다. 우리는 역사교육을 할 때 동일 사건이 본국인과 이주민 사이에 다른 경험으로 각인된 경우를 대비해 매우 신중하게 교육해야 한다. 우리는 이런 경우에 보통 두 가지 갈등하는 역사관을 동시에 노출하는 방법을 사용한다. 우리는 한국과 중국 사이의 고대와 현대의 영토, 전쟁에서 상이한 관점을 볼 수 있다. 우리는 한국과 일본 사이의 고대와 현대의 영토, 전쟁에서 상이한 관점을 볼 수 있다. 우리는 두 개의 역사관이 충돌할 때 그런 내용을 회피하는 것이 다문화주의 라고 착각해서는 안 된다. 다문화주의는 소수집단

41　박병섭, 「서문」, 『해모수 이야기』, 전남대 출판부, 2015.

권을 긍정해서 그들도 자신들의 문화(정체성, 언어, 역사 등)를 유지하고 보존할 수 있게 해주는 것이다. 한국에서 이주민에게 한국사를 교육하는 것을 회피할 때 그 결과는 긍정적이기 보다 더욱 심각한 문제 상황을 만들 수 있다. 이주민들은 한국인들이 역사에서 기인하여 가지게 된 태도를 이해할 수 없게 된다.

다문화 공적 거주권 교육의 비종교인 주체

로컬 전주는 이주자가 거주권 교육을 받을 때 주도단체의 종교에 어떤 형태로도 영향 받지 않을 권리를 보장해야 한다. 근대사회는 종교의 자유를 필요로 하고 그것은 이주자 교육단체의 종교적 배경이 어떤 형태로든 전혀 드러나지 않을 때 가장 잘 실현된다. 로컬 전주가 로컬리티 차원에서 지원할 경우 교육의 주도 단체는 종교적 배경이 전혀 없어야 한다. 예컨대 행사 장소를 무료로 사용할 수 있는 경우에서조차 종교적 장소를 피해야 한다.

다문화주의는 보통 정부 단체나 학교에서 이루어지는 시민 교육과 친근한 반면, 종교 집단이나 사적 집단의 교육과는 충돌한다. 국가가 정부정책에서 다문화주의 정책을 형식적 의미에서뿐만 아니라 실질적 의미에서도 종교집단에게 맡기는 것은 대단히 위험적 일이다. 현대 국가는 다문화주의 정책을 전개할 때 시민들의 관용과 양식, 시민성에 의존하지 종교인의 자비심에 의존하지 않는다. 근대 국가는 자유주의의 입장에서 종교의 자유를 허용한다. 근대 국가는 공무원(교사 등)을 통해 이주민들에게 시민권 교육을 해야 한다. 근대 국가가 이주민들의 시민권 교육을 실질적으로 종교인들에게 맡길 때 근대 국가는 부지불식간에 전근대 국가로 후퇴하는 것이다. 한국 다문화주의는 현재 다문화주의 현장 활동에서 적극적으로 종교인들의 영향력을 축소시켜야하는 중대한 기로에 들어 서 있다. 우리는 시간이 더 지나면 다문화주의에서 종교인들의 실질적 영향력을 축소시켜야 한다는 주장 자체를 할 수 없는 상황에 몰리게 될 것이기 때문이다. 이주자들의 시민권 교육은 종교인들의 '자비'의 대상이 되어서는 안 된다. 근대국가는 국가권력이 해야 하는 의무를 비록 부분적으로라도 종교인의 '자비'에 의존하는 형태로 구성해서는 안 된다.

7) 거주권의 현장

거주권에 대한 한국에서의 이상적 추구

로컬리티의 인문학은 보편적인 정치적 권리로서 거주권에 기반한다. 이것은 다문화주의의 시민권과는 차원이 다른 것이다. 로컬리티의 인문학은 거주권을 구체적 내용까지 확정하기 위해 노력해야 한다. 이 거주권은 보편적인 인간의 권리에 대비되는 보편적인 정치적 권리가 될 것이다.

한국에서 거주권이 어떻게 발현되느냐는 한국 다문화주의에서 중요한 쟁점이다. 한국의 다문화 활동가들은 한국이 이주민에 대해서 결혼이민자는 수용하고 이주노동자는 거부하는 메틱 국가("메틱" 왈쩌 용어, 국가 정책에 의해 장기적으로 이민의 경로가 단절된 이주노동자 집단)라는 것[42]에 대해 심한 거부감을 느끼고 심리적으로 불편을 느낀다. 한국의 다문화 활동가들은 정부기관에 의해 지원금을 받는 다문화 대행기관으로 정착되어 국가 체제에 사실상 포섭되었다. 이제 최대 쟁점은 이주노동자를 합법 이주노동자와 불법 이주노동자로 구별하는 정부정책에 대해 어떤 태도를 가지고 대하느냐가 남게 된다. 현장 활동가에게 불법 이주노동자는 장기남한생활 경험자로서 다른 이주노동자들과 연결해주는 전달통로이다. 현장 활동가는 불법 이주노동자와 합법 이주자를 구별하면 현장 활동에서 이주노동자 동원력에서 중대한 장애에 직면하고 이런 동원력장애는 정부 지원금을 받는 근거상실로 직결된다. 남한의 현장 활동가는 거의 한 목소리로 이주 노동자 지원에서 합법과 불법의 경계선을 비판(비난)하고 이런 입장을 정당화하기 위해서 거주권의 정당화에 매달리게 된다. 남한에서는 거주권에 대한 각양각색의 화려한 미사여구들이 등장하지만 결국 이주노동자의 권리를 국경을 초월해서 정당화하려는 노력은 거주권의 쟁점으로 귀결된다. 이런 발상은 적어도 '국경 없는 마을 만들기 운동(1999, 안산)'의 명칭에서 그 구체적 형상의 일면을 확인하게 된다.

남한에서 거주권의 쟁점을 다룰 때 우리는 활동가 단체들이 제안하는 이주민의 권리가 다문화주의 관점에서 볼 때는 비개념 혹은 비현실적 주장이 아닌지 냉정하게 판단하여야 한다. 남한에서 이주민이 국경을 초월하는 어떤 시민적 권리를 확보하였다고 주장하면 이것은 다문화주의의 관점에서는 실현가능성이 없는 비개념이기 십상이다. 우리

---

42 Will Kymlicka, *Contemporary Political Philosophy —An Introduction*(Second Edition), Oxford University Press, 1994, p.321 · 2002, p.497(1990, 1994; 2002=국역 2008); Will Kymlicka, 장동진 외역, 『현대 정치철학의 이해』, 동명사, 2008.

가 코스모폴리탄 시민권을 거론한 경우라면 다문화주의의 관점에서 그 실질적 권리를 냉철하게 따져 보아야 한다. 우리는 "국경없는 의사회"처럼 국경을 초월해 봉사활동을 할 수 있다. 우리가 "국경 없는 마을"에서 살 때 우리는 바티칸이나 유엔처럼 실질적으로 국경을 벗어난 마을에 거주하는 것은 아니다. 그럼에도 불구하고 우리는 '국경 없는 마을'에서 인권을 가진 한 인류로서 국경을 초월한 대동사회의 정신으로 살아갈 수 있을 것이다.

거주권의 현실적 사례 : 노조, 축제, 도서관, 쉼터 등

로컬 전주는 거주자의 거주권으로 무료 한국어 교육, 이주민 쉼터, 이주민 노래자랑, 이중언어 발표 대회 등을 실현하여 왔다. 로컬리티의 인문학은 전주 거주자 중에서 전주 시민의 거주권은 이미 실현되었으므로 말하지 않고 전주 이주자의 거주권만을 거론한다.

실제 거주권은 이주노동자 노동조직기구 가입건, 이주노동자 한 마당 참여권, 도서관 이용권, 쉼터 이용권 등이다. 이것은 로컬리티의 인문학에서든 다문화주의의 관점에서든 실현할 수 있다. 이주노동자가 불법 이주노동자까지 포함해서 거주권을 행사하는 경우는 이주노동자 기구가 이주노동자라면 합법 이주노동자든 불법 이주노동자든 성원조건에 구애를 받지 않고 활동하는 성원으로 수용한 경우이다. 이것이 실천적 의미에서 거주권이고 인도주의적으로 옹호할 가치가 있는 것이다.

이주노동자는 거주민으로서 도서관을 이용할 수 있다. 이주민이 도서관에서 책을 보고 또 빌려 볼 수 있다면 이것은 거주권을 행사한 것이다. 보통 이주 활동가 단체에서 관리하는 도서관에서 시행할 수 있는 권리이다. 도서관에서 도서대출증을 만들 때 그 신분보장용으로 주민등록증을 요구하지 않으면 실천적으로 이주민들에게 거주권을 확보시킬 수 있다.

이주노동자가 거주민으로서 이주 노동자 한 마당에 참여할 수 있다면 이것은 이주민으로서 거주권을 행사한 경우이다. 보통 남한의 명절에 이주민에 대한 배려 차원에서 정부 등에서 마련해 준 기회이다. 우리는 국경을 초월해서 이주민들에게 이주민 한마당에 참여할 수 있는 권리를 주어야 한다.

이주민을 위한 쉼터는 이주민들에게 실질적으로 거주권을 보호해주는 중요한 장소이다. 이주민 쉼터가 이주민들이 그가 합법이든 불법이든 가리지 않고 자유롭게 그곳을 이용할 수 있게 배려해 준다면 그것이 거주권이 실현된 경우이다.

8) 다문화주의와 이주민운동의 미래

한국 다문화주의의 보편성과 특수성

다문화주의를 다수집단에 대한 소수집단으로서 원주민, 소수민족 그리고 이주민에 대한 소수 집단권을 옹호하는 학문이나 실천이라 규정해 두고 생각해 보자. 한국 다문화주의는 다문화주의에서 새로운 차원의 다문화주의를 개발하기 위해 노력하는 것보다 기존의 외국 다문화주의를 적절하게 수용하는 것이 효과적일 것이다. 한국의 다문화주의 사례에서는 한국 사회만의 특수성이 발현된 것이기 보다는 대부분 외국에서 이미 경험한 것들의 반복에 해당하기 때문이다.

한국 다문화주의는 무엇이 특수한가? 우리가 한국 다문화주의 특수성에 주목하려면 한국 다문화주의만이 가지는 특수 현상이 있다는 것을 먼저 입증하고 후에 그것에 입각한 한국 다문화주의의 특수성을 정당화해야 한다. 연구 대상에서 원주민 범주의 존재 여부는 아예 없거나 있다 해도 그 존재가 거의 식별되지 않는다. 연구 대상에서 소수민족의 범주는 종족민족 개념을 염두에 두고 볼 때 대단히 논란의 여지가 많겠지만 북한과 북한 탈북자들이 이 범주에 속한다. 남한의 시각에서 볼 때 남한도 다수 시민민족 집단이고 북한도 소수 시민민족 집단이다. 북한 탈북자는 원주민인지 소수민족집단인지 이주민인지 피난민인지가 애매모호하다.

연구대상에서 이주민은 결혼이민자와 이민자, 이주노동자가 있다. 이민자는 서구와 동아시아 지역에 공동으로 존재하는 범주로 개인 단위 혹은 집단 단위로 이주한 자들이다. 한국에서는 소수의 지식 노동자만 이주민으로 대우받는다. 결혼이민자 범주는 한국, 일본, 대만 등에 존재하는 범주이고 과거에 서구에서도 소위 우편 신부로 존재한 바 있는 범주이다. 이주노동자 범주는 서구유럽과 동아시아 한국, 일본, 대만, 싱가포르, 홍콩 등에 존재하는 범주이다. 이주 노동자에게 이민을 허용하는 나라와 이민을 허용하지 않는 나라로 양분해 보면 한국은 독일, 일본 등과 함께 이민을 허용하지 않는 나라에 속한다. 보통 이민을 허용하는 나라는 시민민족 개념의 전통이 강하고 이민을 허용하지 않는 나라는 종족민족 개념의 전통이 강하다. 한국은 외국과 마찬가지로 불법 노동자가 상당히 많다. 한국 다문화주의가 다문화주의 일반에 입각해 볼 때 특수한 측면은 무엇이 있는가? 사실 한국 다문화주의에서 특수성이라고 할 것은 찾아보기 어렵다. 한국 다문화주의는 모든 다문화주의처럼 일반적 특성을 함께 하고 있고 또한 모든 개별 국가의 다문화주의처럼 각국의 개성을 가지고 있을 뿐이다.

이주민 유입의 상수화

로컬 전주에서 이주민의 전주 유입은 상수화되었다. 한국에서 이주민의 유입속도는 2006년을 정점으로 하강곡선이지만 전체적 수는 계속 누적되고 있다. 이주민에 대한 한국어 교육은 신규 초급반이 상대적으로 줄고 고참 이주민의 요구는 일자리와 자녀 교육으로 이동하고 있다. 남한의 다문화 정책은 인재유치와 사회통합이 중심이다.[43]

이주민의 일자리

로컬 전주에서 이주민들은 원 거주자들과 마찬가지로 일자리를 필요로 한다. 이주민의 일자리 중에서 이주민의 고유한 특성으로 타국인 출신이라는 특성을 살린 직업들이 있을 수 있다. 이주민들 관련 사업들이다. 그런 사업으로는 이주민 통번역사업, 이주민 자녀 교육 사업, 이주민 음식사업 등이다.

---

43 외국인 정책위원회, 『2013년 지방자치단체 외국인 정책시행계획』 1, 14쪽.

이주민의 통번역 일자리

로컬 전주에서 이주민들은 일정 지역에서 처음에 이주민 대상 사업에 동참하거나 이주민 대상 사업을 개척한다. 정부가 하는 이주민 대상에 포섭된 일자리의 사례로는 각종 통번역 사업이 있다. 이 경우에 선발 이주민은 후발 이주민들에게 한국 정부의 정책을 연결하는 전달벨트로서 한국 정부의 한국어 표현 정책을 통번역해서 후발 이주민들에게 전달하고, 후발 이주민의 요구 사항을 통번역해서 한국 정부에 전달한다. 한국에서 결혼이민자 집단들은 도시와 농촌으로 분산되어 있다. 정부의 통번역 지원 사업은 도시와 농촌을 가리지 않고 일어나는 사업이다.

이주민의 식당사업

로컬 전주에서 이주민들은 이주민 대상으로 이주 출발국가의 음식, 문화 등을 제공하는 식당 사업, 도서관 사업 등을 시작할 수 있다. 대개 이런 종류의 사업은 초반에는 투자자금이 많이 필요 하지만 성공여부는 불투명하므로 '한국정부-한국 활동가 운동단체-결혼이민여성'의 결합체에서 지원하는 형태로 사업을 시작한다. 이런 종류의 사업은 보통 모험성이 높아서 쉽게 투자하기가 쉽지 않고 또한 초반에 성공률이 높지 않다. 그렇지만 시간이 지나면 이런 종류의 사업은 언젠가 누군가 반드시 성공하게 된다. 로컬 전주에서 아직 성공적인 이주민 식당은 없다. 이주민은 로컬 전주에서 식당에서 저임금 노동을 하는 경우가 많으므로 조만간에 요식업에 진입할 것이다.

성공한 이주민의 미래 : 분리와 지속

한국에 있는 이주민들 중에서 가장 발전한 집단은 안산 원곡동지역
이다. 한국에서 도시 이주자들의 미래는 당분간 안산 원곡동을 보면
알 수 있다. 안산 원곡동 이주민 운동이 성공해서 이주민들의 한국어
가 한국인 수준으로 완벽해지고 사업이 잘 되어 부유해지면 외국의 사
례를 볼 때 이들은 자신이 소속된 이주민 지원 단체들을 떠나 토착 한
국인들이 거주하는 공간으로 이사를 해서 이동할 것이다. 이것은 외국
의 다문화주의 사례로 보면 일반적인 경로이다.

만일 농촌지역에서 다문화마을을 만들어 집단적으로 공동생산을 해
서 성공하면 이것은 이주민 운동의 지속성을 강화할 수 있을 것이다.
또 이주민이 통일교처럼 종교로 결속되면 이주민 집단성을 어느 정도
지속적으로 유지할 수 있다.

한국에서 이주민 차별의 사례들

한국인은 현재 이민자 다문화주의에 대해 30~62%의 지지자와 5~
22%의 반대자가 있고 중간의 5~25%가 태도를 유보하고 있다.[44] 한국
에서 이주민들은 차별을 받을 수 있다. 이 차별은 보통 인종차별이라
말한다. 예컨대 나이지리아인의 레스토랑 출입거부(2007), 아프리카인
에 대한 상업시설 이용 차별(2008), 부산의 한 사우나에서 우즈베키스
탄 출신 여성의 사우나 출입 거부(『부산일보』, 2011.10.14), '크레파스 회사
의 피부색 차별사건'(2001), 버스 안 양복차림 박씨의 한국인 여성 친구

---

44 위의 책, 12쪽.

와 함께 있던 인도인 보노짓 후세인(28) 성공대 연구교수에 대한 폭언 (2009) 등이 있다.

전자 세 건은 경제적 이익을 종합적으로 고려한 반응으로 해석할 수 있다. 손님으로 받아서 싼 업소라는 인상을 받으니 차라리 받지 말자는 발상이 배후에 계산되어 있었을 것이다. 이런 '이주민 빈자 편견'은 법적인 제재로 해결하기 어렵다. 이런 '편견'은 이주민 부자가 나오면 해결된다. 후자 두 건 중 "살색" 사건은 부지불식간의 인종차별의 사례이고 버스 안의 공격은 전형적인 인종차별의 사례이다. 이 경우는 법적인 제재를 하면 조만간에 불식시킬 수 있다. 이 경우 법적인 제재에서 높은 벌금형은 인종차별을 막는 효과적인 장치가 될 것이다.

한국에서 이주민 범죄와 보도방식

이주민도 원거주 한국인과 마찬가지로 범죄를 저지른다. 두 건의 이주민이 저지른 살인 사건(오원춘(2012.4)·박봉춘(2014.12))이 있었다. 이 사건을 어떻게 보도 하느냐가 중요하다. 유사한 사례로 '계모'의 아동 학대 사례가 있을 수 있다. 만일 아동 학대가 발생한 경우에 그 사건이 '계모'가 벌린 사건이라 보도하면 이제 모든 계모는 잠재적 범죄자로서 감시의 대상이 된다. 이주민 개인 범죄를 이주민 집단 범죄로 호도하는 보도에 대해 반다문화주의의 사례로 엄정하게 규제해야 한다. 이주민 개인이 저지른 범죄는 사건 발생지역과도 이주 출발지와도 무관하다. 이주민의 출발지와 사건발생지역은 단지 우연일 뿐이다. 그저 개인 범죄사건일 뿐이다. 우리는 그 대신에 아동 학대자의 대부분이 부모에 의해서 자행된다는 진실을 공익광고를 통해 보도한다. 우리는 범죄에서 한국인의 범죄률과 이주자의 범죄률을 동시에 보여주어서 객관성을 유지해야 한다.

9) 민족연방제로 동아시아 평화 찾기 — 한, 중, 일, 몽골, 베트남

서구의 연방제의 안정성

서구는 소수집단이 집권해도 다수집단이 상대적으로 쉽게 묵인한다. 서구는 인권, 시민권, 민주주의 등을 공유하고 있기 때문이다. 또 소수집단에 대해 관용적이다. 그 이유는 외부의 적대세력(외적)에 대해 공통으로 대응하는 나토의 우산이 있기 때문이다. 또 국가내부 분쟁 때 아국과 적 사이에서 아국내부에 적을 지지할 제3열이 없거나 미약하기 때문이다.[45]

동아시아 연방제의 어려움

로컬 전주는 동아시아 지역의 여건 속에서 작동한다. 동아시아에는 유서 깊은 종족민족 개념을 신봉하는 민족국가들이 존재하며 민족국가들 간에 세력 갈등이 있다. 동아시아에 민족국가들은 일반적으로 각국 내에 주변 이웃 국가로의 분리를 지지할 잠재적 제3열의 존재를 가지고 있다. 한국은 단일 종족민족국가이다. 한국은 분단 상황 때문에 잠재적 전쟁 위험에 처해 있다. 한국은 평화통일(헌법 4조)을 하기 위해

---

45 Will Kymlicka, "Multination Federalism", Baogang He · Brian Galligan · Takashi Inoguchi eds., *Federalism in Asia*, Massachusetts : Edward Elgar Publishing, 2009, pp.33~56.

서는 주변국의 지지를 필요로 한다. 북한도 조국통일(헌법 9조)을 원하기 때문에 남북통일의 쟁점은 남북한 일방의 노력만으로 해결될 수 없다. 중국은 다민족국가이다. 중국에는 인구의 90%를 점하는 한족과 10%를 점하는 소수민족들이 있고, 이들은 영토에 대한 권리에서 소수민족은 영토의 50% 이상에 대한 권리를 가지고 있고 한족은 영토의 50% 미만에 대한 권리도 가지기 어려운 실정이다.[46] 중국은 중국의 유교전통에 호의적인 중국학자들로[47] 다문화주의, 민주주의 쟁점을 우회하려 한다.[48] 이런 상황에서 중국은 인권문제와 다문화주의적인 소수 집단권 침해 문제, 그리고 민주주의 침해 문제를 아마 장기간 해결하기 어려울 것이다. 한편 일본에는 남북의 소수민족들과 이주민 문제들이 있고 심지어 내부 카스트로서 부락구민도 있다.[49] 그리고 남북의 소수민족들(아이누민족, 유구민족)의 독립운동을 지원할 잠재적 가능성이 있는 주변 이웃국가들(중국의 유구 독립운동 지지)을 가지고 있다.

46 Will Kymlicka, "Review Symposium—Historic settlements and new challenges, Veit Bader, *Secularism or Democracy? As sociational Governance of Religious Diversity*, Amsterdam : Amsterdam University Press, 2008, p.386"; *Ethnicities*, Vol.9(4), 2009a, pp.546~570.

47 Baogang He, "Can Kymlicka's Liberal Theory of Minority Rights be Applied in East Asia?", Paul van der Velde · Alex McKay eds., *New Developments in Asian Studies*, Kegal Paul International, 1998, pp.20~44; Baogang He, "Minority Rights with Chinese Characteristics", in *Multiculturalism in Asia*, edited by Will Kymlicka · Baogang He, Oxford University Press, 2005, p.376; Baogang He, "Democratization and federalization in Asia", in Baogang He · Brian Galligan · Takashi Inoguchi, *Federalismin Asia*, Aug 30, 2009, p.329; Daniel A. Bell, *China's New Confucianism—Politics and Everyday Life in a Changing Society*, Princeton and Oxford : Princeton University Press, 2008.

48 Randall L. Schweller · Xiaoyu Pu, "After Unipolarity—China's Visions of International Order in an Era of U.S. Decline", *International Security*, 36(1), pp.41~72.

49 Lam Peng-Er, "At the Margins of a Liberal-Democratic State—Ethnic Minorities in Japan", Will Kymlicka, op. cit., 2005, pp.223~243; Will Kymlicka · Baogang He ed., *Multiculturalism in Asia*, Oxford University Press, 2005, p.376.

한국에서는 '애국가'에 ["동해물과 백두산이"에] 각인된 잠재적 영토분쟁에서 북으로는 중국과 러시아에서 국경선("백두산", 간도, 만주, 요서) 문제가 발생할 수 있고 남에서는 일본과 국경선 문제("동해", 1905년 독도 강점선포, 임나-대마도, 삼별초-유구)가 발생할 수 있다. 국경은 근대 이전에 "프런티어frontier" 국경에서 근대 이후에 "보더 라인border line" 국경으로 변경되었기 때문에 근대 민족국가에서 국경분쟁은 피하기 어렵다. 일본이 독도를 요구하면 한국은 대마도와 유구(오키나와)의 독립운동을 지지할 수 있다. 중국이 백두산의 일부를 요구하면 한국은 외몽골을 지원해서 내몽골 독립운동을 지지할 것이다. 한국이 중국과 일본의 민족분쟁에 개입하면 중국과 일본은 남북한 통일을 방해할 것이다. 동아시아의 평화는 남북한 통일을 위한 필수 조건 중에 하나이다. 일본과 중국 사이의 섬 분쟁 이후 중국은 유구독립운동을 지지하였다.

한국에서의 연방제의 가능성

현대사에서는 역사가 획기적으로 변화할 때 역사적인 조건을 필요로 한다.[50] 한국이 앞으로 평화지향적으로 전진하기를 원한다면 '남/북한 민족연방제'보다 동아시아 지역에서 '남/북한, 차이나/대만, 일본, 몽골, 베트남의 칠국 다민족연방제'를 건설하는 것이 쉽고 효과적일지도 모른다. 정치철학자는 남/북한 양국민족연방제나 칠국다민족연방제나 모두 자유주의 시장경제와 사회주의 사이의 평화로운 관계 설정, 민주주의와 당제도 등을 해결해야 한다. 우선 미래를 구상해 보

---

50 Paul Kennedy, *The Rise and Fall of the Great Powers —Economic Change and Military Conflict from 1500 to 2000*, 1987.

는 차원에서라도 제시해보는 것이 중요할 것이다.[51] 경제제도는 자유주의 시장경제와 시장 사회주의론으로 최소한의 합의지점을 찾아보고 정치제도는 사회주의 통일전선론과 자유주의 다당제론을 최소한의 합의지점 삼아 좌원 / 우원으로 나누어 좌원은 직업직능대표로 하고 우원은 인구비례로 하는 것은 어떨까?

4. 관찰명제 : I-O 로컬 전주의 다문화 현상

전주 혹은 로컬 전주에서 보편적 거주권의 구현체로 관찰 명제 I 진술 혹은 변이체로 10) 11)를 살핀다. 이 경우에 거주권으로 해명할 수 없는 O 진술이 등장해서는 안 되고, 변이체의 수준을 넘어 상수 자체가 실종해버리는 극단적인 사태가 발생해서는 안 된다.

10) 비가시적 지원의 필요성 – 언어, 역사 교육, 다문화 마을

실질적 식별피하기

로컬 전주는 거주자의 거주권을 제대로 실현하고 있을까? 로컬 전주에서 결혼이민자와 이주노동자는 보통 지원과정을 통해 실질적으로 식별된다. 국가정책의 총괄적인 이민정책은 정책지원과정에서 가시

---

51 박병섭, 「다문화주의에 관한 철학적 연구 – 이주노동자, 여성결혼이민자」, 『사회와 철학』 제18집, 사회와철학연구회, 2009, 291~356쪽.

와 비가시의 쟁점에 직면하는데 일반적으로 비가시적 지원이 가시적 지원보다 어렵고 중요하다. 국가의 이민자 지원은 일반적으로 일반 시민과 이민자가 볼 때 사회에서 비가시적 형태로 지원해야 하고 그 정책 효과는 가시적 효과로 수치적 확인이 되어야 부정부패不正腐敗를 방지할 수 있다. 가시적 지원은 일반적으로 사회에서 기존 국민[시민]과 이민자 국민을 분리하는 경향이 있는데 분리는 일반적으로 피해야 한다. 기존 국민과 이민자 국민의 분리는 공항 검색대의 업무편의의 경우 이외에는 어떤 경우에도 피하는 것이 일반적이고 장기적으로 좋다.

비가시적 지원의 필요성

로컬 전주에서는 비가시적 지원을 목표로 하지만 부지불식간에 가시적 지원을 자주 한다. 소수집단에 대한 가시적 지원은 식별 및 차별과 매우 가까운 거리에 있기 쉽다. 일부 언어사용문제는 법적인 규제 대상이 되어야 한다. 만일 "다문화"가 어떤 형태로든 국제 결혼한 가정의 자녀만을 지칭하는 방식("다문화가족", "다문화가정", "다문화교육" 등)으로 사용된다면 국제 결혼한 가정의 자녀가 가장 싫어하는 말은 실질적 분리를 의미하는 '다문화'라는 말이 될 것이다. 그것은 '다문화'("다문화 가정 자녀", "다문화 가족 자녀", "다문화교육" 등)라는 말이 자신을 왕따 시키는 실질적 공격이 시작되는 출발점이 된다는 것을 체험으로 느끼기 때문이다. 이런 식의 "다문화" 용법은 언론매체나 학교, 회사 등의 공식석상과 서류상에서 사용될 경우에 법적인 처벌 대상이 되어야 한다. 이것은 겉으로는 '다문화주의'에 대한 호의를 표방하지만 실질적으로는 명시적 공격의 일종이기 때문이다. 한국 국가는 한국인을 시민권자와 이민자로 구별할 뿐이다. 이민자는 시민권자, 영주권자, 노동비자, 학생비자 등으로 구별할 수 있을 뿐이다. 다시 말해 한국에만 있고 서구에는 없는 그런 특별한 범주는 전혀 필요하지 않다.

"다문화" 용법의 혼란문제

로컬 전주에서도 결혼이민자의 가족은 다문화가족이라 지칭된다. 다문화주의 정책은 "다문화"라는 이름으로 기존 국민[시민]과 이민자 국민을 포용해야 한다. 다시 말해서 다문화란 다수집단과 소수집단(원주민, 소수민족, 이민자)을 종합해서 표현하는 일반범주 용어이다. 예컨대, "한국은 다문화국가가 되었다." 만일 "다문화"라는 용법이 국제 결혼한 이민자 집단만을 지칭해서 "다문화 가정"이라고 특수범주로 지칭하는 것은 일반범주를 특수범주로 혼동시킨다는 점에서부터 시작하여 여러 모로 부적절한 말이다. 우선 그런 용어의 필요성에 대해 문제제기를 해야 한다. 첫째, 가정을 단일문화가정, 다문화가정으로 구별할 필요가 없다. 둘째, 우리나라 이외 세계 어디에서도 이런 기이한 호칭이 없다. 셋째, 국제 결혼한 가정을 문화를 기준으로 그렇게도 호칭하고 싶다면 "두 문화가정"이지 "'다'문화가정"이 아니다. 한국인 아버지와 외국인 어머니로 구성된 가정을 그렇게 구별하고 싶다면 그냥 "국제결혼가정"이라 지칭하면 충분할 것이다. 적절한 용어는 "다문화 가족"이 아니라 "국제결혼 가족"이다.

적극적 행동조치

로컬 전주에서 적극적 행동조치는 전주 "상산고", 익산 "전북 과학고", 군산 "전북외고"에 사회다양성 전형 합격자가 모두 충원되었는지 여부로 확인할 수 있다. 전북 교육청이 만일 해당 학교가 사회 다양성 합격자를 모두 충원하지 못하였을 때 강력하고 실질적인 규제를 하는 것이 현실적인 대책의 하나가 될 수 있다. 로컬 전주에서는 거주자의 거주권을 결국 실현하지 못하고 있다. 다문화와 복지가 결합되어 소수 집단에게 일정한 혜택을 주는 적극적 행동조치를 할 수 있다. 예컨대 캐나다에서 사회적으로 매우 열악한 처지에 있는 원주민이나 카리브 해 연안의 흑인에게 법학전문대학원 혹은 의료대학원의 입학에서 일정한 할당량(1%)을 준다고 하자. 이 경우에 이 혜택 대상을 좋은 취지에 따라 이주민 전체로 확장하게 되면 결국 1%의 혜택 대상은 얼마 후 모두 아시아계 이주민들(중국인, 한국인 등)이 차지할 것이고 결국 원주민과 흑인은 구경할 수 없게 된다.[52] 우리는 이미 영훈국제중에서 사회취약층 배려라는 명분 아래 만든 규정인 '한 부모자녀의 특별입학배려'를 활용해서 삼성그룹 이건희 손자가 입학한 사기극을 본 바가 있다.[53] 이주민 자녀들에 대한 특목고, 자율형 사립고 및 대학들 등에서의 사회배려자 입학기회의 제공은 형식적인 제도도 중요하지만 그 제도에 의한 수혜를 구체적으로 얼마나 받는지 확인해 보아야 한다. 한국에서도 결혼이주민자의 이름으로 베트남계, 중국계, 필리핀계 등을 구별하지 않고 지원하게 되면 결국 실질적 혜택은 특정 국가 이민자가 독식하는 결과를 가져올 수도 있다. 한국에서 동일계 이민자(예컨대, 베트남계) 집

---

52 Will Kymlicka, *Politics in the vernacular —Nationalism, Multiculturalism and Citizenship*, Oxford University Press, 2001, p.383.
53 2013.1.22. 보도 : 영훈국제중 입시비리 등, 이건희 손자 입학 등. 실은 사회 다양성 입학 대상자는 한 부모 지원법에 의해 지원받는 자라야 한다.

단 내부의 빈부차 구별은 현재 실질적으로 대부분 빈부차가 거의 없기 때문에 무의미한 쟁점이다.

입학에서 이주자 자녀가 사회적 배려 대상자가 된다면 다문화주의는 실현된 것이다. 입학에서 불법 이주노동자 자녀도 사회적 배려 대상자가 될 수 있다면 로컬리티의 인문학의 거주권이 실현된 것이다.

진정한 '다문화 마을'의 개념

로컬 전주의 다문화 마을 개념은 모든 거주자들이 거주권을 기반으로 만나서 혼합, 조화, 혼종되는 그런 상태를 이상시해야 한다. 로컬 전주는 그가 전주 거주자라면 시민권을 소유하였든 소유하지 못하였든 합법 거주상태든 불법거주상태든 동등한 거주권을 행사하는 그런 존재들의 공존의 장소가 되어야 한다.

다문화주의 정책은 '다문화'로서 이중언어 교육, 이중역사교육, 그리고 다문화마을 정책을 지지한다. 다문화는 구체적 포용성을 의미하는 소수집단권 옹호의 철학적 용어로 자리 잡아야 한다. 다문화는 단일 문화에 대비되는 포괄적이고 포용적인 문화집단들을 지칭해야 한다. 로컬리티 다문화마을은 여러 문화가 각자 고유한 내재적 차이(들뢰즈)를 차연差延시키는 방식으로 상호 공존하는 마을이다. 다문화마을은 국제결혼한 결혼이민여성 가정이 많은 그런 마을을 지칭하는 말이 되어서는 안 된다.

다문화주의는 다문화가족으로 결혼이주여성 가족만을 지칭하는 것이 아니라 결혼이주여성 가족, 이주 노동자 가족, 탈북자 가족, 남북한 이산가족, 화교, 주한미군가족, 조기유학 별거가족 등 소수집단권의 대상이 되는 모든 가족들을 포괄해야 한다. 다문화가족의 핵심은 문화 차이인지 아니면 언어차이인지 혹은 동시에 언어문화 차이인지가 문제가 된다. 이 경우에 결국 언어차이 혹은 언어문화 차이가 중요하다. 특히 인종이나 국적을 기준으로 용어를 규정하지 않는 것이 유리하다. 다문화 가족의 범위가 확장될 때 다문화주의는 적극적이고 호의적인 개념으로 살아남을 수 있다. 특히 다문화 가족 속에 조기 유학자 별거 가족을 추가하는 것이 결혼이주여성 가족만을 지칭해서 식별시키는 것보다 유리할 것이다. 특별 지원이 필요한 자는 그냥 개별적으로 지원하면 되지 그들을 특별히 세부적으로 식별하는 용어를 만들어 지원해야 할 이유는 없다.

비가시적 지원의 쟁점에서 로컬리티의 인문학이나 다문화주의 사이에 차이는 없다. 양자의 차이란 다문화주의에 입각하면 불법 이주자 자녀가 학교에 무료로 입학하지 못한 경우가 정당화되지만(O 진술 : 다문화주의에 입각하면 불법 이주노동자 자녀는 시민권에 입각해서 전주에서 학교에 무료 입학할 권리가 없다), 로컬리티의 인문학에 의하면 거주자의 거주권에 입각해서 그가 불법 거주이든 합법거주이든지를 불문하고 거주자의 자녀가 학교에 다니지 못하는 것은 정당화되지 않는다(I 진술 : 로컬리티의 인문학에 입각하면 불법 이주노동자 자녀는 거주권에 입각해서 로컬 전주에서 무료 입학할 권리가 있다). 불법 이주 노동자 자녀가 학교에 다닌다 해도 그 권리가 인권 때문인지 거주권 때문인지에 따라 전혀 상황이 다르다.

로컬 전주에 어느 학교에도 불법 이주노동자 자녀가 학교에 다니는 사례는 없었다. 이것은 적어도 인권 차원이든 로컬리티의 인문학의 거주권 차원이든 정치적 권리가 보장된 것이 아니라는 것을 알 수 있다.

로컬 전주에서 '불법 이주노동자 자녀도 학교에 다닐 권리가 있'다고 주장하는 운동단체가 인권 차원에 호소하지 않고 거주권 차원에 입각해서 호소하는 운동을 할 때 로컬리티의 인문학이 로컬 전주에 존재한다고 생각할 수 있을 것이다. 실제 그런 경우는 없다 해도 양자 사이가 매우 근거리에 있다는 점에서 로컬리티의 인문학의 거주권은 관찰명제 혹은 변이체로 존재하는 셈이다.

11) 다문화주의와 구체적 지역에 대한 구체적 분석

남한의 다문화 공간

남한에서 어떤 구체적 로컬리티를 가상공간으로 선택해서 그곳에서 지역구성원들의 구체적 삶을 분석해야한다고 상정해 보자. 그곳은 1980년까지는 보통 남한인이 대부분이었다. 이제(2003~2013) 그곳에는 시민권을 가진 한국인, 거주권을 가진 이주자들, 주권을 가진 타국인들이 함께 어울려져 살 것이다.[54] 로컬리티의 인문학은 그 로컬리티를 거주권을 보편적인 정치적 권리로 삼아 분석한다. 한국의 대부분의 로컬리티에서는 도심의 아파트에 대부분 한국인이 거주하고 주변의 낙후 지역에 한국인과 이주자들이 거주할 것이다. 주권을 가진 면책 특권을 가진 자들은 한국의 고급 주택지대에 거주할 것이다. 한국인의 일자리는 골고루 퍼져 있지만 이주자들의 일자리는 이주자 관련 통변

---

54 외국인 정책위원회, 앞의 책, 9~10쪽.

역 일, 방과 후 언어교사, 함께 하는 카페일, 함께 하는 외국식품 혹은 외국 음식점, 지역 도서관, 그리고 농업 혹은 가내수공업 운영 혹은 노동자로 일할 것이다. 국제결혼가정 자녀는 낯선 사람을 만나면 대화를 꺼리는 그런 학생으로 규정당할 것이다. 이제 전형적인 지역거주민들의 삶은 착종되면서 여전히 핵심부에서는 전형성을 유지하고 있지만 주변부에서는 점차 전형성에서 멀어지고 있다. 머지않아서 국제결혼가정의 신흥 부자층도 등장하고 국제결혼자녀 중에 명문대출신 학생도 등장할 것이다. 로컬 전주에서는 이주자 부자를 상정할 형편이 아니다. 로컬 전주에 이주자 부자가 조만간에 나타날 것이다. 로컬 전주에는 역동적인 한옥마을이 있고 전주는 음식으로 유명하기 때문에 이주자가 성공할 기회를 얻을 수 있는 경제적 여건이 있다.

전주의 신흥 부자마을인 한옥마을에 이주자가 원거주자들과 융합되어 존재하거나 적어도 존재해야 한다고 사고한다면 로컬 전주에 거주권이 현존한다는 것을 관찰명제 혹은 변이체로 확인한 셈이다. 로컬 전주의 한옥 마을에서 불법 이주자가 실제 장사를 하거나 혹은 장사를 할 권리가 있다는 인식(관찰명제) 혹은 변이체가 존재한다면 로컬리티의 인문학이 옳다는 증거로 볼 수 있다.

다문화 '거주민' 분석의 변항들

우리는 몇 가지 질문을 통해 (다문화) 지역 거주민의 현재의 구체적 상태와 미래의 변화방향을 예측할 수 있을 것이다. 로컬 전주의 거주자가 어느 정도 거주권을 실현하고 있는지 다음 질문들로 측정할 수 있다. ① 어느 지역에 거주하는가? (경기, 충남, 서울 유형 혹은 전남, 부산, 전북 유형 혹은 기타지역 유형)[55] 이 질문을 변형해서 거주지가 한옥마을인가 아파트인가 원룸인가 단독 주택인가 도심인가 혁신도시인가? ② 세부 분류에서 어느 집단에 소속되는가? (인재유치 유형 혹은 결혼이민자, 귀화자 유형 혹은 이주 노동자 유형 혹은 기타 유형) 이 질문을 변형해서 원한국인인가 이주자인가? ③ 재산이 얼마나 되는가? (상, 중, 하 유형) 이 질문을 변형해서 거주하는 주택이 자기 소유인가, 전세인가, 월세인가? ④ 직업이 무엇인가? (전문직 유형 혹은 이주민 전문직 유형 혹은 노동직 유형) ⑤ 자녀가 어느 등급의 학교에 다니는가? (특목고 유형 혹은 일반고 유형 혹은 시외고교형 유형) ⑥ 생활세계에서 접촉 집단은 얼마나 다양하고 교류 방법은 무엇인가? (직접 대화, 인터넷, 지원단체 상담) 로컬 전주에서 거주자들은 원거주 한국인, 탈북자, 결혼이민여성, 이주 노동자가 각기 고립되어 있다. 로컬 전주에서 거주권은 고립된 그 만큼 제대로 실현되지 못한 셈이다. 로컬 전주는 불법 이주자가 적어서 거주자의 정치적 권리로서 거주권을 다루는 학문의 적합성여부는 관찰명제나 변이체로 직접 확인할 수 없다 해도 간접적인 방식으로 그 가능성을 관찰명제로 검증가능하거나 변이체로 상정할 수 있다는 점에서 로컬리티의 인문학의 거주권이 실현된 곳이다.

---

55 외국인 정책위원회, 『2013년 지방자치단체 외국인정책 시행계획 – 제2차 외국인정책 기본계획 2013~2017』, 10쪽.

5. 로컬리티의 인문학의 미래

이 글은 학문관, 가설연역적 방법과 상수－변이체 방법을 다루고, 로컬리티의 인문학과 다문화주의 사이의 차이를 거주권을 기반으로 다루었다. 그리고 로컬리티의 인문학의 가치를 로컬 전주에서 가설과 관찰명제 혹은 상수와 변이체로 검토하였다. 로컬리티의 인문학과 다문화주의 사이에서 차이점은 거주권에서 결정적으로 발생하였다. 남한에서 로컬리티에 근거해서 새로운 이론이 형성될 때 우리는 그것이 거주권을 어떻게 발전시켰는지 주목하게 될 것이다. 그 개념에는 다문화주의, 민족주의, 남북통일, 동아시아 평화, 거주권 등이 복합적으로 존재할 것이다. 한국의 지역적 특수성이 한국의 로컬리티 학문이라는 특수 학문을 발전시키는 기회가 될 것이다. 다문화주의는 소수집단권으로 원주민, 소수민족 그리고 이주민의 인권과 개인권, 시민권, 거주권 등을 다룬다. 남한 국적을 가진 사람은 인권, 개인권, 시민권을 가진다. 로컬리티의 거주권은 남한 거주자는 그의 국적을 초월해서 모든 사람이 가지는 권리이다. 로컬 전주에서 로컬리티의 인문학을 적용하여 보았다. 로컬리티의 다문화 인문학은 '로컬 거주자의 거주권을 보편적인 정치적 권리로 다룬다'고 가설 혹은 상수로 상정하였다. 로컬 전주에는 역동적인 한옥마을이 존재해서 로컬리티의 인문학을 조사할 좋은 여건을 가지고 있었다. 로컬 전주의 한옥에서 불법 이주자가 장사를 할 수 있다면 로컬리티의 인문학에서 제기한 거주권을 관찰명제 혹은 변이체로 정당화할 수 있을 것이다. 로컬 전주는 로컬리티 거주권이 직접 실현되어 있지는 않거나 변이체로도 실현되어 있지 않았다.

불법이주자를 위한 정치적 권리가 로컬 전주에서 제도로서 제대로 규정되어 있지 않았기 때문이다. 그렇지만 로컬 전주에서 거주권이 가능성 차원의 관찰명제 혹은 변이체로 상정가능하다고 개괄하였다. 로컬 전주에서 보편적 거주권의 존재를 관찰명제 혹은 변이체로 직접 확인하지 못한 경우에는 그 대신에 검증가능성과 설정가능성으로 확인하였다.

참고문헌

국가인권위원회 광주인권사무소, 『2012 광주 · 전남지역 다문화 인권 포럼』, 2012.5.24.

주최 : 여성가족부 · 전라북도, 주관 : 익산시다문화가족지원센터, 『2012년 전북지역 다문화가족지원센터 직원 역량강화교육』, 2012.7.24.

전라북도, 『2013년도 제1차 전북다문화포럼』, 2013.5.22.

SSN 전라북도사회복지협의회, 『2014년 찾아가는 초등복지교육 강사양성과정 자료 집』, 2014.5.12.

국가인권위원회, 『다문화인권교육프로그램』.

_____, 『제7차 인권교육 포럼 개최−다문화 인권정책의 현안과 과제』, 전북 대 법학전문대학원, 2009.12.4.

박병섭, 『이주민과 다문화 가정과 함께하는 다문화주의 철학』, 실크로드, 2008.3.

_____, 「다문화주의에 관한 철학적 연구−이주노동자, 여성결혼이민자」, 『사회와 철학』 제18집, 사회와철학연구회, 2009.10.

_____, 『해모수 이야기』, 전남대 출판부, 2015.

사회와철학연구회 편, 『촛불, 어떻게 볼 것인가』, 울력, 2009.

양승호, 『알튀세르와 푸코의 지식론 연구』, 전북대 박사논문, 1999.

외국인 정책위원회, 『2013년 중앙행정기관 외국인정책 시행계획−제2차 외국인정책 기본계획 2013~2017』, 출입국외국인정책본부.

서울, 부산, 대구, 인천, 광주, 대전, 울산, 세종, 외국인 정책위원회, 『2013년 지방자치 단체 외국인정책 시행계획−제2차 외국인정책 기본계획 2013~2017』, 출입국 외국인정책본부.

경기, 강원, 충북, 충남, 전북, 전남, 경북, 경남, 제주, 외국인 정책위원회, 『2013년 지 방자치단체 외국인정책 시행계획−제2차 외국인정책 기본계획 2013~2017』, 출입국외국인정책본부.

주관 : 전북발전연구원 여성정책연구소, 주최 : 전라북도, 『전북여성정책포럼, 전라북 도 다문화가족 자녀 보육실태 및 지원방안』, 2009.6.18.

주관 : 전북인권교육센터, 주최 : 국가인권위원회 광주지역 사무소, 『2009 장애차별 개선과 인식변화를 위한 인권교육 워크숍』, 2009.6.4.

황혜신 외, 『결혼이민자 멘토링 프로그램 매뉴얼』, 여성가족부, 재단법인 한국건강

가정진흥원 전국다문화가족지원단, 발간등록번호 : 2014-KIHF-021.

_____,『결혼이민자 멘토링 프로그램 워크북』, 여성가족부, 재단법인 한국건강

가정진흥원 전국다문화가족지원단, 발간등록번호 : 2014-KIHF-022.

쿤, 토머스 새뮤얼, 김명자 역,『과학혁명의 구조』, 까치글방, 2002.

포퍼, 칼, 이한구 역,『추측과 논박―과학적 지식의 성장』, 민음사, 2001.

헴펠, C. G., 곽강제 역,『自然科學哲學』, 博英社, 1987.

존 로크, 이극찬 역,『시민정부론』, 연세대 출판부, 2014.

Althusser, Louis Pierre, *Ecrits sur la Psychanalyse*, Stock / Imec, 1993(1976, 1993; 국역 1991);
「프로이트 박사의 발견(1976)」, 윤소영 편역,『알튀세르와 맑스주의의 전
화』(이론총서 2), 이론, 1993;「맑스와 프로이트에 대하여(1976)」, 윤소영 편역,
『맑스주의의 역사』, 민맥, 1991, 소수.

_____, "Le courant souterrain du matérialimse de la rencontre", *Écrits
philosophiques et politiques*, tome 1, Stock / IMEC, 1994(1982, 1994; 국역 1996); 서관
모, 백승욱 역,『철학과 맑스주의―우발성의 유물론을 위하여』, 새길, 1996.

_____, "L'unique tradition matérialiste", *Lignes, n° 18*, jan. 1993(repris dans
l'avenir dure longtemps, nouvelle édition augmentée)(1985, 1993, 1994; 국역 1996); 서
관모, 백승욱 역,『철학과 맑스주의―우발성의 유물론을 위하여』, 새길, 1996.

_____, *L'avenir dure iongtemps* · suivi de *Les faits*, STOCK / IMEC, 1992(1985;
국역 1993); 권은미 역,『미래는 오래 지속된다』, 돌베개, 1993.

_____, *Sur la philophie*, Gallimard, 1994(1988, 1994; 국역 1997); 서관모,
백승욱 역,『철학에 대하여』, 동문선, 1994.

Bell, Daniel A., *China's New Confucianism―Politics and Everyday Life in a Changing Society*,
Princeton and Oxford : Princeton University Press, 2008.

Choudhry, Sujit · Nathan Hume, "Federalism, Secession & Devolution―From Classical to
Post-Conflict Federalism", T. Ginsburg and R. Dixon, eds., *Research Hand book on
Comparative Constitutional Law*, Edward Elgar Publishing, forthcoming, 2010.

Choudhry, Sujit(with N. Hume), "Does the World Need More Canada? The Politics of the
Canadian Model in Constitutional Politics and Political Theory", 5 *International Journal
of Constitutional Law*, reprinted in S. Choudhry, ed., *Constitutional Design for Divided
Societies ―Integration or Accommodation?*, Oxford : Oxford University Press, 2008.

Donaldson, Sue · Will Kymlicka, *Zoopolis ―A Political Theory of Animal Rights*, Oxford, Nov

10, 2011.

He, Baogang, "Can Kymlicka's Liberal Theory of Minority Rights be Applied in East Asia?", Paul van der Velde and Alex McKay eds., *New Developments in Asian Studies*, Kegal Paul International, 1998.

_____, "Minority Rights with Chinese Characteristics", Will Kymlicka · Baogang He ed., *Multiculturalism in Asia*, Oxford University Press, 2005.

_____, "Democratization and federalization in Asia", in Baogang He · Brian Galligan · Takashi Inoguchi, *Federalismin Asia*, Aug 30, 2009.

Kahane, Howard, *Logic and Philosophy —A Modern Introduction*, Belmont, California : Wadsworth Publishing Company, Inc., 1969.

Kennedy, Paul, *The Rise and Fall of the Great Powers —Economic Change and Military Conflict from 1500 to 2000*, 1987.

Kymlicka, Will, *Contemporary Political Philosophy —An Introduction*(Second Edition), Oxford University Press, 1994 · 2002(1990, 1994; 2002=국역 2008); Will Kymlicka, 장동진 외역, 『현대 정치철학의 이해』, 동명사, 2008.

_____, *Multicultural Citizenship —A Liberal Theory of Minority Rights*, Oxford University Press, 1995a.

_____ ed., *The Rights of Minority Cultures*, Oxford University Press, 1995b.

_____, "Liberal Multiculturalism and Minority Rights—A Reply to Bell, Guiraudon, Keating and Schmidtke", *Ethnopolitics*, Vol.6, No.4, November 2007.

_____, "Review Symposium—Historic settlements and new challenges, Veit Bader, *Secularism or Democracy? As sociational Governance of Religious Diversity*, Amsterdam : Amsterdam University Press, 2008", *Ethnicities*, Vol.9(4), 2009a.

_____, "Multination federalism", in Baogang He · Brian Galligan · Takashi Inoguchi, *Federalism in Asia*, Aug 30, 2009.

_____, *Politics in the vernacular —nationalism, multiculturalism, and citizenship*, Oxford University Press, 2001; 박병섭 역, 『자기언어의 정치—다문화주의 개론』, 실크로드, 2013.

_____, "Comment on N. Meer and T. Modood's 'Multiculturalism vs. Interculturalism'", *Journal of Intercultural Studies* Vol.33 / 2, 2012.

Peng-Er, Lam, "At the Margins of a Liberal-Democratic State—Ethnic Minorities in Japan",

Will Kymlicka · Baogang He eds., *Multiculturalism in Asia*, Oxford University Press, 2005.

Schweller, Randall L. · Xiaoyu Pu, "After Unipolarity—China's Visions of International Order in an Era of U.S. Decline", *International Security*, 36(1), 2011.

Taylor, Charles, *Sources of the Self—The Making of the Modern Identity*, Cambridge : Harvard University Press, 1989.

_____, "The Politics of Recognition", *Multiculturalism and The Politics of Recognition*(1992), Amy Gutmann, ed.(Princeton : Princeton University Press, 1994); *Philosophical Arguments*(Cambridge, Mass : Harvard University Press, 1995).

_____, *Philosophical Arguments*, Cambridge, Mass : Harvard University Press, 1995.

_____, "Nationalism and Modernity", *The Morality of Nationalism*, Robert McKim · Jeff McMahan, eds., New York : Oxford University Press, 1997.

_____, TASAN LECTURES, Korea, 2002.10; 찰스 테일러, 김선욱 외역, 『세속화와 현대문명』(다산기념 철학강좌 6), 철학과현실사, 2003.

_____, *Secular age*, Cambridge, Massachusetts · London, England : The Belknap Press of Harvard University Press, 2007.

이주민 여가공간의 형성과 변화*

김해 외국인 음식점을 중심으로

차철욱

1. 상업적 다문화공간과 여가공간

최근 몇 년간 한국의 다문화공간은 구성원의 정착과 관련한 문제에서부터 관광자원의 개발에 이르기까지 다양한 형태로 관심의 대상이 되고 있다. 그런 만큼 다문화공간을 이해하는 기준 또한 다양하다. 이색적인 물리적 환경 즉 경관의 변화, 구성원 사이의 상호작용, 고립되지 않는 외부와 소통, 이주민 당사자의 자기결정권 등 다양한 기준이 적용되고 있다.[1] 이러한 기준에 의해 불려지는 다문화공간의 성격에 대한 논의는 국경을 넘어온 이주민들의 권리가 보장되는 공간인가 아니면 '다문화 상품화' 혹은 '다국적 자본주의의 문화논리'로 귀결되는

---

* 이 글은 「김해 이주민 여가공간의 형성과 로컬리티의 재구성 – 음식점을 중심으로」, 『로컬리티 인문학』 12, 부산대 한국민족문화연구소, 2014를 수정 · 보완한 것이다.

1 정병호 · 송도영 편, 『한국의 다문화 공간』, 서울 : 현암사, 2011.

202 다문화와 인정의 로컬리티

공간인가[2]로 모아지고 있다.

다문화공간 가운데 외국 음식점은 외국인의 이주, 내국인들의 해외 여행, 해외에서 들어오는 관광객, 정보교류 등이 증가하면서 확산되고 있다. 이동과 다문화가 급속히 진행되면서 특정한 공간이 외국 음식의 소비공간으로 형성되었다. 이태원거리, 서래마을, 안산 원곡동, 김해 외국인거리 등이 이색적인 풍경을 만들어 내고 있다. 외국인 음식점들은 초국적인 성격을 띠고 있어 선주민의 문화체험 공간으로도 역할을 하면서 이주민과 접촉할 수 있는 기초 단위가 되고 있다. 종교시설이나 비공개적인 쉼터는 폐쇄적이고 고립적인 성격을 띠고 있지만 음식점은 상대적으로 선주민과의 관계가 다소 개방적이다. 이런 점에서 음식점은 이주민 내부 혹은 이주민-선주민의 관계를 파악하는 데 중요한 소재가 될 수 있다. 그런데 외국인 음식점의 성격은 음식의 국적, 투자자본과 소비자에 따라 달라진다.

김해 외국인 음식점은 구도심 지역에서 급속히 자리를 잡아가면서 이곳의 경관 구성에 중요한 요소가 되고 있다. 김해 외국인 거리[3]는 1990년대 후반 김해 외국인노동자와 결혼이주민들의 증가, 김해 신도시의 건설과 구도심의 공동화 현상이 맞물리면서 2005년 전후 외국인 관련 공간으로 변화하기 시작하였다. 김해 외국인거리에는 외국인 관련 다양한 시설들이 운영되고 있다. 김해외국인인력지원센터(2008년),

---

2 최병두 외, 『지구·지방화와 다문화 공간』, 서울 : 푸른길, 2011; 문경희, 「이주노동자의 사회공간적 특성과 권리에 대한 연구」, 『21세기정치학회보』 23-3, 21세기 정치학회, 2013, 205~206쪽.
3 김해 구도심 외국인들이 많이 모이는 이 거리에 대한 명칭은 김해 외국인 거리, 김해의 이태원, 로데오거리, 리틀아시아, 종로길 등 다양하다. 이 글에서는 김해 외국인 거리로 대표해서 부른다.

김해다문화가족지원센터(2006년) 등 공공기관의 설립 혹은 이전, 외국인 지원 민간단체들이 외국인들을 상대로 한 공적인 활동을 하고 있다. 그리고 외국인을 상대로 하는 상업시설인 음식점, 핸드폰 가게, 여행사, 선물 가게, 식료품 판매상 등이 기존의 도심지 시설을 대체하고 있다. 김해 외국인 거리의 상업시설 투자자와 소비자는 기존 재래시장 상인을 제외하고는 대부분 외국인이다. 이 가운데 음식점 경영자는 투자이민 혹은 결혼이민자들이 많다. 주요 소비자 또한 외국인의 절대다수를 점하는 이주노동자이다. 경영자와 소비자 사이에는 체류여건에 따른 현실적 신분의 차이는 있으나, 양자가 동일한 출신국가 혹은 음식문화권이라는 점에서 일정한 공유의식이 존재한다.

다문화공간에서 외국인 음식점을 본격적인 연구대상으로 다룬 연구는 많지 않다. 음식점 영업점이 만들어 내는 공간적 특징과 출신국의 민족네트워크를 분석한 연구[4]가 있는가 하면, 음식점을 선주민과 이주민의 소통공간으로서의 가능성에 주목한 연구,[5] 작업공간에서 발생하는 각종 심리적 불안정을 해소하는 심리적 안정공간,[6] '에스닉의 전시'와 여기서 국적의 위계가 방출되는 공간[7]으로 이해하는 등 다양한 의미로 분석하고 있다.

이주민 음식점은 초국적 자원으로 낯선 나라에서 본국의 생활방식

4 장영진, 「이주 노동자를 대상으로 하는 상업 지역의 성장과 민족 네트워크-안산시 원곡동을 사례로」, 『한국지역지리학회지』 12-5, 한국지역지리학회, 2006.
5 송도영, 「도시 다문화 구역의 형성과 소통의 전개방식-서울 이태원의 사례」, 『담론 201』, 14-4, 한국사회역사학회, 2011.
6 차철욱·차윤정, 「김해 이주노동자들의 공간 의미화와 '외국인 거리'의 형성」, 『한국민족문화』 47, 부산대 한국민족문화연구소, 2013.
7 최종렬·최인영, 「탈영토화된 공공장소에서 '에스니시티 전시하기'-안산에 대한 관광객의 문화기술지적 단상들」, 『한국사회학』 46-4, 한국사회학회, 2012.

을 유지하는 기반이다.[8] 음식점 투자자는 대체로 투자이민 혹은 영주권을 획득한 이주민들로서 경제적인 이익을 목적으로 한다. 이 글이 김해에서 영업 중인 이주민 음식점에 관심을 가지는 이유는, 음식점이 경영이익의 확보에만 집중한 자본화된 공간이면서 동시에 이주노동자들의 정보소통 공간으로서 쉼터로의 기능도 동시에 가능한가, 나아가 음식점이 이주민과 선주민의 교류와 인정의 공간으로서 가능성이 존재하는가를 확인하기 위해서이다.

2. 김해 구도심의 다문화 형상과 여가공간[9]

1) 김해 다문화 풍경과 여가공간

김해는 전통적으로 낙동강 하구의 김해평야를 배경으로 한 농업도시였다. 1980년대부터 안동공단을 시작으로 외곽지대에 공단건설이 많아지면서 공업의 비중이 높아져 2010년 현재 제조업이 전체 생산액의 50%를 점하는 공업도시로 변화하였다.[10] 하지만 하청기업 중심의 공업구조는 인건비 절감을 위해 외국인노동자를 사용할 수밖에 없도록 만들었다. 여기에 결혼이주민도 증가하면서 김해는 경상남도에서

---

8 구본규, 「다문화주의와 초국적 이주민 – 안산 원곡동 이주민 집주지역의 사례」, 『비교문화연구』 19-2, 서울대 비교문화연구소, 2013, 43쪽.
9 이 글에서 '여가공간'이라는 용어는 노동공간에서 벗어나 자기 자신이 만족하는 활동을 하면서 또다시 노동공간으로 돌아가기 위해 준비하는 물리적인 공간을 가리킨다.
10 경상남도, 『각 지역 총생산 주요 지표』, 2001~2010.

이주민 수가 가장 많은 도시가 되었다.

김해의 외국인은 1995년부터 급증하였다. 김해시의 총인구는 2014년 8월 현재 526,339명인데, 이 가운데 외국인은 40여 개 국 16,930명(남 13,352명, 여 3,578명)이다.[11] 2014년 6월 현재 국적별 외국인 수는 〈표 1〉과 같다. 2014년 현재 베트남 출신자들이 가장 많다. 중국 출신자는 2002년 2,020명으로 가장 많았으나 해마다 줄어들고 있다. 최근 중국 내 공업화에 따라 한국 이주가 절대적으로 감소하였다는 점과 중국인들 대부분이 수도권에 집중하는 현상과 관련 있다.

〈표 1〉 김해시 국적별 외국인 현황(2014.6)

국가	합계	남	여	국가	합계	남	여
중국	1,201	566	635	파키스탄	297	290	7
베트남	3,886	2,798	1,088	몽골	192	145	47
우즈베키스탄	1,857	1,647	210	방글라데시	292	291	1
인도네시아	1,546	1,503	43	미얀마	429	428	1
필리핀	1,001	781	220	인도	26	20	6
스리랑카	1,310	1,288	22	러시아(연방)	18	3	15
태국	652	554	98	러시아(한인)	9	3	6
캄보디아	866	799	67	키르기스스탄	54	46	8
네팔	646	617	29	카자흐스탄	22	15	7

김해시, 「상반기 주민등록인구통계자료」, 2014년에서 정리.

김해의 공업단지는 한 곳에 집중되지 않고 산과 같은 자연지형에 의해 구분되는 읍－면 단위로 분산되어 있다. 이주노동자들의 수는 한림면, 진례면, 진영읍, 주촌면, 장유동, 상동면, 생림면 등의 순으로 분포하고 있다. 이주노동자들은 평소에는 공장과 그 부근의 숙소를 왕래하

---

11 김해시, 「주민등록인구통계」, 2014.8. 정부기관에서는 미등록노동자를 포함하면 외국인 총수는 약 2만 명, 이주민 지원단체에서는 약 2만 6천 명 정도로 추산하고 있다.

기 때문에 지리적으로 다소 고립적인 생활을 한다. 그러다가 주말이면 김해의 중심지였던 동상동, 서상동으로 모여, 다른 지역과 공장에서 근무하는 친구를 만나기도 하고, 생필품을 구입하기도 하고, 머리를 손질하기도 한다. 이주노동자들은 이곳을 작업공간에서 받은 스트레스 해소와 정보 교환의 공간으로 활용한다. 친구들을 만나 서로 격려하기도 하고, 급여와 노동조건에 대한 정보를 나누기도 한다. 이주노동자들이 이곳으로 모여들기 시작한 것은 2006년 무렵부터이다. 김해에서 생활하는 이주민만이 아니라 타 지역의 이주민들도 친구를 만나거나 새로운 일자리를 구하러 오면서 이주민들의 왕래가 급증하였다. 외국인이 증가하자 외국인인력지원센터, 다문화지원센터 등 정부 지원단체와 이주민 관련 지원을 목적으로 하는 민간단체들이 모여들면서 구도심은 새로운 공간 이미지를 연출하였다.[12]

이주민들이 모여드는 이곳은 김해시 서상동, 동상동으로 조선시대 김해도호부의 사대문 안이다. 2008년 5월 복원된 북문과 동상동 시장 입구에 옛 객사 터를 알리는 안내판에서 이곳이 과거 김해의 중심지였음을 짐작케 한다. 전근대부터 김해의 중심지였던 이곳은 일제강점기와 해방 후에도 그대로 유지되었다. 동상동에 김해읍사무소와 경찰서, 서상동에는 김해군청이 위치했다.[13] 그리고 이곳은 김해시내와 외곽을 연결하는 교통의 중심지였다. 여기에 위치한 김해전통시장은 전근대부터 존재하던 김해 유일의 5일장이었다. 그래서 이 거리는 이전부터 '종로길'로 불리우고 있으나, 최근에는 이주민들의 왕래가 증가하면

---

12 차철욱 · 차윤정, 앞의 논문, 376~378쪽.
13 (사)김해문화원, 『김해지리지』, 수문출판인쇄사, 1991, 20 · 77쪽.

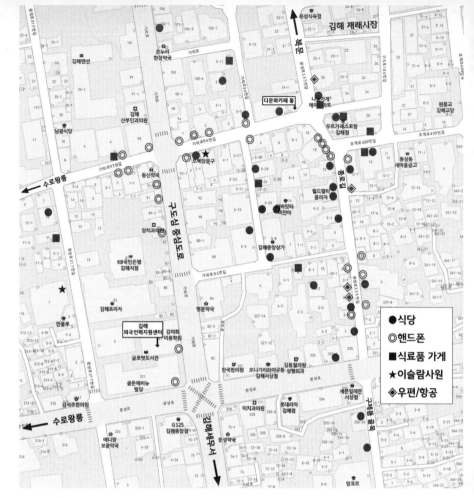

<그림 1> 김해 구도심 이주민 관련 시설(2015년 5월 현재)

서 이와 관련해 다양한 이름이 붙여지고 있다.[14] 하지만 신도시의 개발과 대형할인마트의 등장으로 상권을 빼앗기면서 구도심인 이곳은 이주민과 관련한 시설들로 대체되고 있다.

이주민이 많이 왕래하는 거리는 <그림 1>과 같이 종로길로 불리는 중심지와 남쪽 건너편 구제품 가게들과 유흥시설이 많은 거리, 서상동의

---

14 이 거리의 호명 방법은 주 3 참조.

208 다문화와 인정의 로컬리티

옛 김해 중심 도로와 수로왕릉 사이에 위치한 거리 등 크게 세 구역이다. 이곳은 중심 도로에서 벗어난 뒷골목에 해당한다. 중심 도로변은 여전히 선주민들이 이용하는 시설이 대부분인데, 구도심의 위용을 겉으로나마 유지하고 있다. 각종 금융기관, 약국, 안경점, 유명 의류 메이커들이 위치하고 있다. 뒷골목에는 이주민들의 생필품 구입과 관련한 시설과 정보교환을 위한 여가공간(쉼터)이 자리를 잡고 있다. 전자의 사례는 핸드폰 가게, 전통시장과 아시아마트, 선물 가게, 여행사, 우편물 취급소 등이다. 이 시설들은 고객유치를 위한 광고 때문에 겉으로 이국적인 풍경을 연출한다. 한편 음식점, 종교시설, 도서관, 쉼터와 같은 여가공간은 이곳에 위치하지만, 음식점을 제외하고는 겉으로는 확인하기 어렵다.

구도심에서 이주민이 찾는 생필품 구입처는 대체로 휴대폰 가게와 생필품 시장 등이다. 휴대폰 가게는 주로 1층에 위치하고 있으며 시선을 끌기 위해 각국의 언어와 국기로 광고를 하고 있다. 2014년 5월 현재 이 거리에서 휴대폰 가게는 총 28곳으로 확인되었다. 휴대폰 가게는 이용객이 명확하게 구분되어 있으며 그런 만큼 외부 인테리어에도 차이가 있다. 대로변에 위치한 4곳의 핸드폰 가게에는 우리가 흔히 볼 수 있는 '가장 싼 집', '가입비 면제' 등의 홍보 문구가 적혀있고, 외국인보다는 선주민들을 상대로 한다. 외국인이 주로 다니는 핸드폰 가게는 전부 대로변을 벗어난 골목에 위치하고 있다. 외부 인테리어도 기본적으로 아시아 국가들의 국기를 대형 유리에 배치하여 김해에 많이 거주하는 외국인들을 상대로 한 가게임을 알 수 있다. 이들 가게는 신상품을 팔기도 하지만 중고품도 함께 취급하는 경우가 많다. 외국인들에게 핸드폰은 작업공간이 분산되어 있는 친구들이나 고향과의 연락수단으로써 가장 중요한 역할을 한다. 그리고 인터넷을 활용한 고국의 정보를 얻는 데에도 필요하다. 게다가 외국인들은 수익 수단으로 핸드폰을 활용하기도 한다.[15]

김해전통시장은 일제강점기부터 김해의 유일한 상설시장이었으나, 주변 신도시 건설과 대형마트의 영업으로 상권이 많이 위축되었다. 이 주민들의 왕래로 야채류와 생선, 육고기류의 판매상이 증가하였다. 점포 가운데는 결혼이주여성이 직접 인수하여 운영하는 곳도 있고, 외국인을 점원으로 고용한 점포도 많이 증가하였다. 한국인들에게는 낯선 동남아시아산 채소, 돼지고기 부산물 등이 진열대에 놓인 것도 이주민들의 왕래로 생긴 풍경이다. 그리고 동남아시아 식료품을 판매하는 아시아마트는 9곳이다. 각 국의 요리재료와 과자류를 판매하고 있다. 대부분 동남아시아 지역과 관련한 사업경험자들이 투자하고 있다. 한국인 경영자도 있으나 외국인들 가운데 투자한 경우도 많다. 외국인들은 시장에서 필요한 식료품을 구입한다. 자주 가는 가게가 있어 가끔은 주인들과 농담을 하기도 한다.

여가공간으로는 음식점, 종교시설, 쉼터, 도서관 등이 있다. 이주민들의 공간에서 가장 눈에 띄는 것이 각국 국기, 광고문구와 함께 쓰여 있는 음식점 간판들이다. 현지인들의 증언에 따르면 음식점은 약 70여 개소에 이른다고 한다. 필자는 30여 곳을 확인했지만, 간판 없이 영업하는 곳도 많다고 한다. 음식점의 간판은 각국 언어와 한글로 표기되어 있다. 음식점들은 냄새가 많기 때문에 대로변 가게를 얻기 힘들어

---

15 중고핸드폰을 판매하는 업자의 말을 빌리면, 이주민들이 본국으로 현금 송금보다 핸드폰을 사서 보내 시세차익에 의한 수익을 올리기도 한다고 한다. 최근에는 전문적으로 본국 업자와 연결되는 경우가 늘어나고 있다고 한다.

〈그림 2〉 이슬람성원 알-바라까(외부)   〈그림 3〉 이슬람성원 알-바라까(내부)

주로 뒷골목에 위치하고 있다.

종교시설로는 교회와 이슬람성원이 확인 가능하다. 교회의 운영주
체는 대부분 한국인이고, 경관 또한 이국적이지는 않다. 그렇지만 이
슬람성원은 다르다. 김해에 이슬람성원은 총 4곳이 있다. 동상동 1곳,
서상동 1곳, 여기서 좀 떨어진 외동 1곳, 안동공단 1곳이다. 구도심에
는 '알-바라까'(인도네시아), '알-따끄와'(방글라데시, 스리랑카) 2곳의 성원
이 있다. 파키스탄인은 외동의 성원을 이용한다. 이슬람성원을 활용하
는 이주민들은 종교적인 신념이 상대적으로 강하다. 성원 내부는 예배
공간과 일상공간을 철저히 분리하고, 정해진 시간에 종교적인 의례를
행하고, 경전인 코란 공부도 열심히 한다. 그리고 성원은 행정적인 대
표자, 종교적인 대표자, 경전을 지도하는 교사 등으로 역할이 나누어
져 운영된다. 시설 경비는 이용자들이 각출하는 기부금으로 충당한다.
성원은 종교적인 기능만이 아니라 직장을 구하기 위해 임시 거처가 필
요한 사람, 친구들과의 만남을 원하는 사람들이 언제든지 생활할 수 있
는 쉼터로서의 기능도 한다. 종교시설 가운데 이슬람성원은 다소 폐쇄
적인 느낌도 있으나, 자신들의 전통적인 문화를 선주민과 공유하려는

노력들도 시도하고 있다.[16]

쉼터 가운데 대표적인 곳이 김해 이주민의 집이다. 이곳은 이주민들의 인권활동을 지원하기 위해 2005년 김해에 교회를 설립하였던 슈베디 목사가 네팔인들의 구심점 역할을 하면서 출발하였다. 커뮤니티의 역할은 초기에는 친교모임의 성격을 가지고 서로 이야기를 나누는 모임이었는데, 점차 문화활동으로 확대되었다. 김해 이주민의 집은 2013년 5월 창립되었다. 여기에는 네팔인 가운데 임시거주가 필요한 사람들 특히 구직자들, 혹은 산재사고를 당한 이주민들이 머무는 공간이다.[17]

미얀마 출신 외국인들의 쉼터는 황금빛살독서실이다. 2010년 시작되었다. 도서관에 필요한 공간 비용은 철저히 자신들이 마련하였다.

2010년 미얀마 친구들이 몇 명이 한 사람 150만원 100만원 모아 가지고 김해에 술집을 만들었어요. (…중략…) 처음에는 만나서 미얀마 음식 먹고 편하게 지낼 수 있는 장소 만들려고 생각했는데, 그렇지 않고 술을 마시다 보면 도박까지 하니까, 나중에 술집을 없애 버리고 도서관처럼 책 놔 놓고 사람들이 무시하지 못하게 하자고 의논이 나왔어요. (…중략…) 회비는 매달 내는 친구도 있고, 가끔씩 만원 2만원 내는 친구도 있고 자유롭게…… 지금은 회비 때문에 조금 걱정이에요. 저희는 대표 부대표처럼 뽑지 않아요. 예전에는 뽑았어요. 아직까지는 함께하고 있어요.[18]

---

16 김해 다문화공간에서 진행되는 문화접촉은 음식문화 이외에도 인도네시아 이슬람사원에서 진행한 전통결혼식에서도 확인된다(2014년 2월 16일). 신랑 신부가 이 거리를 거닐면서 결혼식을 진행해 한국인에게 인도네시아 문화를 접촉하게 하는 기회를 제공하기도 했다.
17 슈베디 목사 증언.
18 두두야 증언.

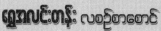

〈그림 4〉 미얀마신문(2014.10.1)

이렇게 만들어진 도서관은 본국에 다녀오는 노동자들이 자신의 관심사에 맞는 책들로 채워졌다. 공간마련 비용은 물론이고 건물세와 전기세와 같은 운영비도 자발적 모금으로 해결하였다. 여기서는 한글 수업, 노동법 수업, 음식 조리 등 다양한 형태의 활동이 이루어지는 쉼터의 기능을 한다. 2014년부터 자체 신문을 제작하여 발행하고 있다.

김해 서상동과 동상동은 종전의 중심지에서 변두리로 전락하면서 이주민들과 관련한 공간으로 바뀌어가고 있다. 이주민과 선주민들에게 이국적인 상품을 판매하려는 상업적인 공간의 성격을 가지면서 다른 한편으로는 이주민들이 김해에서 정착하는 데 필요한 자기 공간을 만들어 가기 위해 노력하는 움직임도 함께 진행되고 있다.

2) 여가공간으로서 음식점

김해로 이주해 온 이주노동자들은 2006년 무렵부터 주말이면 김해 구도심인 서상동 동상동으로 나오기 시작하였다.[19] 노동자들은 김해 시내에서 떨어진 외곽에 위치한 공장의 열악한 작업환경과 문화차이로 인한 긴장감을 해소할 여가공간이 필요하였다.[20] 이주노동자들이 찾는 구도심의 여가공간은 도서관, 김해이주민의 집과 같은 쉼터, 고국의 음식을 맛보고 친구들을 만나 모국어로 대화를 하거나 간혹 오락도 즐길 수 있는 음식점들이 여기에 해당한다.

〈표 2〉 김해 외국인거리 음식점 현황

상호	음식국적	경영자 국적	요리사	개업년도	비고
중국반점	중국	중국 / 조선족	중국인 요리사	2007년	
하노이퍼	베트남	베트남 / 이주여성	친정어머니	2007년	2009년 현 사장 인수
나마스테	인도	네팔	본인	2007년	
타지마할	인도	파키스탄	네팔인	2008년	
사마리칸트	우즈베키스탄	우즈베키스탄	본인	2009년	사마리칸트 출신
서울버	몽골	몽골	본인	2008년	2010년 현 사장 인수
발리안디	인도네시아	한국	인도네시아 이주여성	2009년	
통통마리항귀	중국	중국	본인	2008년	
아시아마트	스리랑카	스리랑카	본인	2008년	식당 겸업 한국인 여성과 결혼
송홍콴	베트남	베트남 / 이주여성	본인 / 친정어머니	2009년	

---

19 필자는 2014년 3월 9일 일요일(오후 2시 현재 구름 조금, 온도 11도) 구도심의 중심지에서 오후 3시 30분부터 1시간 동안 왕래하는 외국인을 헤아렸는데, 정확하게 1,708명이었다.
20 차철욱·차윤정, 앞의 논문, 364~373쪽.

나이스월드 마트	인도네시아	한국	인도네시아 이주여성	2010년	아시아마트 10년 운영
SL아시아푸드	스리랑카	스리랑카	본인	2010년	한국인 여성과 결혼
레기스톤	우즈베키스탄	우즈베키스탄	부인 / 본국 요리사	2011년	부부경영 사마리칸트 출신
미미주가	중국	중국 / 조선족	본인	2011년	현 위치로 이전옴
우르굿	우즈베키스탄	우즈베키스탄	본인	2011년	
와롱뿌족	인도네시아	한국	인도네시아 이주여성		
왕앙사이공	베트남	베트남 / 이주여성	친정어머니	2012년	시누이와 동업
차이하나	우즈베키스탄	우즈베키스탄	본인	2012년	사마리칸트 출신
용봉거식당	중국	중국	본인	2012년	
크메이	캄보디아	한국	캄보디아인	2012년	
미바밋타	미얀마	미얀마	본인	2012년	
一品香鴨脖王	중국	중국	본인	2012년	
모로코 카사블랑카	아랍	모로코	본인	2012년	결혼이주여성
란콘므엉	태국	태국	본인	2012년	
마로칸트	우즈베키스탄	우즈베키스탄	본인	2012년	
캄보디아 레스토랑	캄보디아	한국	캄보디아인 (이주여성)	2013년	
연길양꼬치점	중국	중국인	본인	2013년	인수
나 아가녁	러시아	러시아 / 고려인	본인	2013년	
조농	몽골	몽골 이주여성	본인	2013년	2014년 8월 현재 폐업
타이푸드	태국	태국인		2014년	
두르카	인도 / 네팔	네팔	네팔인	2014년	

자료 : 김해시, 「식품위생업소현황」, 2014.2.4.

〈표 2〉는 김해 구도심에서 영업 중인 음식점의 현황을 정리한 것이다. 음식점 수를 국적별로 보면 우즈베키스탄, 중국, 베트남, 인도, 인도네시아, 몽골, 캄보디아, 스리랑카, 네팔, 태국 순이다. 김해 거주 이주민의 출신국 음식점이 없는 나라도 많다. 투자자들을 보면 투자이민

외국인, 결혼이주여성, 내국인 등으로 구분된다. 우즈베키스탄, 인도, 중국 음식점은 대체로 투자이민의 경우이고, 베트남 음식점 3곳은 결혼이주여성이 경영하고 있다. 투자이민의 투자자는 한국에서 이주노동자, 무역, 유학 등으로 한국에서 생활한 경험이 오래된 경우가 대부분이다. 인도음식점은 파키스탄, 네팔 출신이 운영하고 있다. 〈표 1〉처럼 김해 거주 인도인은 실제 26명에 지나지 않지만 음식점이 3곳이나 있다. 그 이유는 이들 나라가 인도와 음식이 비슷하기 때문에 선주민의 인지도가 상대적으로 높은 인도를 내세우고 있는 것으로 보인다. 인도네시아 3곳은 한국인이 투자한 경우이다. 요리사는 본국에서 초빙하기도 하였으나 대부분 투자자 본인이 담당하는 경우가 일반적이고, 별도로 본국에서 요리 수업을 받기도 하였다. 아니면 본국 가족 특히 어머니로부터 배우기도 한다. 한국인과 결혼한 이주여성이나 남성의 사례도 다수 확인된다.

창업의 경위를 보면 음식점의 역할을 짐작할 수 있다. 세 가지 정도로 파악된다. 초창기에 해당되는 2007년, 2008년 무렵 김해의 노동자들이 자기공간을 만들기 위한 노력과 창업이 연결되는 경우이다. 음식점이 만들어지기 전 이주민들은 김해 구도심에서 쇼핑하거나 한국인 식당 혹은 맥도날드에서 시간을 보냈다. 특별히 모일 수 있는 공간이 없었기 때문에 길거리에서 끼리끼리 모여 술을 마시기도 하였다. 어떤 경우든 한국의 공권력에 의한 간섭이 적지 않았다. 읍—면 단위로 분산되어 생활하던 이주민들 스스로 김해를 거점으로 한 쉼터에 대한 요구가 높아졌다.

여기에 이 무렵 이주민 관련 자원봉사를 하던 단체[21]가 이곳으로 들

어오면서 사업 여건이 되는 이주민, 즉 한국인과 결혼한 이주민들을 김
해로 불러들여 식당을 권유하고, 계약서를 써주는 역할을 하였다. 다
른 한편 이곳이 투자가치가 있다는 소문을 듣고 외지에서 식당을 경영
한 경험이 있던 이주민들이 들어오기도 하였다. 초기 식당 투자자들은
음식 값을 싸게 할 것, 경영 이익을 자국 출신 이주민들을 위한 쉼터를
마련하고 사용할 것 등에 대해 앞서 언급한 자원봉사단체와 기본적인
합의를 하였다. 요리사 초청, 메뉴 개발 등 식당 운영의 활성화를 위해
공동으로 노력하였다.

두 번째 사례는 노동자들이 요청해 영업을 시작한 경우이다. 한국인
이 경영하는 인도네시아 식당과 모로코 식당, 스리랑카 식당이 대표적
이다. 식당보다 마트를 운영하던 경영자에게 자주 왕래하던 노동자들
이 식당 개업을 요구하였다. 모로코 식당 또한 포장마차 형식으로 시
작하였는데, 노동자들이 자금을 지원하면서 개업을 부탁한 경우이다.
이들 음식점에서는 이주민들이 청소도 하고, 밥과 설거지도 하면서 운
영에 도움을 주기도 하였다.[22] 스리랑카 음식점 겸 아시아마트를 개업
한 A씨는 2008년 무렵 김해로 왔을 때 본국인들이 길거리에서 술을 마
시고, 한국인과 시비가 붙고, 경찰로부터 다른 곳으로 이동해 줄 것을
요구받을 정도로 머물 곳이 없었다고 한다. 스리랑카인들은 시끄럽게
노는 것이 특징이어서, 주변에 소음피해를 주지 않기 위해 지하 식당을
마련하였다.[23]

---

21 필자가 현지 조사과정에서 확인한 민간인 봉사단체의 하나이다. 단체의 명칭을 밝히기
    어려워 생략한다.
22 미나 증언.
23 A씨 증언.

세 번째는 오로지 사업 타당성을 검토하여 개업하는 사례이다. 초창기에도 이런 사례가 없었던 것은 아니지만 2012년 이후 개업한 음식점에서 많이 나타난다. 주로 투자이민의 경우이다. 창업자는 대체로 인천이나 경기도 지방에서 음식점이나 무역업 등으로 외국인 관련 사업을 경험한 외국인들이다. 그렇지 않고 외국인이 처음 투자하는 경우에는 국내 경험자의 지원을 받아 개업하였다.

이상의 사례에서 발견되는 몇 가지 공통점은 음식점이 특정 국가를 상호에 내세우고 있다는 점이다. 이는 투자자가 주요 소비자를 출신국가별 이주민과 연결시키고 있음을 의미한다. 또한 창업자들의 자본이 영세하여 투자자와 경영자가 대부분 일치한다. 심지어는 투자자가 직접 요리까지 담당하는 경우가 일반적이다.

음식점들은 이주민들에게 편안한 쉼터를 제공하기 위해 최대한 인테리어와 음식 맛에서 본국 이미지를 만들어 내려고 하였다. 출신국가나 도시의 특성을 최대한 표현하는 방법이다. 태국 음식점 란크머엉은 태국식 불상이나 불교 미술품, 각종 민속 도구들로 장식하였다. 레기스톤의 경우에는 우즈베키스탄 두 번째 도시인 사마리칸트에 있는 전통 사원이자 학교의 이름을 상호로 하였다. 인테리어도 실크로드, 레기스톤 사원, 전통 전설을 그림으로 표현하여 이주민들이 최대한 본국의 이미지를 느낄 수 있도록 하였다. 무엇보다 소비자들에게 중요한 것은 음식 맛이다. 본국의 맛은 이주노동자에게 노동공간에서 받는 스트레스를 풀 수 있는 좋은 요소이다.

내부 인테리어와 동시에 중요한 것은 오락시설이다. 국내 음식점에서는 보기 어려운 광경이다. 대체로 동남아시아 국가의 음식점에는 포

태국 음식점(불교용품 장식)

스리랑카 음식점(당구대)

우즈베키스탄 음식점(전통의상 장식)

우즈베키스탄 음식점(물담배)

〈그림 5〉 외국인 음식점 내부 모습

켓볼 당구대가 마련되어 있다. 그리고 노래방기기, 탁구대가 설치된 곳도 있다. 식사 후 각종 오락시설을 즐기는 것도 음식점을 찾는 이주민들에게는 중요하다. 심지어 한 우즈베키스탄 음식점에는 물담배를 마련해 두고 손님들에게 제공하고 있다. 음식점에 오락시설을 마련하는 것은 경영자들의 입장에서 보면 소비자들을 오래 머물게 만드는 영업전략이지만, 소비자인 이주민의 입장에서는 여가시간을 늘리는 좋은 수단이 된다.

요리를 위한 재료는 기본적인 채소류를 제외하고는 거의 국내 전문업자로부터 일률적으로 조달받는다. 특히 이슬람계통의 음식점에서 하랄고기의 조달이 중요하다. 이주민 가운데는 본국에서의 종교적인 생활습성을 음식점 선택의 기준으로 삼기도 한다. 특히 이슬람계통의 음식점 가운데 하랄고기 소비와 금주라는 규율을 정확하게 지키는 곳이 있는가 하면 고객의 요구에 따라 술을 파는 음식점도 있다.[24] 그렇지만 캄보디아나 스리랑카 음식점과 비교하면 훨씬 술을 적게 판매한다.

그런데 김해 이주민들은 음식점에 음식 소비자로서만 아니라 개인적인 용무로 방문하는 사례도 많다. 임금체불, 부당노동대우, 사고 등을 당했을 때 음식점 경영자들에게 도움을 의뢰하는 경우가 많다. 음식점 경영자들이 대체로 한국어가 능통하다는 점, 같은 국가 출신이라는 점 등이 이주민을 심리적으로 편안하게 만들어 주기 때문이다. 최근 음식점의 이주민 개인 용무 처리는 NGO단체들의 등장과 함께 많이 줄었다. 이처럼 음식점은 단순한 경영이익만을 목적으로 하는 사업체라기보다는 자국 출신 이주민들의 어려움에 적극 나서는 쉼터로서의 기능을 하였다. 음식점의 영업전략과 소비자인 이주민의 이해관계가 상호적이기 때문이다.

○○○○음식점은 매출이 월 2천만 원 정도이니까 좋은 차 타고 다니고, 외국인들이 이 친구가 한국 사회에 잘 정착하는 모델인 거죠. 이 친구가 처음부터 그랬느냐. 걔 안 그랬어요. 국정원 망이에요. 도경 망이에요. 정보원이에요. 걔 자기나라 가면 죽어요. 한국에서 어쨌든 살아야 됩니다. (…

---

24 이슬람계통의 음식점에서 엄격한 규율을 강조하는 곳이 있는가 하면, 반면 경쟁에서 살아야 한다는 이유, 한국인 고객을 상대로 해야 한다는 여러 가지 이유로 술의 판매를 정당화하려는 음식점도 있다. 후자의 경우 투자자는 술 판매에 대한 조사자의 질문에 당혹해 하는 경우가 많다.

중략…) 지금 개과천선되어 있어요. (…중략…) 돈 모아서 자기나라 사람들 도와주는 거죠. 갑자기 죽는 친구가 있으면 개가 도네이션 해서 장례비용 대주고…….[25]

이 음식점 경영자는 쉼터를 만들어 오갈 데 없는 자기나라 출신의 미등록노동자나 일시 잠자리가 필요한 이주민들이 머물도록 하였다. 이런 사례는 일반적이지는 않지만 대체로 각국 이주민들의 모임장소 기능을 했던 것은 분명하다. 음식점이 출신국가별 커뮤니티를 만드는 데도 중요한 역할을 함과 동시에, 활동가들에게 인권교육과 노동정책을 교육할 수 있는 공간이 되기도 하였다.

초창기 쉼터의 역할을 한 음식점은 단순한 소비 휴식공간이 아니었다. 이주민들이 자기권리를 확보하기 위한 저항의 공간이기도 하였다. 쉼터에서는 자국 이주민을 모으는 기능에서 한걸음 나아가 이주민을 대상으로 하는 인권교육이 이루어지고, 이주민들 사이의 정보공유가 이루어졌다. 교육의 핵심내용은 고용허가제가 지니고 있는 순환식 근무제의 문제점과 이로 인한 미등록노동자의 양성에 대한 비판이었다.[26] 미등록노동자의 양성이 초래할 사회적 비용을 생각하지 못하고 있는 국가와 정보기관으로서는 당연히 이 모임을 인정할 수 없었다. 국가기관의 단속으로부터 음식점을 보호하기 위한 자위 조직이 필요하였다.

이를 위해 초기 외국인 음식점 경영자들이 2008년 9월 2일 '다국적 상가협의회(이하 협의회)'를 출범시켰다. 협의회는 한국인 3명과 네팔,

---

25　김○○ 증언.
26　김○○ 증언.

몽골, 파키스탄, 미얀마, 베트남 등 외국인 상인을 포함해 8명의 회원으로 구성되었다. 이날 관련자 약 50여 명이 인도 음식점 나마스테에서 결속을 다졌다. 협의회는 정부 주도의 지원정책이 지니는 전시행정적인 요소와 인권침해를 조장하는 한계를 극복해서 이주민들에게 실질적인 도움을 줄 수 있기를 기대하였다.[27] 협의회는 자체 조직을 만들었다. 구성원은 음식점 경영자들이 중심이기는 하지만 이주민을 상대로 하는 다른 업종의 종사자도 참여하였다. 협의회는 매월 한 차례의 모임을 통해 서로의 정보를 교환하였다. 요리사 초청 혹은 음식 가격에 대해서도 논의하였다. 정부기관의 단속도 막아내는 역할을 하여, 이 공간에서의 자유로운 영업이 보장되기도 하였다.[28] 하지만 협의회는 출범 이후 세 차례에 걸쳐 회장단을 구성하였으나 현재는 거의 활동을 하지 않고 있다.

3. 지방정부의 다문화정책과 상업화

1) 다문화정책과 음식점 상인의 대응

김해시의 다문화정책은 다양하게 펼쳐지는 축제, 다문화거리 조성, 다문화카페 '통'의 운영 등에서 잘 확인할 수 있다. 이주민관련 대표 축제는 2013년까지 10회에 걸쳐 진행된 '김해 아시아문화축제'이다. 이 축

---

27 『연합뉴스』, 2008.9.2.
28 A씨 증언.

제는 김해시가 주최하고 김해YMCA가 주관하는데, 이주노동자, 결혼 이주여성, 다문화가정을 대상으로 한다. 축제 내용은 세계맛기행, 세계 민속물품 전시체험, 아시아전통놀이 체험, 문화공연, 외국인 노래자랑, 외국인 한국어말하기 대회 등[29] 일반적인 아시아축제 하면 떠올릴 수 있는 행사들이다. 기본적으로 이주민을 위한 축제라는 것이 일회성에 지나지 않는다는 점에서 예산 사용의 적절성에 논란이 있었다. 각국 체험거리나 놀이거리보다는 먹거리 장사치들만이 판을 치는 축제라는 비판[30]은 지방정부가 추진하는 다문화정책의 실태를 잘 보여준다.

김해시는 2010년부터 2년간 '아시아 다문화거리 조성사업'을 기획하였다.[31] 구도심이 조선시대 김해도호부의 사대문 안에 위치하고 있었고, 근대화 과정에서도 김해의 중심지였던 이곳에 이주민들의 왕래가 잦아지면서 다문화의 상품화 방안을 구상하였다. 하지만 사업명칭에 '다문화'를 사용할 것인가를 두고 지역 토호들의 반발이 거셌다. 전통과 현실 사이의 갈등에서 결국 김해시는 전통의 입장을 수용하여 '가야 역사공공디자인사업'이라는 명칭으로 변경하였다. 그러나 사업은 명칭에서 내세우는 역사성과 관련 없는 간판과 보도블럭 교체작업이 중심이었으며 지금도 진행 중이다. 간판교체는 외국인 관련 영업장보다는, 기존 선주민 소비자를 대상으로 하던 영업장에서 일괄적으로 진행

---

29 『경남뉴스』, 2013.10.8.
30 2014년 4월 11~15일 개최된 38회 김해가야문화축제는 김해의 대표적인 축제임에도 이주민관련 프로그램은 다문화 장기자랑 대회 정도였다. 이것도 다문화통역단이 준비한 것으로 이주민과 관련이 적다. 행사장 주변의 각종 먹거리 장사나 전통악기 전시공간에도 다문화관련 내용은 하나도 확인할 수 없었다. 물론 행사장을 찾은 이주민들도 소수에 불과했다.
31 김해시, 『시정백서』(2006.7~2010.6), 2010, 459쪽.

되었다. 이 사업은 쇠퇴하던 상권을 회복하기 위한 대안으로, 출입이 증가하던 이주민들을 지역경제 활성화에 어떻게 활용할 것인가에 초점을 맞추었다.[32] 그렇지만 결과적으로는 사업의 방향은 구도심에서 떠나간 선주민 소비자를 어떻게 되돌릴 것인가에 관심이 있었을 뿐 이주민들과는 전혀 상관없었다.

다음은 2012년 개점한 다문화카페 '통'이다. 2012년 2월 경상남도와 김해시가 절반씩 투자한 이 사업은 경상남도지사 공약으로 추진되었다. 결혼이주여성의 일자리 창출, 이주민과 김해 시민의 소통을 목적으로 하였다. 도비와 시비 각각 3억 원씩이 투자되었다.[33] 운영주체는 민간주도를 강조하기 위해 다문화지원센터에서 맡았다가 현재는 민간인이 담당하고 있다. 운영위원 또한 초기에는 다국적상가협의회, 중앙상가협의회, 김해시 공무원으로 구성되어 있었다. 출발당시 일자리를 얻은 결혼이주여성은 4명이었는데, 2014년 5월 현재 6명으로 증가하였다. 내부적으로 성적이 양호하다는 평가를 얻어 예비 사회적기업으로 지정되었다.[34] 2013년 12월에는 1호점에서 좀 떨어진 곳에 2호점을 개점했다.

김해시는 다문화카페 통에 대해 결혼이주여성의 일자리 마련 이외에 다문화 소통의 공간임을 강조한다. 카페에는 선주민들이 다문화를 체험할 수 있도록 내부에 아시아 각국의 민속자료들이 전시되고, 아시아 각국에서 생산된 커피와 쿠키를 먹을 수 있게 꾸며졌다. 더 나아가

32　김해시,『2010 호계천 주변 창의적인 네트워크사업 김해사대문거리 만들기』, 2010, 6~7쪽.
33　『연합뉴스』, 2012.1.12.
34　'통'의 재정은 지원금과 수익금으로 구성되는데 경영과 관련하여 중요한 수익금은 1.5명의 급여만 확보하면 가능한 것으로 되어 있다. 따라서 현재 1호점의 경우 6명이 근무하고 있는데, 4.5명의 급여와 운영비는 지방자치단체의 지원금이 없으면 불가능하다.

"결혼이주여성, 이주노동자와 함께 각국의 문화 체험과 함께 차를 마시며 대화를 나눌 수 있는"[35] 다문화공간으로 선전되고 있다. 그리고 건물과 시설투자를 지역유지가 제공해 주고 여기에 참여하는 이사의 자금지원이라는 점을 들어 지방정부보다 지역주민의 참여가 현실화되었다고 강조하였다.

앞서 논의한 축제 혹은 거리조성이라는 지방정부의 정책은 곧바로 다양한 이해관계를 만들어내지 않지만 다문화카페 '통'의 운영은 이 거리의 상인들과 직접적인 충돌을 야기하였다. 경상남도는 이 사업을 추진하면서 '다문화음식점'으로 계획하고 구체적인 사업계획을 김해시에 요구하였다. 김해시에서는 타당성 검토 결과 음식점은 수익성의 측면에서 적합하지 못하다는 결론을 내리고, 카페로 운영할 것을 경상남도에 역으로 제안하고 승인을 받았다. 그런데 실제로 개업 당시 카페의 메뉴는 베트남 카레, 베트남식 만두 짜조, 모로코 파이, 다문화 차, 쿠키 등 음식이 포함되어 있었다.

이 사업이 이주여성들의 일자리 창출에 얼마나 기여했는가, 선주민과 이주민의 소통공간으로 기능하고 있는가라는 설립 목적에 대한 평가 이전에 구도심 이주민들과의 논의가 제대로 이루어지지 못한 점에서 지방정부 다문화정책의 문제점을 잘 보여준다. 다문화카페 '통'의 개업과 함께 직접적으로 이해관계가 충돌한 외국인거리의 음식점 경영자는 지방정부의 다문화정책을 전면적으로 비판했다. 반대운동의 중심 단체가 '다국적 상가협의회(이하 협의회)'였다. 협의회는 2012년 1

---

35 『연합뉴스』, 2013. 12. 13.

월 19일 김해시청에서 기자회견을 열고 '통'의 영업중단을 요구하였다. 협의회원들은 지방정부가 다문화 음식점 운영으로 '소수의 이주민을 살리는 대신 더 많은 이주민의 영업'에 지장을 주는 것이라고 반대하였다. 이 반대운동은 약 1주일간 계속되었다. 결국 통은 음식을 제외하고 음료수만 판매하는 카페 운영으로 사업 방향을 변경하였다.

현재 영업 중인 음식점 사장들은 당시의 분위기를 정확하게 기억하고 있다. 반대운동에 참여한 부류와 그렇지 않은 부류로 구분된다. 대체로 외국인을 상대로 하는 음식점을 운영했던 당사자들은 적극적으로 참여하는 모습이었으나, 반대운동의 의미가 없다고 생각하는 경영자들도 있었다.

특이한 점은 이번 조사과정에서 이 협의회와 관련한 질문에 대부분 음식점 경영자들은 이 문제를 왜 다시 거론하는지 의아해 했다. 초창기부터 이곳에서 영업을 시작한, 그리고 이 당시 반대운동에도 적극적으로 참여한 것으로 알려져 있는 한 음식점 경영자는 다음과 같이 자신의 참여에 말문을 닫고 있다.

그거는 정확하게 잘 몰라요. 제가 없었어요. 카페 생겼는지 우리랑 상관없잖아요. 어차피 그거 한국 카페잖아요. 우리한테 오는 손님은 상관없잖아요. 그거는.[36]

외국인 거리의 음식점을 경영하던 경영자들이 경험한 권리찾기 운동이 나름의 성과를 거두기는 하였지만, 이때 참여한 사람들에게 또 다

---

[36] B씨 증언.

른 경험이 내재되었던 것이다. 연합회가 반대기자회견과 운동을 할 때 당시 대표자가 회의장에 참석하지 않았고, 이전 대표 또한 참석하지 못했다고 한다. 이를 두고 국가기관이 개입되었다는 소문도 나돌았다.[37] '통'을 반대하기 위한 협의회 활동은 그다지 오래가지 않았지만, 회원들이 경험한 권력기관에 의한 감시는 내부적인 커뮤니티를 유지하는 변수로 작용하였다.

2) 음식점의 경쟁과 상업화

이주민들이 사용하는 쉼터가 생기자 국가기관에서 단속이 시작되었다. 길거리 단속만이 아니라 음식점에서도 무작위 단속이 이루어지기도 하였다. 단속은 주로 미등록노동자를 검거하는 것이 주목적이었지만, 단속반의 습격을 받은 음식점은 영업에 막대한 타격을 받았다. 무단침입과 시설파괴에 대한 보상을 요구하는 소송도 진행되었다. 심지어는 음식점끼리 감시하게 한다는 소문도 있었다. 김해이주민인권센터가 중심이 되어 국가기관의 불법단속에 반대하는 시위가 계속되는 것을 보면 이러한 양상을 짐작할 수 있다. 스리랑카 이주민 A씨[38]의 사례를 보면 국가기관의 감시 방식을 잘 이해할 수 있다.

---

37 소문에는 당시 회장을 맡고있던 ○○○식당 사장은 공무원들로부터 회유를 당했고, 전 회장이었던 ○○○사장은 국정원 직원이 경찰을 하던 자기 동생의 진급을 막겠다는 협박에 협의회를 이탈할 수밖에 없었다고 한다.
38 A씨는 스리랑카인, 1994년 한국에 여행왔다가 1997년 산업연수생비자로 한국에서 노동을 하였고, 인천, 대구에서 동남아시아 식료품 취급업을 하다가 2008년 김해로 들어와서 아시아마트를 운영하고 있다. 한국인 부인과 결혼했으며, 7개월 된 아이의 아빠이다.

옛날에 내가 김해 나와서 처음에 진짜 나는 힘들었어요. 진짜로 힘들었
어요. 맨날 경찰 나오고 니가 이랬다 가자, 니가 이랬다 가자. 니가 이런 사
람이야 가자. 계속 내가 아무것도 모르는데 그때 내가 방송할라 그랬어요.
나는 결혼해서 착하게 살라는 사람인데 경찰이 이렇게 괴롭힌다. 조금 도
와 주세요. 내가 방송할라 그랬어요.

A씨의 김해 정착에 걸림돌은 경찰의 감시였다. 그가 경찰의 감시를
벗어날 수 없었던 것은 김해에 정착해 살아가고 있는 같은 스리랑카 출
신으로 다른 음식점 경영자의 신고 때문으로 이해하고 있다. 그의 구
술이 사실인지 확인할 수 없으나, 두 스리랑카 이주민 사이의 갈등에
공권력이 개입하고 있었다고 그는 믿고 있었다.[39]

A씨의 사례에서 보면 공권력은 두 사람의 갈등을 이용해서 이주민
을 적절히 통제하였던 셈이다. 이주민들에 대한 정부기관의 감시는 많
은 사람의 증언에서 확인할 수 있었다. 김해 구도심에서 이주민에 대
한 감시와 통제는 시민단체가 2013년 이주민권리찾기 김해대책위원회
를 발족하고, 정부기관의 검문검색 강화를 규탄하는 집회를 가질 정도
로 심각하였다.[40] 이러한 단속은 지금도 계속되어서 음식점 영업에도
커다란 영향을 미친다.

그 결과 이주민들은 공권력이 제시하는 합법적인 영역으로 편입되
었다. 이 과정에서 협의회와 같은 이주민들의 모임은 유명무실하게 되
었고, 협의회에 참여하던 음식점이 지향했던 쉼터로서의 기능은 많이

---

39 A씨가 경찰에 의해 여러 번 연행되었다는 사실은 다른 구술자로부터 확인되었다.
40 『경남신문』, 2013.1.31.

약화되었다.

국가권력에 의한 또 다른 형식의 이주민거리 장악 방식도 언급할 필요가 있다. 김해중부경찰서는 2013년 7월 '다문화천사 네스트'를 운영하여 30여 명의 각국 대표를 위촉하였고,[41] 김해서부경찰서는 2014년 '글로벌 다문화 서포터스 우리'에 약 40여 명의 대표를 위촉하였다.[42] 뿐만 아니라 경찰서는 종교단체도 관리하였다. 여기에 참여하는 각국의 대표자는 대부분 음식점 경영자들이었다. 두 단체는 매달 모임을 갖고 외국인 범죄 예방 대책논의, 경찰 업무에 통역지원 등의 임무를 맡겼다. 정부기관의 행정력이 확대되면서 이 거리는 외형적으로 안정될 수 있었다. 음식점들은 공권력의 보호망 속으로 편입되었다.

2012년 다문화카페 '통'의 영업과정에서 보여준 갈등이 가라앉고, 이 거리가 투자가치가 있다는 여론에 따라 투자자들이 들어오기 시작했다. 〈표 2〉에서 정리한 음식점 30곳 가운데 2012년 이후 영업을 시작한 음식점이 15곳이다. 초창기 설립되었다 없어진 음식점도 있고, 다른 경영자가 인수한 경우도 있었으나, 개업 음식점이 많아지는 추이는 주목할 만하다. 투자이민의 자본 하한선이 대폭 상승했음에도 불구하고 투자이민이 증가하였다. 본국의 맛과 분위기로 영업경쟁이 치열하게 전개되었다. 본국 요리사를 사용하지 않는 음식점은 경쟁에서 탈락하기도 하였다.[43] 영업이익은 대체로 높았다. 타지마할, 모로코, 나마스테, 사마리칸트 등은 타 지역에 분점까지 열었다. 특히 사마리칸트는

---

41 『국제신문』, 2013.7.7.
42 『연합뉴스』, 2014.3.25.
43 스리랑카 식당을 운영하는 A씨의 경우도 요리사를 데려오지 않고 자기가 요리하기 때문에 다양하지 못해 손님이 많이 줄었다고 한다.

대구에는 부인, 서울 동대문에는 외삼촌, 안산에는 처남이 운영할 정
도로 가족들 간의 동일 상호의 음식점을 운영한다.[44] 역으로 두르카처
럼 전국 체인점이 최근에 영업을 시작하기도 하였다.

하지만 음식점들이 증가하고 경쟁이 치열해지면서 내부 네트워크나
소통은 거의 없어졌다. 음식점 사마리칸트, 차이하나, 레기스톤의 경
영자는 모두 우즈베키스탄의 제2도시인 사마리칸트 출신이다. 그렇지
만 이들은 영업 관련은 물론이고 일상적인 왕래도 거의 없는 상태이
다.[45] 여기에 같은 이슬람 음식을 판매하는 모로코 식당은 우즈베키스
탄 음식점들이 이슬람에서 금지되어 있는 술이나 하랄고기 이외의 재
료를 사용한다는 이유로 거리를 두고 있다.[46] 베트남 음식점인 송홍콴,
하노이퍼, 사이공 또한 전혀 교류하지 않는다고 한다. 전부 결혼이주
여성들이 사장임에도 서로 소통하지 않는다. 그 이유가 서로 경쟁관계
로 인식하고 있기 때문이다.

이주민 공간에서의 변화는 이를 기반으로 하던 각국 이주민들의 커
뮤니티에도 영향을 끼쳤다. 각 국가의 독립기념일 혹은 설날행사는 전
국 차원이나 부산, 경남 등 광역차원으로 진행될 뿐 김해 단위의 행사
는 거의 확인할 수 없다. 간혹 있다 하더라도 영업전략의 하나가 되어
있다. 음식점 경영자를 매개로 진행되던 국가 단위 커뮤니티는 많이
축소되었다고 한다. 지금의 김해 외국인 거리 음식점은 초창기 각국
출신 이주노동자를 보호하던(정부기관의 감시로부터 보호, 작업현장에서의

---

44 B씨 증언.
45 B씨 증언.
46 미나 증언.

차별 호소, 임금체불 해결, 상해 등 경제적 지원) 쉼터의 기능에서 점차 자본의 논리에 따른 영업에 집중하고 있다. 물론 기존 음식점들의 이주노동자를 위한 봉사기능은 최근 등장하는 NGO단체들의 활동영역으로 분화되고 있는 점도 간과할 수 없다. 음식점들과 이주노동자들이 외국인거리에서 공동체의식을 전제로 한 결합방식은 점차 해체되고, 경제적 관계가 부각되고 있다.

4. 음식점의 다문화공간화 가능성

현재 진행 중인 다문화공간은 상업적 다문화주의와 글로벌 자본주의 신분제와 인종주의, 배타적인 국민국가주의에 의해 생산 및 운영되고 있다[47]는 데 대체로 의견의 일치를 보이고 있다. 필자 또한 이러한 양상에 동의한다. 그러나 이주민 내부, 이주민과 선주민 등 다양한 구성원들이 다문화공간을 만들어가는 방식을 검토하면 새로운 가능성을 발견할 수 있을 것으로 본다. 이를 위해 음식점을 매개로 한 구성원들 상호관계를 이주민 내부와 이주민과 선주민의 관계로 나누어 볼 필요가 있다. 음식점과 이주민의 관계에서, 김해의 경우 음식점 경영에서 가장 중요한 요소는 음식점과 고객이 대체로 국가 단위로 연결되어 있다는 점이다. 음식점은 대체로 특정 국가의 음식점임을 표방하고 있다.[48] 그래서 음식점을 매개로 이주민들 출신국 커뮤니티가 형성되기

---

47 문경희, 앞의 논문, 213쪽.
48 음식점이 특정 국가와 연결하지 않는 사례는 그다지 많지 않다. 인도, 네팔, 방글라데시

도 하였다.[49] 그리고 경영자들의 투자자본은 영세하다. 전문 요리사를 따로 채용하는 경우는 드물고, 대체로 경영자 본인이 직접 요리를 하거나, 아니면 결혼이주여성을 아르바이트로 고용한다든지, 친정어머니를 비롯한 가족을 초빙해 요리를 맡기는 사례에서 이런 점을 확인할 수 있다. 한편 음식점만으로 충분한 수익을 올리기 힘들어 부업으로 식료품 상점을 운영하는 베트남 이주여성들도 있다. 이러한 경영상의 특징이 음식점 경영자와 소비자인 이주민의 관계 형성에 영향을 미친다.

한편 음식점은 여전히 이주민들이 작업공간과 주거공간에서 경험하게 되는 각종 스트레스를 해소할 수 있는 심리적인 안정공간으로서의 역할을 수행하고 있다. 본국에서와 동일한 맛의 음식을 소비할 수 있고, 친구들과 만나 자기 나라 언어로 대화를 나눌 수 있다는 것은 외국인 음식점이 아니면 경험하기 힘들다. 음식점에서 노래를 부르기도 하고, 자국의 방송을 듣기도 하고, 게임을 하기도 한다.[50] 그리고 음식점들은 여전히 국가권력의 감시와 통제로부터도 자유롭지 못하지만, 이주민들이 일상생활에서 도움을 받을 수 있는 공간이다.[51] 직장을 구하는 데 필요한 정보공유, 급여문제나 인권문제, 기타 언어문제 등과 관련해 음식점은 이주민의 쉼터로서의 기능도 일정정도 유지하고 있다.

등 인도 주변국들이 '인도 음식점'이라는 상호를 사용한다든지, 모로코 음식점이 범 이슬람 음식점을 표방하는 정도이다.

49 최근 김해 내 음식점을 매개로 한 국가 단위의 커뮤니티가 이전보다는 많이 약화된 것은 사실이다. 다만 부산·경남 지역에서 진행되는 국가 단위 커뮤니티의 거점 정도의 역할을 하고 있다.

50 차철욱·차윤정, 앞의 논문, 379~383쪽.

51 필자가 이번 조사과정에서 미등록노동자를 처음으로 확인했다. 그는 몸이 아프고 지쳐 있었다. 당장 병원 치료가 필요하였다. 내가 방문한 음식점의 직원들이 병원치료를 위한 대책을 논의하였다. 국가권력에 의한 감시에도 불구하고 그 노동자를 보호하기 위한 노력은 계속되고 있다.

이러한 사례는 음식점의 입장에서 영업이익과 관련되는 측면에서도 도외시할 수 없다.

그리고 음식점은 선주민과 이주민이 만나는 공간이면서 이주민 문화를 공유할 수 있는 공간으로 기능하기도 한다. 음식점의 주 고객은 이주민 노동자, 김해에서 생활하는 외국어 강사, 사업차 왕래하는 본국인들이다. 이러한 양상은 메뉴판 제작방식에서 확인할 수 있다.

〈표 3〉 구도심 음식점의 메뉴판 표기 방식

	국적	한국어 표기	사진	비고
란콘므엉	태국	○	×	한국어와 태국어 별권으로 제작
타지마할	인도	○	×	한국어 요리 설명 한국어 인사말, 타지마할 설명
레기스톤	우즈베키스탄	○	○	
사마리칸트	우즈베키스탄	○	○	
차이하나	우즈베키스탄	○	○	
서울버	몽골	○	×	
송홍콴	베트남	×	○	
크메이	캄보디아	×	×	

〈표 3〉을 정리해 보면, 우즈베키스탄 음식점들은 사진과 한글을 병기하여 한국 방문객들에게 최대한 음식 정보를 알려주고 있다. 그리고 한국인들이 많이 찾는 요리를 추천하기도 하고, 한국인의 입맛에 맞게 요리를 변형하기도 한다. 인도 음식점 타지마할은 사진을 제공하지는 않지만 인사말, 타지마할 설명, 메뉴에 따른 상세 설명, 심지어 원산지 표시까지 완전히 한국인 음식점과 비슷한 형식으로 메뉴판을 제작하였다. 그런데 송홍콴, 크메이처럼 동남아시아 음식점에서는 한글을 거의 병기하지 않는다.

우즈베키스탄의 꼬치류나 빵과 인도 음식점의 카레류는 상대적으로 한국인과 친숙하다는 점 때문에 선주민을 고려한 영업전략을 구사하고 있다. 하지만 동남아시아 계통의 음식점은 메뉴판 형식도 그렇지만 음식 조리방법, 향신료 사용 등에서 선주민을 고려하지 않는다. 오히려 선주민의 방문을 달가워하지 않는 분위기도 있다. 이처럼 음식점 가운데 이주민들만을 상대로 하는 폐쇄적인 곳도 있지만 대체로 한국인 손님이 증가하고 있다는 데는 동의한다. 음식의 맛 또한 한 가지만으로 고집하지 않고 한국인도 맛볼 수 있게 다양화하고 있다. 나아가 새로운 음식문화를 접하는 한국인에게 식사방법도 안내하고 있다. 이러한 내용은 투자한 자본의 이윤 환수의 한 방법이기는 하지만, 한국인들의 타문화 접촉의 면을 확대하고 이질감을 해소시키는 데 적지 않은 역할을 하고 있다. 특히 한국인 가운데 이곳을 찾는 부류 가운데는 이주노동자가 근무하는 공장의 동료나 사장도 많다. 이주노동자에게는 직장 내 한국인들에게 자국의 문화를 인정받을 수 있는 기회임과 동시에 작업과정에서의 차별을 해소할 수 있는 하나의 방법이 되기도 한다.

최근 두 차례의 의미 있는 행사가 열렸다. 김해시 문화재단이 추진한 '다정다감 프로젝트'에서 2014년 6월부터 10월까지 10차례에 걸쳐 선주민이 외국인 음식점을 탐방해 요리과정과 음식을 맛보는 기회를 만들고, 이 과정을 언론을 통해 홍보하였다. 문화재단이 추진한 사업이고, 다문화 상품화의 요소가 없지 않지만 이주민과 선주민을 연결하려는 시도가 이루어진다는 점에서 긍정적으로 보인다.

한편 2014년 9월 9일에는 이주민들이 주체가 된 '추석맞이 이주민 음식 나눔행사'가 열렸다. 이주민들이 한 달 이상 준비한 행사로, 6개국의 음식을 구도심 종로길에 펼쳐 놓고 지나가는 행인들이 이주민 음식을 맛볼 수 있게 하였다. 이주민은 물론이고 선주민들도 펼쳐진 음식을 체험하였다. 두 행사의 특징은 선주민과 이주민들 각자가 타문화 인정을 목적으로 문화접촉을 위해 노력하고 있다는 점이다.

이상에서 김해 외국인거리가 다문화공간으로서의 가능성을 지니고 있는가를 검토해 보았다. 이를 위해서는 대표적인 다문화의 상징인 음식점이 이주민의 심리적 안정공간으로서의 가능성이 있는가, 이주민과 대면한 선주민의 의식변화를 유도할 수 있는가에 대한 해명이 필요하다. 필자는 이 공간과 관계를 맺은 다양한 구성원들이 자신들의 생활리듬과 조화를 이룰 때 다문화공간으로 호명할 수 있다고 생각한다. 이주민들이 노동공간에서 받은 심리적 스트레스를 해소할 수 있어야 하고, 선주민들이 이색적인 문화를 인정하고 체험하는 데 불안함을 느끼지 않을 때 다문화공간으로서 의미를 지닌다고 할 수 있다. 구성원들이 다문화공간으로 만들어 가는 과정이 곧 로컬리티가 재구성되는 과정으로 이해될 수 있다. 이러한 기준을 현재의 김해 외국인거리에 적용해 보면, 음식점이 이주민들에게 심리적인 안정공간으로 기능하는 한편, 상업적인 요소가 점점 강해지고 있고, 국가기관의 감시 또한 줄어들지 않고 있는 것이 현실이다. 하지만 음식점 경영자의 이윤획득 논리가 오히려 주요 소비자인 이주민과의 관계 유지, 선주민과 접촉 확대의 필요성을 만들어 내면서 다문화공간화의 가능성도 존재한다. 따라서 현재 김해 외국인거리는 다문화공간으로서의 완성체가 아니라 과정 중에 있다.

참고문헌

구술자료

성명	국적	인터뷰 일자
미나	모로코	2014년 3월 6일
마르하보	우즈베키스탄	2014년 3월 7일
야시	파키스탄	2014년 3월 7일
문○	인도네시아	2014년 3월 25일
원○○	베트남	2014년 3월 13일
새라리건	우즈베키스탄	2014년 3월 13일
김○○	한국	2014년 3월 18일, 4월 1일
A씨	스리랑카	2014년 3월 18일, 27일
B씨	우즈베키스탄	2014년 3월 29일
장가르바타라	몽골	2014년 4월 1일
양○○	한국	2014년 4월 1일
한성념	베트남	2014년 4월 9일
슈베디 목사	네팔	2014년 8월 13일
요한	스리랑카	2014년 8월 19일
장 알브이티나	러시아	2014년 9월 3일
두두야	미얀마	2014년 10월 28일

경상남도, 『각 지역 총생산 주요 지표』, 2001~2010.

김해시, 『시정백서(2006.7~2010.6)』, 2010.

_____, 「2010 호계천 주변 창의적인 네트워크사업 김해사대문거리 만들기」, 2010.

_____, 「상반기 주민등록인구통계자료」, 2014.

_____, 「주민등록인구통계」, 2014.

_____, 「식품위생업소현황」, 2014.

구본규, 「다문화주의와 초국적 이주민 - 안산 원곡동 이주민 집주지역의 사례」, 『비교문화연구』 19-2, 서울대 비교문화연구소, 2013.

문경희, 「이주노동자의 사회공간적 특성과 권리에 대한 연구」, 『21세기정치학회보』 23-3, 21세기 정치학회, 2013.

송도영, 「도시 다문화 구역의 형성과 소통의 전개방식 - 서울 이태원의 사례」, 『담론 201』, 14-4, 한국사회역사학회, 2011.

장영진, 「이주 노동자를 대상으로 하는 상업 지역의 성장과 민족 네트워크-안산시 원곡동을 사례로」, 『한국지역지리학회지』 12-5, 한국지역지리학회, 2006.

정병호·송도영 편, 『한국의 다문화 공간』, 현암사, 2011.

차철욱·차윤정, 「김해 이주노동자들의 공간 의미화와 '외국인 거리'의 형성」, 『한국 민족문화』 47, 부산대 한국민족문화연구소, 2013.

최병두 외, 『지구·지방화와 다문화 공간』, 푸른길, 2011.

최종렬·최인영, 「탈영토화된 공공장소에서 '에스니시티 전시하기'-안산에 대한 관 광객의 문화기술지적 단상들」, 『한국사회학』 46-4, 한국사회학회, 2012.

『경남뉴스』, 2013.10.8.

『경남신문』, 2013.1.31.

『국제신문』, 2013.7.7.

『연합뉴스』, 2008.9.2; 2012.1.12; 2013.12.13; 2014.3.25.

이중언어 동화 발간과 공동체 구성원의 의식 변화

아시아밝음공동체를 중심으로

차윤정

1. 다문화와 언어, 로컬리티 연구

출입국·외국인정책본부의 최근 통계에 따르면 2013년 말 기준 국내 체류 외국인 수는 약 157만 6천여 명으로 전체 인구의 3% 정도를 차지한다. 체류 자격별로는 외국인근로자가 55만여 명, 결혼이주자가 15만여 명, 유학생이 6만여 명에 이른다.[1] 이러한 인구구성적 변화와 함께 우리 사회에서는 '다문화'라는 용어가 일상화되어 있다. 하지만 이러한 상황과는 달리, 인구구성상 외국인 인구 비율이 어느 정도일 때 다문화 사회라고 하는지, 또 외국인 인구 비율이 높아지면 자동적으로 다문화 사회가 되는지, 다인종 사회와 다문화 사회가 어떻게 구분되는

---

[1] http://www.immigration.go.kr/HP/TIMM/index.do?strOrgGbnCd=104000. 2013 출입국·외국인정책통계연보.(검색일 : 2014.12.20)

지에 대한 객관적 기준은 물론, 이질적인 문화들이 어떤 상태로 존재하는 것이 다문화 사회인지, 개별 문화가 독립적으로 존재해야 하는지 혹은 융합적으로 존재해야 하는지 등에 대한 합의도 아직 마련되어 있지 않다. 어떤 기준이 타당한지 그리고 그런 기준에서 볼 때 현재 한국 사회의 상황이 다문화 사회에 해당하는지 아닌지는 명확하지 않지만, 우리 사회가 다인종 다문화 사회로 급격히 변화하고 있음은 틀림없는 사실이다.[2]

인구구성의 변화에서 나타나는 것처럼 국내 거주 이주민들이 급격하게 증가하자, 정부에서는 사회통합을 목적으로 체류 기간이나 목적에 따라 이들에 대해 각각 다른 정책을 실시하고 있다. 그 가운데에서도 정부 정책은 결혼을 통해 한국에 정착하는 이주여성들과 그 가정의 자녀에 대해 집중되어 있다. 이러한 집중 현상은 정부의 정책을 답습하는 지방자치단체나 민간 사회단체, 학계의 경우에서도 나타난다.[3]

그럼에도 불구하고 이 글 또한 결혼이주여성을 대상으로 논의를 전개하고자 한다. 2000년대 이후 결혼이주여성이 급증하고 대중매체를 통한 사회적 관심이 높아지면서, 결혼이주여성과 관련한 연구 역시 양적 증가와 함께 연구주제가 다양화 되는 추세이다. 결혼이주여성과 관련한 대표적인 연구주제는 미디어에서의 재현, 여성학적 접근, 국제결

---

2 이런 점에서 이 글에서는 현재와 같은 한국적 다문화 상황에 대해 다문화 사회라는 용어를 사용하기로 한다.

3 권복순·임보름, 「결혼이주여성의 인권 발달권 증진을 위한 담론」, 『한국 다문화에 관한 담론』, 대구 가톨릭대 다문화연구소, 2012; 김영란, 「한국사회에서 이주여성의 삶과 사회문화적 적응관련 정책」, 『아시아여성연구』, 45(1), 2006; 이재분 외, 『다문화가족 자녀의 결혼이민 부모 출신국 언어 습득을 위한 교육 지원 사례 연구』, 한국여성정책연구원, 한국교육개발원, 2010; 이진숙, 「여성 결혼이민자 지원 및 활용프로그램 활성화 방안」, 원광대 석사논문, 2007.

혼 가정의 문제점과 원인, 결혼생활, 한국사회 적응, 한국어 교육, 자녀 양육 문제 등이다.[4] 특히 결혼이주여성의 자녀세대들이 취학 연령에 도달하게 되면서부터는 자녀세대와 관련한 결혼이주여성에 대한 논의가 증가하고 있다.

그런데 결혼이주여성과 관련한 논의들을 살펴보면 사회 통합적 관점에서의 연구가 중심이 되고 있다.[5] 그리고 그 통합의 관점이 사회의 선주민인 한국인의 입장에 초점이 맞추어져 있다. 이는 결혼이주여성에 대한 논의와 함께 그의 배우자나 관계를 맺고 있는 한국인들에 대한 구체적인 논의가 거의 없는 것을 통해서도 알 수 있다. 다문화 사회가 상호작용하면서 함께 조화를 이루며 살아가는 것을 지향한다는 점에서 이는 되짚어 보아야 할 부분이다. 일방적으로 한쪽에서 기획하고 만들어가는 사회가 아닌, 함께 이루어가는 사회라는 점에서 선주민들에 대한 연구도 함께 이루어져야 할 필요가 있다.

이런 점에서 이 글에서는 문화와 문화가 만날 때 나타나는 상호작용, 특히 이주민과 선주민의 상호작용에 관심을 갖는다. 일방적인 변화의 요구가 아닌 상호작용의 관점에 관심을 가질 때, 함께 조화를 이루며 살아갈 수 있는 방법도 탐색 가능할 것이다. 이러한 구성원들 간의 상호작용에 대한 관심은 로컬리티 연구의 방향과도 맞닿아 있다. 로컬리

4 　김보라,「국제결혼 이민 실태와 이민자 여성의 한국 적응」, 서강대 공공정책 대학원, 2008; 김순규 · 이주재,「국제결혼 이주여성의 한국어 능력과 사회적 지지가 한국생활 적응에 미치는 영향」,『한국가족복지학』제15권 1호, 한국가족복지학회, 2010; 김화수,「다문화 사회와 의사소통 ─ 언어병리학의 지평에 서서」,『현대사회와 다문화』제1권 2호, 대구대학교 다문화사회정책연구소, 2011; 박은미 · 이곤수,「다문화사회와 지역사회적응 ─ 여성결혼이민자의 사례」,『한국행정논집』21, 2009; 백용매 · 류윤정,「다문화가족 구성원의 심리사회적 적응에 관한 연구동향과 현황분석」,『한국 다문화에 관한 담론』, 2012.
5 　김병오 외,『한국의 다문화 상황과 사회통합』, 한국학중앙연구원, 2011, 101~103쪽.

티 연구가 로컬 구성원들의 세계관이나 가치관에 대한 논의를 포함한다는 점에서, 구성원들 사이의 상호작용 과정에서 나타나는 의식의 변화를 살피는 것은 곧 로컬리티 연구의 일부분이 되기 때문이다. 또한 공동체 구성원인 이주민과 선주민 모두를 연구대상에 포함시켜 상호작용을 논의한다는 점은, 로컬리티 연구가 기존의 다문화 연구와의 차이를 드러내는 지점이 될 것이다.

이 글에서는 언어 문제가 개입된, 아시아밝음공동체의 이중언어 동화[6] 발간 사업을 중심으로 그 과정에서 나타나는 공동체 구성원들의 의식 변화를 살피고자 한다. 이를 위해 먼저 다문화 사회와 언어 문제, 이주민인 결혼이주여성을 둘러싼 한국의 언어 담론에 대해서도 살핀다.

결혼이주여성이 한국 사회에 정착하게 되면서 가장 처음 부딪히는 것이 언어 문제이다. 언어 문제는 단순히 언어만의 문제가 아니라 문화나 정체성의 문제와도 관련된다는 점에서 더욱 중요하다. 이러한 중요성에도 불구하고 언어 사용 문제와 관련한 이주여성들의 생각이나 의식의 변화를 본격적으로 다룬 연구는 찾아보기 어렵다.[7] 대부분의 언어 관련 논의는 한국어 교육이나 다문화가정 자녀의 언어교육에 집중되어 있다. 또한 결혼이주여성의 언어 문제에 대한 선주민인 한국인의 의식이나 그 변화에 대한 구체적인 연구는 거의 없다.[8] 이러한 점에서 이 글에서는 이주민과 선주민이 함께 참여하는 이중언어 동화 발간

---

6 정식 명칭은 '다문화전래동화'이지만 이 글에서는 '이중언어 동화'라는 용어를 사용한다.
7 김화수, 앞의 논문; 장승심, 「결혼이주여성의 언어 사용 실태와 그 함의」, 『교육과학연구』 제11권 2호, 제주대 교육과학연구소, 2009; 성상환·한광훈, 「도서지역 결혼이주여성의 언어문화 실태 조사 연구」, 『교육문화연구』 제17권 3호, 인하대 교육연구소, 2011.
8 원진숙, 「다문화 배경 국어 교육 공동체 구성원들의 언어 의식」, 『국제이해교육연구』 6권 1호, 한국국제이해교육학회, 2013.

사업에 대해 살펴볼 것이다.

　이 글에서는 문헌자료를 통한 연구방법과 함께 아시아밝음공동체의 이중언어 동화 발간 사업에 참여했거나 참여하고 있는 이주여성 4명, 한국인 4명을 대상으로 구술 조사를 실시, 질적 연구 방법을 병행하였다.

2. 다문화와 한국의 언어 담론

1) 다문화 사회와 언어

　한국의 다문화적 양상은 여타 다른 다문화 사회와는 다른 모습을 보인다. 한국보다 일찍 다문화 상황을 겪은 서구 여러 국가에서는 이주가정이 다문화 사회를 구성하는 기본 단위가 되는 경우가 대부분이다. 이주가정이란 이주국이 아닌 다른 지역이나 국가에서 이미 가정이 형성된 상태로 이주해 오는 것을 말한다. 따라서 가정 내에 출신지의 문화가 유지될 수 있는 기반이 갖추어져 있으며, 그런 의미에서 가정은 출신지의 문화를 유지할 수 있는 최소단위가 될 수 있다. 이에 반해 한국은 이주노동자의 경우를 제외하면 국제결혼을 통해 이루어진 다문화가정이 다문화 사회의 중심축을 이룬다. 이런 점에서 다른 다문화 사회가 주류 문화와 소수 문화인 이주가정의 문화가 대면하는 상황이라면, 한국은 개인적 차원에서 소수 문화가 주류 문화와 대면하고 있는 상황이다. 그리고 다문화가정 대부분이 한국 남성과 외국 여성의 결혼으로 이루어진다는 점에서 결혼이주여성은 주류 문화와 대면하는 최소단위가 된다. 결혼이주여성은 가정과 사회라는 전방위적 측면에서 이질적인 문화와 대면하는 상황에 놓여 있다. 따라서 결혼이주여성의 한국사회 적응은 가정 내에서의 문화적 이질감 해소가 필수적이며, 이런 점에서 가정 내에서의 소통은 중요한 의미를 지닌다.

그런데 소통의 문제는 기본적으로 언어와 관련 된다. 의사소통이 본질적 기능인 언어는 이질적인 문화들이 접촉하는 과정에서, 차이를 조율하는 중요한 매개 역할을 한다. 또한 인간은 기본적으로 말하고 생각하고 다른 사람과 관계하면서 존재하는데, 이 과정에서도 언어는 중요한 도구가 된다. 특히 소속된 문화권을 떠나와 낯선 문화와 접촉하게 된 결혼이주여성들의 경우, 의사소통 문제는 그들이 새로운 문화집단에 적응할 수 있느냐는 문제와 직결된다. 새로운 문화권에서 통용되는 언어를 습득하는 것은 그 사회에서 제공하는 기회를 잡을 수 있다는 것을 말하고 이것은 곧 새로운 사회, 문화에 적응하여 주류 집단에 편입될 수 있다는 것을 의미하기 때문이다.

또한 언어는 그것을 사용하는 사람의 정체성 표지로 작동한다는 점에서도 중요한 의미를 지닌다. 정체성이란 나는 누구이며, 어디에 속해 있고, 나는 무엇을 하는지를 아는 것으로 개인이 사회 속에 어떻게 위치하며 사회적으로 어떻게 구성되어 있는지와 관련된다. 이러한 정체성은 자신이 스스로 규정하기도 하지만 타인에 의해서 규정되기도 한다. 정체성을 드러내는 여러 표지들 중에서도 언어는 그것이 사용되는 집단이나 사회의 문화적 내용을 광범위하게 담고 있다. 따라서 언어를 통해 사회화 되는 과정에서 언어사용자는 그 집단의 정체성을 획득하게 되고, 언어는 언어사용자의 정체성을 드러내는 표지로 기능한다.

이런 점에서 문화 간 접촉을 전제하는 다문화 상황에서 언어의 중요성은 더욱 커진다. 특히 결혼이주와 함께 가정 내에서조차 낯선 언어, 낯선 문화와 대면하게 되는 결혼이주여성의 경우, 언어 문제는 가장 중요하면서도 우선적으로 해결해야 할 과제가 된다.

2) 결혼이주여성과 한국의 언어 담론

(1) 한국어 중심의 담론

① 언어정책과 단일언어 환경 : 동화와 통합의 논리

다문화가정과 결혼이주여성, 다문화가정 자녀는 현재 한국 다문화 담론의 중심에 있다. 이는 정부나 지방자치단체의 다문화 정책, 시민단체의 다문화 관련 프로그램들이 이들을 주요 대상으로 하고 있다는 점에서도 확인된다. 그런데 결혼이주여성의 경우, 이들과 관련된 각 단체의 프로그램들에서는 공통점을 찾을 수 있다. 한국어 교육, 한국문화 체험, 한국음식(김치, 명절 음식) 만들기 등 대부분이 한국 사회 정착에 필요한 것들에 집중되어 있다는 점이다. 물론 결혼이주여성 대부분이 한국과 한국어에 대한 정보나 이해가 부족한 상태에서 한국 생활을 시작하게 된다는 점에서 이러한 교육의 필요성이 제기된다. 하지만 어느 기관이나 단체를 막론하고 대동소이하게 반복되는 이러한 프로그램은, 결혼이주여성의 필요성에 따른 것이라기보다는 한국인들의 사고 속에서 그 필요성이 만들어진 것이라는 의구심을 갖게 한다. 왜냐하면 이주여성들은 초기 정착기와는 달리 거주 기간이 늘어남에 따라 자녀 교육이나 직업 선택 등 더 다양한 프로그램을 제공 받기를 원하기 때문이다. 따라서 이러한 프로그램의 기획 저변에는 결혼이주여성이 한국인으로 살아가기 위해서는 한국적인 것들을 체화해야 한다는 한국인들의 의식 즉, 동화주의적 사고가 깔려있다고 볼 수 있다.

특히 언어와 관련하여서는 그 상황이 더욱 단선적이어서 결혼이주여성들은 사회적, 가정적으로 한국어 사용을 강요받는 상황에 놓여 있다. 현재 한국 사회에서 실시하고 있는 다문화 정책 중 가장 큰 비중을 차지하고 있는 것이 한국어 교육이다. 한국어 구사능력이 사회 구성원 간의 상호이해와 결혼이주여성의 한국 사회 정착을 위한 핵심적 적응 수단이며, 정책 차원에서는 기본적인 통합 수단이 되기 때문이다. 2008년 문광부에서 개최한 '다문화 사회의 문화적 지원정책 대토론회'에서 발표한 다문화 정책 관련 10대 중점 추진 과제 중, 그 첫 번째가 '한국어 및 한국 문화 이해 증진'이었다. 여성가족부에서는 "다문화가족 내 의사소통 기능을 증진하여 결혼이민자들의 한국 생활 적응을 돕고 안정적인 초기 정착을 지원"하고자 "기초부터 고급 수준까지 수준별 한국어교육을 통해 결혼 이민자의 역량을 강화하여 사회활동 참여 지원 및 자아실현 기회 확대"를 한국어교육의 목표로 삼는다고 밝히고 있다.[9] 이처럼 다문화와 관련한 정부의 언어 정책은 한국어교육이라는 방향에 초점이 맞추어져 있다. 그러나 결혼이주여성들에 대한 한국어교육 정책은 결혼이주여성들의 한국사회 적응이라는 긍정적 기능과 함께 역기능도 가지고 있다. 결혼이주여성을 대상으로 한 한국어교육 강조

---

9 이화숙, 「한국의 이주민 대상 언어정책」, 『한국 다문화에 관한 담론』, 대구 가톨릭대 다문화연구소, 2012, 117~122쪽.

는 언어가 주류사회로 진입하기 위한, 가장 유력한 통로라는 점에서 이들이 한국어를 습득하여 한국사회에 잘 적응하고 통합되는 것이 언어정책의 중요한 과제라는 일방적 태도에 기인한다. 이러한 일방적 태도는 한편으로는 결혼이주여성들이 가진 언어적 조건으로서의 이중언어적 특성을 간과하거나 무시하는 결과를 낳았다. 그리고 또 다른 한편으로는 다문화와 관련한 주류 집단의 언어에 대한 논의를 배제시키는 한계를 낳았다. 이러한 점은 한국의 언어 관련 다문화 논의에서 주류 집단 구성원인 한국인들의 언어의식이나 언어사용에 대한 논의가 거의 이루어지지 않고 있다는 점에서도 드러난다. 이는 단일민족신화로 동일시되는 민족정체성과 함께 언어 사용 역시 민족정체성과 관련시켜 오면서, 단일언어 사용을 당연시하게 된 한국인들의 의식에 기인한다. 단일언어를 당연시하는 한국인들의 의식은 결혼이주여성들의 언어 의식에도 중요한 영향을 끼친다.

한국에 살다 보니 어쩔 수 없어요. 다른 사람들하고 말해야 살잖아요. 못 알아들으면 나만 힘들어요. 뭐라고 하는지도 모르고. 얘기하고 싶은 것도 못해요. 시어머니는 빨리 배우라고 했어요. 한국어 너무 어려워 고민 많았어요.(중국 A)

처음에 영어로 말했어요. 그러다가 신랑 친구하고 가족 만났을 때 더 배워야겠다고 생각했어요. 못 알아들어 답답했어요. 말하고 싶은 것 말할 수 없었어요. 다 한국어로 말하니까요. 그래서 다문화가족센터에 한국어 배우러 갔어요.(태국 D)

결혼이주여성들이 가정이나 사회에서 마주하는 언어 환경은 대부분 한국어만 사용하는 단일언어 환경이다. 이러한 환경 속에서 이주여성들은 스스로 한국사회에 적응하기 위해 한국어를 배우는 것으로 나타났다. 그렇게 하지 않으면 소외된다는 생각과 자신의 의사를 표현하기 위해서도 한국어가 필요하다고 생각하고 있다. 하지만 이러한 상황에서 남편이 적극적으로 결혼이주여성의 언어를 배우는 경우는 거의 없다. 아내의 언어를 배우려는 노력이 없거나 생활과 관련된 단어 몇 개를 배우는 정도, 혹은 매개어로서 영어를 사용하거나 하는 정도에 머물러 있다.[10]

이처럼 한국어 단일언어 환경은, 결혼이주여성들의 언어적 차이를 통제하여 언어적 동일성 속에 함몰시키는 역할을 한다. 다문화 사회로의 변화 과정에서 단일언어 환경에 대한 성찰이 부재했던 기저에는 주류 사회의 동화 논리가 작동하고 있다. 한국어로 소통이 불가능한 상황에서 이주여성의 남편이 아내의 언어를 배우는 노력 없이 일방적으로 아내의 한국어 습득만을 요구하는 것은, 소수 문화에 대한 주류 문화 사회의 동화 논리를 잘 보여주는 것이다. 하지만 결혼이주여성 개인이 이러한 사회적, 언어적 환경에 저항하는 것은 쉽지 않다. 그 과정에서 이주여성들은 한국사회 적응이라는 미명하에 언어에 대한 자발적, 적극적 포섭을 선택한다. 다문화 사회의 지향이 어느 한쪽의 일방적인 변화에 대한 요구가 아닌 서로에 대한 이해에 기반한 상호작용이

---

10 인터뷰를 한 중국과 태국 여성의 남편 모두 간단한 단어 외에는 아내 나라의 언어를 구사하지 못한다고 하며, 적극적으로 배우려는 노력을 하지 않는다고 한다. 이는 여성정책연구원 보고서의 결과에서도 마찬가지로 나타난다. 김이선 외, 『다문화가족의 언어, 문화 사용 및 세대간 전수에 관한 연구』, 한국여성정책연구원, 2010.

라는 의미를 내포한다고 할 때, 가정 내에서의 언어 환경의 변화에 대한 이해와 상호 노력이 필수적으로 요청된다고 할 수 있다.

② 결혼이주여성의 타자화와 언어의 위계성

결혼이주여성들은 결혼 이후에도 끊임없는 타자화를 경험한다. 외국인 며느리, 혹은 외국인 아내라는 호칭으로 일반 한국 여성들과 구별되면서 한국 남성의 결혼 문제, 저출산 문제를 해결하기 위한 대상으로 인식될 뿐만 아니라, 그 결혼 배경에 경제적 부에 대한 추구가 자리한다는 인식은, 이주결혼여성들을 더욱 타자화하는 기제로 작동한다. 그와 함께 순박하면서도 나약한 약자, 출신국이 경제적으로 열악한 국가라는 결혼이주여성에 대한 미디어의 재현은 이들에 대한 타자화를 가속화하고 확산시킨다. 이런 이유로 결혼이주여성들은 자신이 결혼이주여성임을 드러내고 싶어하지 않는 경우가 많고, 정체성을 드러내주는 표지인 모국어는 이들이 숨기고 싶은 대상이기도 하다.

한국에서 우리를 가난한 사람이라고 생각해요. 어느 정도 그런 것 있어요. 그래서 우리 같은 외국인 싫어하는 것 같아요. 그래서 한국어 배워 가지고 나가야지 했어요.(중국 A)

처음 1년 동안 집밖으로 못 나갔어요. 특히 억양 때문에요. 말하려면 어떻게 해야 할지 몰랐어요. 자꾸 쳐다봤어요. 신랑이 한국어를 가르쳐 줬어요. TV 보고 따라하면서 연습하고 책도 사서 혼자 공부했어요. 말이 비슷해지면 나갈 수 있다고 생각했어요.(중국 C)

이처럼 결혼이주여성들이 모국어 사용보다는 한국어 습득에 적극적 노력을 기울이는 것은, 자신들을 규정하는 한국 사회의 시선 때문이기도 하다. 이러한 시선으로부터의 탈출 전략으로 한국어 습득을 가속화하는 것이다.

결혼이주여성의 언어가 한국 사회에서 유지되기 어려운 데에는 위에서 언급한 정책이나 단일언어 환경, 결혼이주여성을 타자화하는 시선 외에도 또 다른 이유가 있다. 언어를 문화자본으로 보는 한국 사회의 시각이다. 이러한 시각에 따라 한국 사회에서 언어들은 수직적 위계를 형성한다. 곧 언어의 배경이 되는 국가의 경제력에 비례하여 언어의 위계가 수립되는 것이다. 한국 사회 내에서 영어나 중국어, 일본어가 갖는 위상과 동남아 국가 언어들이 갖는 위상은 그 언어에 대한 수요를 통해서도 확인된다. 이러한 모습은 다문화가정 내에서도 예외일 수 없다.

시아버지에게 중국어를 가르쳐 드리기도 해요. 단어 같은 거 가르쳐 드려요. 중국어가 중요하다고 생각하세요. 하지만 시어머니는 관심이 없어요.(중국 B)

처음에 한국어로 하지 하셨는데 지금은 대견스럽다 해요. 남편도 지금은 무조건 중국어로 하라고 해요. 앞으로 중국하고 교류가 많아질 테니 지금부터 아이들에게 중국어 교육시켜야 한다고 생각해요. 지지해 줘요.(중국 C)

시어머니는 태국어 쓰는 거 안 좋아해요. 남편하고 딸하고 얘기할 때 한국어를 써요. 또 영어를 쓰기도 해요. 한국에서는 영어 쓰면 좋아하잖아요. 태국어는 딸에게 조금씩 가르치고 있어요. 제 친구도 집에서 태국어 잘 안 써요.(태국 D)

중국어권 결혼이주여성들의 경우, 처음에는 가정에서 중국어를 사용할 수 없었던 분위기였으나 조금씩 변화가 일어나고 있다. 앞으로 중국의 발전과 위상을 고려할 때 중국어는 배워야 할 언어 목록에 포함되고 이에 따라 가정에서도 중국어에 대한 시선은 관대해져 가고 있는 것이다. 하지만 결혼이주여성의 모국어가 영어나 중국어, 일본어가 아닌 경우, 그들의 모국어는 가정 내에서 사용이 통제되는 분위기가 형성되어 있다. 결혼이주여성이 영어가 가능한 경우, 결혼이주여성의 모국어가 아닌 영어가 같은 이유로 가정 내에서 소통의 도구로 사용되고 있다. 하지만 언어를 문화자본으로 보는 시선에 의해 결혼이주여성의 모국어, 특히 동남아 국가 출신 결혼이주여성의 언어는 한국 사회에서 그 설 자리가 별로 없다.[11] 이러한 생각은 이중언어 담론과 함께 조금씩 변화를 보이고는 있다.

③ 자녀 양육의 문제 : 자녀의 언어 발달, 교육

결혼이주여성들의 한국어 습득을 추동하는 또 다른 중요한 요인은 자녀의 양육과 관련된다. 자녀의 한국어 습득 및 교육적 성공이 어머니의 언어와 밀접한 관련이 있다는 것, 어머니의 부자연스러운 한국어가 자녀의 한국어 발달을 지연시킨다[12]는 연구 결과들은, 결혼이주여

---

11 차윤정, 「한국 생활의 경험과 결혼이주여성의 언어 의식 변화」, 『코기토』 77, 부산대 인문학연구소, 2015, 238~239쪽.
12 최현욱·황보명, 「다문화가정 이주여성의 한국어능력이 자녀의 한국어능력 발달에 미치는 영향」, 『이론과 실천』 제10권 4호, 한국특수교육문제연구소, 2009; 송인동, 「이주여성 자녀의 언어 진단에 대한 고찰」, 『21세기영어영문학회 학술대회자료집』, 21세기영어영문학회, 2007; 이은경·오성숙, 「어머니의 언어사용 환경에 따른 다문화가정 유아의 언어양상」, 『열린유아교육연구』, 한국열린유아교육학회, 2012.

성들이 자녀 교육 문제와 관련하여 왜 자신의 한국어 능력을 적극적으로 신장시키고 싶어하는지를 잘 설명해 준다.

아이 교육 때문에 한국어 필요해요. 다문화가정 애들 왕따 이야기하고 공부 못한다고 이야기를 많이 해요. 그래서 걱정 많이 했어요. 엄마가 한국어 잘해야 된다고 생각했어요. 우리 딸은 공부 잘하고 친구하고 잘 어울려요. 제 친구 중에 어려움이 있어요. 아들이 유치원 다니는데 ADHD, 주의력 뭐 그런 거예요.(태국 D)

이처럼 결혼이주여성들은 자녀가 학교나 유치원 교육을 받게 되면서 자신의 서투른 한국어나 다문화가정이라는 이유 때문에 자녀가 소외될까봐 두려워한다. 또 학교 전달 사항 등 교육관련 사항을 잘 알기 위해서도 한국어는 필수적이라고 생각한다.[13] 일반적으로 결혼이주여성들은 자녀교육에 관심이 많다.

올해 입학한 아이 어머니 중에 베트남 분이 있어요. 우리 반은 아닌데. 그런데 그 어머니는 거의 매일 학교에 오세요. 자기가 한국어를 잘 못하니 학교 전달사항 같은 거, 해야 될 거 놓칠까봐 오는 거예요. 아이 교육에 아주 열성적이에요.(한국 A)
우리 아이는 한국어, 중국어, 영어하고 다른 말도 2개 정도 했으면 좋겠어요. 그렇게 내가 도울 거예요. 글로벌 시대잖아요. 그래야 잘살 수 있어요.(중국 A)

---

13 차윤정, 「한국 생활의 경험과 결혼이주여성의 언어 의식 변화」, 『코기토』 77, 부산대 인문학연구소, 2015, 235쪽.

결혼이주여성들의 자녀교육에 대한 열의는 그들의 경험과도 관련된 것으로 해석해 볼 수 있다. 경제적 이유 때문에 결혼이주여성으로 한국에 왔다는 시선과 타자화의 경험은, 자녀들에게 이런 환경을 대물림하고 싶지 않다는 의식으로 표출된다고 볼 수 있다. 그래서 교육을 통해 이러한 환경에서 벗어나 자녀들이 더 나은 삶을 살 수 있기를 희망하는 것이다.

(2) 이중언어 담론

최근 들어 한국 사회에서는 다문화가정을 대상으로 한 이중언어교육에 대한 논의의 증가와 함께 관련 정책들이 등장하고 있다. 학계나 사회에서는 미래 한국 사회의 주인공이라는 관점에서 다문화가정 자녀들의 언어 능력 제고를 위해, 앞서 다문화 사회로 진입한 다른 나라들의 이중언어교육이나 정책 등을 검토하는 한편 한국 사회의 이중언어교육에 대해 제안하고 있다.[14]

이와 함께 다문화가정의 이중언어와 관련한 정책 또한 다양한 부서에서 실시되고 있다. 문화체육관광부에서는 다문화가족 자녀들을 대상으로 한 이중언어말하기 대회를 개최하고 외국 전래동화와 우수그림책을 5개 국어(중국어, 베트남어, 영어, 태국어, 몽골어)로 번역, 이를 동화로 구연하고 애니메이션을 제작해서 제공하는 사업을 하고 있다. 또여성가족부에서는 결혼이민자 통·번역 서비스와 함께 이중언어환경

---

14 강휘원, 「캐나다 다문화사회의 통합과 이중언어정책」, 『국가정책연구』 23권 3호, 중앙대 국가정책연구소, 2009; 신찬용, 「EU의 다중언어정책과 소수언어 카탈루냐어」, 『이중언어학』 제30호, 이중언어학회, 2006; 권순희, 「이중언어교육의 필요성과 정책 제안」, 『국어교육학연구』 34권, 국어교육학회, 2009.

조성사업이 실시될 예정이다.[15] 교육부에서는 학생들에게 다양한 문화와 이중언어 학습 기회를 부여하기 위해 방과후학교, 방학·주말 이중언어 교육 프로그램을 강화하고 이중언어강사 제도를 확대하고 있다.[16]

하지만 위에서 보듯이 이중언어에 관한 논의나 정책들 대부분은 다문화가정 자녀들을 중심으로 구성되어 있다. 이는 단기간에 국가 차원에서 기획한 다문화 정책이라는 점에서 나타나는 특징으로 보인다. 국가 차원에서 다문화가정 자녀들의 교육은 국가의 미래와 관련된 것으로 이해되고 이중언어교육은 이러한 측면에서 미래를 위한 인적자원 양성이라는 측면이 강조되는 것이다. 결혼이주여성에 대한 이중언어 관련 정책, 즉 결혼이주여성을 이중언어 강사로 양성하여 방과후학교나 다문화센터의 이중언어교육 강사로 활용하고자 하는 정책 등도 이러한 측면이 많이 반영되어 있다. 물론 다문화가정 자녀의 이중언어교육에 대한 중요성은 새삼 강조할 필요도 없다. 하지만 되짚어 보아야 할 부분은 이러한 논의 속에 결혼이주여성들 입장에서의 소통 문제 그리고 언어 의식의 변화 같은 논의는 거의 없다는 점이다.

한국으로 이주하면서 한국어 사용 담론 속에 함몰되어, 적극적 자발적으로 포섭되었던 결혼이주여성들은 자녀의 출생과 함께 언어 의식에서 변화를 보인다.

아기에게 한국어로 이야기할 수 없어요. 자장가도 몰라요. 그냥 중국말

---

15 http://www.liveinkorea.kr/kr/contents/contents_view.asp?.(검색일 : 2014.4.10)
16 http://www.nime.or.kr/Front/notice/noticeView.asp?no=2002#.(검색일 : 2014.4.10)

로 이야기하고 자장가도 불러줬어요. 잘 모르는 말로 아기에게 안 돼요. 그래서 어릴 때 엄마가 부르던 노래를 불러줬어요.(중국 A)

결혼이주여성들은 한국사회에 적응해야 한다는 이유로 빠른 시간 내에 한국어를 습득하기 위해 노력한다. 하지만 출산과 함께 가정 내에서 모국어의 필요성을 경험하게 된다. 어색한 한국어로는 아기와 엄마로서 자연스럽게 소통할 수 없음을 느끼게 되면서 모국어의 필요성에 대해 인식하게 된 것이다. 모국어의 필요성에 대한 인식은 자녀의 언어교육 문제에도 일정 부분 영향을 끼치기 시작하는 것으로 보인다.

아기한테 단어 조금씩 가르쳐요. 많이 안 가르쳐요. 혼란스러울까봐. 다른 나라말 배우는 거 엄마도 어려운데 아기는 더 어려워요. 하지만 학교 가면 더 가르칠 거예요. 나중에 중국어도 잘하면 내 마음속 얘기 다 할 수 있어요.(중국 A)
딸이 한국하고 태국 사이에서 일했으면 좋겠어요. 베트남 엄마 아이가 베트남말을 잘해서 그렇게 한다고 들었어요. 우리 딸도 태국어 잘해서 그렇게 되면 좋겠어요. 그래서 태국어 조금씩 가르쳐요. 지금은 다문화센터에 태국어 배우러 다녀요.(태국 D)

결혼이주여성들은 자녀들이 자신의 모국어를 배우기를 희망한다. 이러한 배경에는 자녀와 좀 더 친밀한 관계를 형성하고 싶은 욕구 그리고 한국어 외의 다른 언어 구사능력이 자녀의 미래를 위해 도움이 될 것이라는 사고가 자리한다. 후자의 경우는 정부의 이중언어교육 정책의 홍보 효과와도 관련 있는 것으로 보인다.

지금까지 살펴본 것처럼 결혼이주여성은 한국에서 살아가기 위해 대부분 일정 기간 소통의 어려움을 겪는다. 뿐만 아니라 소통의 어려움이라는 문제는 대부분 이주여성 혼자 감내해야 할 몫으로 남겨져 있다. 하지만 이 시기 겪는 소통의 어려움은 단지 개인적 차원에서 해결할 수 있는 부분이 아니다.

문화 간 접촉이 일어날 때 어느 한쪽의 일방적 변화와 수용만을 요구해서는 함께 살아가는 다문화 사회로 변화할 수 없다는 것이, 앞서 다문화적 상황을 맞이했던 나라들로부터의 교훈이라면, 상호문화 이해를 통한 변화의 가능성을 모색하는 것이 또 하나의 방안이 될 것이다. 이러한 관점에서 일방적으로 개인의 변화만을 요구하는 언어 담론에 대한 변화와 함께, 구조적으로 결혼이주여성들에 대한 지원이 필요하다. 이를 위해서는 결혼이주여성이 일차적으로 문화접촉을 하고 있는 가정이나 지역 사회에서 소통의 단절과 배제의 공포에 대한 공감이 이루어져야 할 것이다. 그리고 이와 함께 변화를 위한 가정이나 사회의 실천적 노력, 그리고 결혼이주여성들을 위한 통번역서비스의 확대나 네트워크 활성화 같은 제도적 뒷받침이 이루어져야 할 것이다.

3. 이중언어 동화 발간과 다문화 관련 의식

1) 아시아밝음공동체와 이중언어 동화 발간

'아시아밝음공동체'는 이주민의 증가와 함께 국내에 이주민들에 대한 부정적인 사고가 확산됨에 따라 2008년, 다양한 문화가 숨 쉬는 공간을 만든다는 목적 하에 광주에서 결성되었다. 초기에는 결혼이주여성을 위해 다문화지원센터에서 자조모임을 만들고 한글수업을 진행하며, 가정폭력상담과 매년 분기별로 의료봉사를 실시, 다문화가정과 한국인 가정 자녀들이 함께하는 음악수업 등을 진행하였다.[17] 지금은 한글수업은 다문화지원센터와 타 기관으로 이관시키고 인력지원을 나가는 상황이며 다른 사업은 진행 중이다. 2012년 9월부터는 사회적 기업으로 선정되어 사업을 진행 중이다. 주된 사업은 이중언어로 된 다문화전래동화 발간 사업과 이와 연계해 동화구연을 통해 외국어 교육과 다문화 교육을 실시하는 것이다.

일반적으로 전래동화는 한 민족의 꿈과 생활이 담겨있는 설화를 동심의 세계에서 수용[18]한 것이라고 한다. 이런 점에서 전래동화는 그 이야기를 담아내는 언어뿐만 아니라, 주제나 내용에 있어서도 그 민족이나 집단의 사상, 가치관, 정서, 신앙, 생활 방식 등의 문화적 특징들을 내포하고 있다. 따라서 한 문화권에서 생성된 전래동화를 다른 언어로 번역한다는 것은 단순하게 낱말을 옮겨 놓는 작업이 아니다. 전래동화

---

17 부산대 한국민족문화연구소, 뉴스레터 로컬리티 인문학 30집, 2012, 3~4쪽.
18 정소영, 『한국 전래동화의 탐색과 교육적 의미』, 역락, 2009, 13쪽.

가 전승되어 온 한 문화권의 문화를 다른 문화권에 옮겨 놓는 작업이다. 이러한 측면에서 동화번역은 일종의 문화를 번역하는 작업이라고도 할 수 있다.

문화 번역은 타자의 언어, 행동 양식, 가치관 등에 내재화된 문화적 의미를 파악하여 이를 다른 문화적 '맥락'에 맞게 의미를 만들어 내는 행위라고 할 수 있다. 이런 점에서 문화 번역은 번역이 이루어지는 특정 시공간적 맥락과 문화 번역의 행위자가 누구인지가 중요한 의미를 지닌다. 왜냐하면 번역이 이루어지는 특정 시공간적 맥락과 번역의 행위자가 누구인지에 따라 두 문화 행위자 간의 평등한 관계를 만들어 내기도 하고 위계적인 관계를 고착[19]시키기도 하기 때문이다. 이는 문화 간의 차이를 해석하는 과정에서 타문화에 대한 주관적인 시각이 개입하기 때문이다.

이런 점에서 볼 때, 문화 번역의 측면을 지닌 전래동화의 번역에 있어서도 시공간적 맥락과 행위자인 번역자는 중요한 의미를 지닌다고 할 수 있다. 특히 다문화주의를 지향하는 상황에서 타 문화권의 전래동화를 번역하는 작업은 탈위계적이고 탈중심적인 비교문화적 관점을 견지해야 할 필요성을 지닌다. 다문화적 상황에서의 전래동화의 번역이 수평적이고 비교문화적인 관점을 견지해야 한다고 할 때, 번역가는 이중언어에 능통해야 할 뿐만 아니라 양쪽의 문화에 대해서도 밝아야 한다. 이런 점을 고려할 때 다문화사회에서 전래동화 번역을 통한 이중언어 동화 발간 시, 번역자로서 상대적으로 유리한 잠재력을 가진 사람들은

---

19 김현미, 『글로벌시대의 문화번역』, 또 하나의 문화, 2005, 48쪽.

결혼이주여성과 다문화가정 2세대들이라고 할 수 있다. 하지만 우리의 다문화 역사를 고려할 때, 다문화가정의 2세대들이 잠재력을 발휘하기에는 아직 시기상조이다. 그런 점에서 결혼이주여성들이 이중언어 동화 발간 사업에 참여하는 것은, 문화를 번역하는 작업으로서의 동화 발간이 문화 간 위계화나 특정 문화의 중심화를 제어하는 데 일정 부분 기여할 수 있을 것이다. 특히 번역이 결혼이주여성들과 선주민이 협력하여 만들어가는 과정으로 이루어질 때, 두 문화 간의 선험적인 차이는 연기되고 두 문화권의 경계지점이 자연스럽게 흐려질 수 있게 될 것이다.

'아시아밝음공동체'에서는 2010년부터 이중언어로 된 다문화전래동화책을 발간해 오고 있는데, 2014년까지 14권의 동화를 발간하였다.[20] 이 사업은 문화관광부 공모사업으로 진행되고 있다. 문화관광부에서는 다문화 교육과 이중언어교육 정책의 일환으로 외국 전래동화 및 우수그림책 번역, 동화구연, 애니메이션 제작 사업을 진행 중이다. 아시아밝음공동체는 이 사업에 응모, 당선되어 참여하고 있다. 이 사업에 참여하게 된 동기는 다문화가정 구성원들의 학습능력을 높이고 단순한 한국사회의 동화주의에서 탈피하여 결혼이주여성의 문화를 이해하고자 하는 취지였다. 이중언어로 된 전래동화가 출간 되면, 결혼이주여성들의 문화에 대한 한국인들의 이해의 폭을 넓히는 데 도움이 될 뿐만 아니라, 다문화가정 자녀들은 어머니가 어머니 나라 말로 직접 들려주는 동화를 통해 정서적 교감을 나누고, 전래동화 속에 담긴 어머니

---

20 『반다이반쫑』, 『마량의 신비한 붓』, 『해와 달을 삼킨 개』, 『에르히 메르겡』, 『마술석궁』, 『엄마의 속삭임』, 『세 왕자 이야기』, 『마법의 정원』, 『동곽선생』, 『아이는 보물』, 『용감한 꿍씨이야기』, 『수박이야기』, 『마량의 신비한 붓』(하), 『미농의 슬픈 사랑이야기』.

나라의 역사와 문화를 이해하는 데 도움이 될 수 있을 것이라는 생각이었다.[21] 아시아밝음공동체에서는 동화책을 발간하여 이를 다문화 관련 기관과 다문화가정에 배부하는 한편, 동화구연 을 통해 다문화가정과 한국인 자녀들의 다문화 교육 및 언어 교육자료로 활용하고 있다.

이중언어 다문화전래동화 발간 작업은 동화 선정에서부터 원문 정리, 번역, 삽화, 감수까지 여러 과정을 거친다. 이 작업에는 공동체 사람들이 중심이 되어 참여하지만, 작업 성격 상 공동체 밖의 사람들이 함께 참여하기도 한다.[22]

동화 선정 작업은 먼저 구성원들이 다양한 동화 목록을 제안하고 함께 논의하는 과정으로 이루어지는데, 이 과정에서는 이주여성들의 의견이 중요하게 작용한다.

한국인들 입장에서는 별 재미가 없는 것 같은데 이주여성들은 생각이 다른 경우가 있어요. 일본 동화가 그랬어요. 이주여성들은 공통적으로 재미있다고 추천했어요. 그래서 그들의 의견에 따랐어요. 우리가 재미있다고 생각하는 것과 그들이 어렸을 때 재미있게 들었거나 읽은 게 다를 수 있잖습니까? 그게 문화 차이, 경험의 차이 때문인 거 같아요. 그럴 때는 그들의 의견을 따르는 경우가 많습니다. (한국 B)

동화 선정 작업이 끝나면, 원문 정리와 번역 작업이 이루어진다. 이주여성들은 주로 원문을 정리하고 일차적으로 번역하는 작업을 담당

---

21 아시아밝음공동체 김기현 소장과의 인터뷰를 통해 확인한 내용이다.
22 번역이나 삽화, 감수 작업에 재능기부 형식으로 참여한 사람들도 있다.

한다.[23] 그후 일차 번역본을 가지고 한국인들과 함께 수정하고 다듬는 과정을 거친다. 삽화를 그리는 사람들도 함께 참여하여 관련 문화에 대한 이해를 높인다. 이러한 과정을 거치면서 이중언어 동화 발간 작업에 참여한 사람들, 결혼이주여성과 한국인들은 다양한 의식 변화를 경험한다.

2) 결혼이주여성의 의식 변화

이주여성들은 동화 번역 과정에서 한국어 능력 향상과 함께 자신감의 향상을 경험한다.

> 아무래도 한국어가 좀 더 늘었어요. 중국어하고 맞는 말을 찾아야 하니까, 고민 많이 했어요. 남편에게 물어 보고, 사전도 찾고. 또 동화니까 아이들이 이해할 수 있는 단어를 찾아야 하니까요. 한국어가 많이 늘었어요. 그래서 자신감이 좀 더 생겼어요. 앞으로 더 잘할 수 있을 거 같아요. 또 재미있는 건 한국에도 우리 이야기하고 비슷한 게 있다는 것도 알았어요. 비슷한 게 많구나 그런 생각이 들었어요. 좀 차이나지만 남편도 이 이야기를 안다고 했어요.(중국 C)

---

23 작품에 따라서는 그 나라에서 오래 거주한 한국인이 번역작업을 하는 경우도 있고, 나라에 따라서는 작업이 가능한 이주여성을 구하기 어려워 외국인 유학생이 참여한 경우도 있다.

동화 번역 과정에서는 두 언어 사이의 간극을 좁히려는 결혼이주여성의 적극적인 노력이 시도 된다. 그에 따라 한국어 능력의 향상과 함께 자신감도 생겼음을 알 수 있다. 이 작업에 참여한 여성들은 한국어 구사능력이 상급에 해당한다. 그럼에도 불구하고 한국어 능력의 향상이 한국 생활에서의 자신감으로 이어지는 것으로 보아, 이들의 의식 속에는 아직도 한국어에 대한 중압감이 자리하고 있음을 알 수 있다. 그리고 이중언어 동화 번역을 통해 모국과 한국 문화 간의 유사성에 대해서도 인식하게 되었음을 확인할 수 있다.

> 번역하면서 옛날 생각 많이 났어요. 금망둥이라는 동화예요. 아이 때 재미있게 들었어요. 엄마 사랑에 대한 이야기예요. 그래서 엄마 생각, 고향 생각이 많이 났어요. 태국에는 딸이 엄마를 돌보는데, 한국은 달라요. 아들이 돌봐요. 이 책 나오면 딸에게 태국 이야기 많이 해 줄 거예요. 태국말로 이야기하면 더 재미있어 할 거예요. 지금 태국말 좀 알거든요. 앞으로 더 많이 가르칠 거예요.(태국 D)

어린 시절 들었던 동화를 번역하면서 고향에 대한 그리움을 느끼고 모국에 대한 태도에도 변화가 있음을 보여준다. 한국어로 표현의 한계를 느끼고 생각이나 감정을 담아내기 어려워했던 이주여성들은[24] 모국어로 쓰여진 동화를 매개로 자신의 모국에 대해 알려주겠다는 생각을 가지고 있다. 또 모국어로 동화를 들려줌으로써 자녀에게 자신의

---

24 인터뷰에 참가한 이주여성들은 섬세한 표현은 한국어로 할 수 없어 아직도 모국어를 사용한다고 한다.

모국어에 대한 흥미를 높이고 이해를 증진시키려는 생각을 가지고 있음을 알 수 있다. 이러한 태도는 한국에서의 생활 적응에 초점을 두었던 그들의 생각에 변화가 있음을 보여준다. 즉 모국을 드러내는 데 소극적이었던 그들이 이중언어 동화라는 매개를 통해 자녀에게 자신의 모국에 대해 알리고 싶어 하고 모국어를 교육시키고 싶어하는 변화를 보이는 것이다. 물론 이러한 변화가 단순히 이중언어 동화책의 발간 작업에 참여했기 때문이라고는 말할 수 없다. 그 저변에는 홍보나 한국 사회의 인식 변화 같은, 변화를 야기한 복잡한 과정이 자리할 것이다. 그렇다고 하더라도 이들이 이중언어 동화를 매개로 변화된 생각을 표출하고 있다는 점에서, 이중언어 동화 발간 작업에 참여한 것이 의식의 변화에 중요한 영향을 끼쳤다고 볼 수 있다.

우리나라 이야기를 애들이 읽을 수 있어서 좋아요. 중국에서 인기 있는 책이에요. 저도 어렸을 때 읽었어요. 한국 사람들도 많이 읽었으면 좋겠어요. 한국에는 중국하고 비슷한 것도 많아요. 이런 이야기를 보고 서로 이해했으면 좋겠어요. 그래서 다른 나라 동화책도 가져다 읽어줬어요. 베트남, 몽골, 스리랑카 책들. 지도를 보여주고 여기가 어디야, 이 나라 책이야, 그러면 관심을 보이고 재미있어 해요. 애들이 중국하고 다른 나라도 알았으면 좋겠어요. 유치원 때 중국애라고 놀렸다고 했어요. 그래서 우리 애들한테는 다른 사람을 놀리는 거 나쁘다고 가르쳐요. 피부색이 다르다, 엄마가 다른 나라 사람이다 놀리면 안 돼. 다른 나라 책들을 보여 주면서 가르쳤어요. 다른 나라 책을 많이 읽으면 서로 더 잘 이해하게 되는 거 같아요. (중국 C)

결혼이주여성들은 모국의 문화가 담긴 이야기가 번역되고 읽힘으로써, 한국 사회가 그들에 대해 더 잘 이해하게 될 것이라고 기대한다. 이중언어 동화를 통해 문화 간의 유사성과 차이를 이해함으로써 자신들에 대한 이해가 증진될 것이라고 생각하는 것이다.

국제결혼이나 모국의 경제적 배경에 대한 한국인들의 인식 때문에 타자화를 경험한 결혼이주여성들은, 자신들의 경험이 자녀 세대에게 이어지기를 원하지 않는다. 이러한 생각은 이주여성들이 다문화 교육에 관심을 갖게 하는 중요한 요인이 되고 있다. 이중언어 동화는 결혼이주여성의 가정에서 다문화 교육을 실시하는 자료로 활용되고 있다. 특히 자신의 모국 동화뿐만 아니라 다른 나라의 동화도 함께 읽어 줌으로써 다른 문화에 대해서도 관심과 친근감을 주고자 시도하고 있다. 이들의 이중언어 동화를 활용한 교육은 자신의 타자화 경험을 다른 문화나 사람에 대한 이해 방식에 적용한 것으로 볼 수 있다. 타자화의 경험이 또 다른 타자화에 대한 경계로 이어진 것이다. 이러한 점은 다문화 사회를 향한 긍정적 변화라고 할 수 있다. 더구나 이러한 이해와 변화가 주류 사회에서가 아닌 소외와 배제, 타자화를 경험한 이주여성들로부터의 변화라는 점, 그리고 자신의 자리에서부터 상호이해의 방법을 찾고 있다는 점에서 더욱 의미가 크다고 할 수 있다.

한국 사회에서의 타자화 경험은 이주여성을 위축시켜 스스로를 소극적이고 서툰 존재로 인식하게 하는 경향이 있다.

한국말이나 문화를 잘 모르니 실수할까봐 겁이 났어요. 말이 조금만 틀려도 모두 나를 쳐다보는 것 같았어요. 어떻게 해야 될지 몰랐어요.(중국A)

직원 뽑을 때요. 한국말 잘해도 우리 안 뽑아요. 아무래도 한국 사람보다 서툴잖아요. 한국 사람을 찾지 우리 안 찾아요.(태국 D)

이러한 상황에서 이중언어 동화 발간 작업의 참여는 이주여성들에게 스스로의 능력에 대한 긍정적 인식을 갖게 하는 계기가 된다.

딸들이 태국어 아니까 재미있어 할 거예요. 책에 제 이름이 나오면 좋지요. 딸들도 좋아할 거예요. 그래도 한국어를 좀 하니까 이런 일을 할 수 있어요. 앞으로 다른 일도 해보고 싶어요. 가게 같은 거요.(태국 D)

제 책이 나오면 중국어로 읽어 줄 거예요. 재미있어 엄마 나라 거야. 엄마가 번역한 책이야. 뿌듯하고 기분 좋아요. 아이들도 자랑스러울 거예요.(중국 C)

이와 함께 이주여성들은 이중언어 동화 발간을 통해 자신들에게 더 많은 사회적 기회가 주어지기를 희망한다.

동화책이 많이 팔리면 좋겠어요. 그러면 아시아밝음공동체도 유명해지고, 우리 일도 많아질 거예요. 한국인들보다 잘할 수 있는 거 중국어예요. 지금보다 더 일이 많아졌으면 좋겠어요.(중국 A)

다문화센터같은 기관 말고 서점 같은 데도 많이 보내면 좋겠어요. 홍보 많이 해 많이 팔면 좋잖아요. 일도 많이 할 수 있고, 더 많은 사람이 일 할 수 있어요.(중국 B)

이 결혼이주여성들은 동화책을 활용하여 방과후학교나 유치원에서 동화구연을 하고 중국어를 가르치는 일을 하고 있다. 이들은 이중언어 동화 발간이 문화 이해의 측면에서 의미 있을 뿐만 아니라, 본인들에게 일할 수 있는 더 많은 기회를 제공할 수 있다는 점에 대해서도 생각하고 있다. 한국사회에서 능력을 제대로 인정 받을 수 없었던 그들이, 모국어를 통해서 능력을 인정 받을 수 있다는 인식을 한 것이다. 이렇게 이중언어 동화 발간 작업과 그와 연계한 동화구연 사업을 통해, 이주여성들은 자신의 능력에 대한 긍정적 인식을 갖게 되고 한국 사회에서 자신들이 가진 강점에 대해서도 인식하게 되는 것으로 보인다.

3) 한국인들의 의식 변화

이중언어로 동화를 발간하는 과정은 이주여성들뿐만 아니라 작업에 참여한 한국인들의 의식 변화에도 영향을 끼쳤다. 한국인들이 동화 발간 작업에 참여하는 이유는 다양하다. 그 대표적인 것이 봉사, 책임감 같은 것이다.

> 퇴직도 하고, 친구들은 여행 다니고 놀러 다니고 하는데, 그래도 뭐 좀 좋은 일을 해야 하지 않을까, 봉사하는 게 좋겠다 생각해서 시작을 했어요. 초등학교에서 애들을 가르쳐서 한글을 가르칠 수도 있겠다 뭐 그런 생각에서요. 봉사하면서 사회복지과 석사과정도 다녔어요. 동화 발간 작업에서는 번역한 것을 수정하고 다듬는 작업을 했어요.(한국 C)

학교에 있다 보니 다문화에 관련한 자료들이 많았으면 좋겠다고 생각했어요. 올해 우리 학교 1학년 입학생 76명 중에 다문화가정 학생이 9명이에요. 학생들은 해마다 증가하는데, 학교에서는 그만큼 빨리 대처하지 못하고 있어요. 사실 가정통신문 같은 거 다문화가정 어머니들이 이해하기 어렵잖아요. 모든 나라 언어로 다 보낼 수 없으니. 다문화가정 자녀 문제는 한국 학생들하고도 관계가 있어요. 한국 학생들도 다문화에 대해 이해해야 자연스럽게 서로 어울릴 수 있어요. 그래서 내가 뭔가 할 수 있는 게 없을까 생각하다가, 저는 동화책 그림 그리는 데 참여했어요. (한국 A)

봉사 정신이나 책임감은 다문화 사회로 변화하는 과정에 필요한 덕목임에 틀림없다. 하지만 이러한 생각의 밑바닥에는 그들을 위해 베푼다는 생각이 자리한다. 상대와 나를 주체와 주체로 대등한 위치에 맞세워 서로 이해한다는 의미보다는, 주체인 내가 타자인 너를 위해 무엇인가를 해준다는 의미가 깔려 있다. 하지만 참여자들은 작업을 하는 과정에서 변화를 보이기도 했다.

번역을 수정하고 다듬는 작업에서 힘들었던 건 거기에 딱 맞는 한국어를 찾는 거예요. 더구나 어린아이들이 알 만한 단어로 바꿔야 하니까요. 말투도 그렇고. 동화에서 쓰이는 말투가 다르잖아요. 그러다 보니 한편으로 이해가 되더라고요. 이 사람들이 모르는 한국어로 자기 생각을 표현한다는 게 얼마나 힘들까 그런 생각요. 나도 아마 외국에 나가서 살게 되면 똑 같을 거 같아요. 이해가 되더라고요. (한국 C)

위의 구술은 번역이라는 작업이 단순한 언어 옮김의 의미를 넘어 서로의 입장을 이해하는 하나의 방법이 될 수 있음을 보여준다. 머릿속으로는 이주여성들이 언어 때문에 불편할 것이라고 생각하지만 현실적으로 체감하지 못했던 한국인들이, 직접 경험의 과정을 통해 그들의 어려움에 공감한 것이다. 위로부터의 교육이 집단에게 추상적인 의식을 심어주는 것은 가능하나 그것이 공감을 통해 상대를 이해하는 것으로 나아가기까지는 많은 어려움이 있다. 이중언어 동화 발간 작업 같이 공동으로 작업이 이루어지는 경우는, 상대의 어려움을 직접 경험하면서 가까이서 느낄 수 있다. 이 과정에서 상대방과 나를 치환해 보는 과정을 거치게 되면, 서로 이해하는 단계로 나아갈 수 있는 것이다.

사실 이 사람들 나라에 대해 잘 몰랐어요. 그냥 살기가 어렵다는 정도로 생각했지. 막연하게 동남아나 몽골 같은 나라는 경제적으로 어려우니까 문화도 별로겠지 생각했던 거예요. 경제적 잣대로 문화까지도 같이 평가했었던 것 같아요. 우리나라 사람들 대부분이 아마 그렇다고 생각해요. 그런데 동화 번역 작업에 참가하면서, 깜짝 놀랐어요. 이렇게 재미있고 아름다운 이야기가 있었구나, 너무 재미있어서 아, 이런 이야기가 더 많이 소개되면 좋겠구나 그런 생각을 했어요. 문화적으로 절대 뒤떨어진 게 아니라고요. 편견을 가지고 있었던 거 같아요. 아무튼 생각이 많이 바뀌었어요. 이런 동화가 많이 읽혔으면 좋겠어요. 우리나라 아이들이 이런 동화들을 많이 보면 나처럼 생각이 변할 것 같아요. 그래서 더 열심히 봉사하기로 했어요. (한국C)

그림을 그리겠다고 참여는 했지만 아는 게 없었어요. 그림을 그리려면 그 나라의 역사나 문화, 의식주, 종교, 어떤 색깔들을 선호하는지 뭐 이런 걸 다

알아야 되는데요. 처음에는 몰랐어요. 막상 그리려고 보니 내가 모르는 게 너무 많더라고요. 내가 이렇게 몰랐구나 하는 생각이 들더라고요. 그래서 이야기도 듣고 책도 읽고 인터넷도 찾아보고 했어요. 오히려 이 작업을 하면서 내가 배운 게 더 많아요. 이 정도로는 다른 나라를 이해한다고 할 수도 없어요. 다른 나라 문화를 이해한다는 건 정말 어려운 거 같아요.(한국 A)

처음에는 단순히 봉사하는 마음이나 책임감으로 참가했던 사람들도 그 과정에서 내가 베푼다는 의미 외에 또 다른 나의 변화를 경험하고 있다. 전자의 경우 여전히 봉사한다는 의식을 지니고 있다는 한계를 가지고 있지만, 자신이 가진 편견에 대해 인정하는 변화를 보이고 있다. 후자의 경우 역시 자신이 다른 나라의 문화에 대해 몰랐으며 그림을 그리려고 준비하는 과정에서 오히려 자신이 더 배운 게 많다, 다른 나라의 문화를 이해하는 게 어렵다는 것을 알았다고 했다. 이러한 모습은 주체의 일방적인 입장에서 다른 문화를 바라보던 태도가 부분적으로 변화를 보이는 것이라고 할 수 있다. 물론 작업 과정에서 나타나는 이러한 변화가 곧 이주여성들을 대등한 주체로 인식한다거나 그들의 문화에 대한 인정으로 직결된다거나, 혹은 이것이 다문화 사회로 변화하는 징표라고는 할 수 없다. 하지만 이러한 것들이 변화의 출발점이 되는 것은 분명하다.

동화를 번역하면 재미있는 경우가 있어요. 우리 이야기하고 비슷한 경우도 있고, 원래는 다른 나라 이야기인데 우리나라에 말만 알려진 경우도 있어요. 마량의 신비한 붓 같은 경우가 그래요. 또 우리가 궁금하게 생각했던 거, 해나 달 같은 게 어떻게 만들어졌나 하는 게, 다른 나라 동화에도 있는데, 이야기가 우리하고는 달라요. 그게 재미있어요. 아 이 나라에서는 이렇게 생각하는구나, 이렇게도 생각할 수 있구나 그런 거요. 그런 걸 배우는 거 같아요. 아이들도 동화책을 보면서 이런 걸 느끼면 좋을 거 같아요.(한국 B)

동화를 발간하는 과정에서 다르다고만 생각했던 문화들 속에서 공통점을 찾아내고, 또 공통된 관심사에 대해 어떻게 다르게 사유하는지를 인식하게 되었다고 한다. 이러한 인식의 변화는 지금까지 차이만 강조되었던 문화들 간의 이해를 촉진 시키는 데 기여할 것이다. 그리고 그 사유의 공통점을 바탕으로 문화 간 상호이해가 가능한 장이 열릴 수 있을 것이다. 그리고 공통점과 차이점을 받아들이면서 서로의 문화를 이해할 때, 문화에 대한 이해가 사람에 대한 이해로 확장될 수 있을 것이다.

현재 이중언어 다문화전래동화는 동화구연 사업과 연계되어 교육자료로 활용되고 있다. 초등학교 방과후 활동이나 유치원 등에서 동화구연을 통해 다문화 교육과 함께 이중언어 교육이 실시되고 있다. 하지만 현실적으로는 중국어 동화를 통한 중국어 교육만 실시되고 있는 형편이다. 이러한 현실은 앞에서 논의하였던 우리 사회의 언어에 대한 위계적 사고를 반영하는 것이다. 중국어나 일본어로 된 동화가 아닌, 동남아국가 언어나 몽골어 등으로 이루어진 동화책들은 다문화가정이 아닌 다른 곳에서 그들의 언어로 읽히거나 이중언어교육과 연계되지 못하고 있다. 이러한 모습은 우리사회의 다문화에 대한 인식을 단적으로 보여주는 예라고 할 것이다.

4. 다문화의 장, 로컬의 가능성과 한계

앞에서 살펴 본 것처럼 아시아밝음공동체의 이중언어 동화 발간 작업을 통해 공동체 구성원들은 다양한 의식의 변화를 보여주고 있다. 이중언어 동화 발간과 관련하여 결혼이주여성들은 한국어 구사 능력의 향상과 함께 자신감이 상승하는 한편, 자기 인식에 있어서도 적극적, 긍정적으로 변화하는 모습을 보인다. 또 한국사회에서 자신들과 모국이 더 많이 이해되기를 기대하며, 모국(어)에 대해서도 소극적인 태도에서 벗어나 자긍심을 보이는 등의 변화를 보인다. 그리고 타자화의 경험을 통해 형성된 타자화에 대한 경계심을 가정 내에서 다문화교육으로 전이, 실천하는 모습을 보이기도 한다.

다문화 상황에서 처음에는 봉사심과 책임감으로 작업에 참여했던 한국인들도 다소간 의식의 변화를 보이고 있다. 언어적 소통의 어려움을 경험하면서 동일시 과정을 통해 결혼이주여성들의 어려움에 공감하고, 다른 문화에 대한 편견과 무지에 대한 인식, 문화 간 유사성과 차이에 대한 이해가 증진되는 모습을 보인다. 하지만 아직까지 봉사라는 생각을 완전히 버리지 못하고 있는 것으로 보아, 주체와 타자라는 관계의 비대칭적 구조를 전복시킬 수 있는 정도로까지 의식이 변화하지는 못했음을 알 수 있다.

이처럼 아시아밝음공동체 구성원들은 이중언어 동화 발간이라는 작업에 함께 참여하면서 의식의 변화를 경험하는데, 이러한 의식의 변화는 곧 다양한 문맥—한국의 다문화 상황과 (언어) 담론, 아시아밝음공동체, 결혼이주여성과 한국인이 같이 참여하는 이중언어 동화 발간 작업 등—의 상호작용에 의해 새롭게 재구성되는 양상을 보인다.

그런데 이러한 구성원의 의식의 재구성을 통하여, 함께 살아가는 다문화 사회로의 변화를 위한 로컬의 가능성을 엿볼 수 있다. 이중언어 동화 발간 사업과 관련한 국가의 기획은, 동화를 통한 다문화에 대한 이해 증진(다문화교육 자료로 활용), 동화구연을 통한 이중언어 교육과 일자리 창출이 목적이었다. 아시아밝음공동체에서는 이러한 목적 달성과 함께 참여자들의 다문화 관련 의식이 변화하는 모습이 나타났다. 다문화에 대한 이해 증진에 있어 국가 차원에서는 교육이 강조되고 있다. 하지만 교육이 중요한 의미를 가지고 있음에도 불구하고, 개인의 구체적 경험과 연결되지 못하고 추상적 인식 수준에 머무르게 된다면 다문화에 대한 이해는 요원하다고 할 수 있다. 아시아밝음공동체의 이중언어 동화 발간 작업 과정에서 드러나는 인식의 단면은 이를 보여주는 사례라고 할 수 있다. 다른 문화에 대한 추상적 인식이 변화하는 순간은, 번역이라는 구체적 상황 속에서 서로가 직접 대면하는 경험을 통해서이다. 함께 살아가는 다문화 사회로의 변화에 있어, 국가적 차원보다 로컬 차원에서 긍정적 역할을 할 수 있는 부분이 이러한 지점이다. 선주민과 이주민, 한국인과 결혼이주여성이라는 경계 허물기는, 구체적이고 직접적인 경험의 장인 로컬에서 가능하기 때문이다.

로컬이 보여주는 또 다른 가능성은 결혼이주여성에게서 나타나는 타자화에 대한 경계와 다문화교육의 실천에서 찾아볼 수 있다. 타자화를 경험한 결혼이주여성이 보여주는 다문화에 대한 의식과 실천은, 타자화라는 경험을 공유한 로컬 역시 유사한 방식의 실천이 가능하다는 추론을 성립시킨다. 경험의 공유는 타자와 자기의 동일시 과정이 있을 때 용이하다는 점에서, 로컬이 함께 살아가는 다문화 사회로의 변화에 더욱 능동적일 수 있다는 것이다.

그럼에도 불구하고 아시아밝음공동체의 이중언어 동화 발간 작업은 여러 가지 한계를 가지고 있다. 이 작업이 공동체가 자체적으로 자본을 투자해서 기획한 것이 아니라, 국가에서 기획한 사업에 참여한 것이라는 점에서 어쩔 수 없이 가지는 한계가 있다. 국가의 기획에 따라 일정한 성과를 올려야 하고, 국가적 요구와 목표를 담아내야 한다는 점, 사회적 기업으로서 일정 부분 수익을 창출해야 하는 점 등이다. 동화 구연을 위해 방과후학교나 유치원 등을 찾아내야 하는 등의 문제도 그러한 예이다.

또 사회적 기업이라는 점과 관련하여, 이 작업에 자발적 참여를 한 경우도 있지만 소속된 공동체의 업무로 참여하는 경우도 있다. 이런 경우는 자발적 참여보다 상대적으로 동화 발간 작업과 관련한 의식의 변화가 크지 않은 것으로 보인다. 이는 위로부터 주어진 업무라는 성격이 자발성에 의한 개인적 선택에 비해 의식 변화를 덜 수반하기 때문으로 보인다. 이러한 점과 관련한 또 다른 한계는 이중언어 동화구연 사업에 참여하는 이주여성들에게 주어지는 기회의 차이이다. 이 기회의 차이란 이주여성의 모국어에 따라 일자리 창출에서도 차이가 생긴다는 것이다. 연계된 동화구연 사업에 현재 참여하고 있는 여성들은 중국어를 모국어로 한다. 이는 동화 출간이 일자리 창출로 연계되는 과정에서 생긴 기회도, 한국 사회의 언어 위계 담론의 틀을 그대로 반영하고 있음을 보여준다. 언어 담론의 틀 속에서 이주여성 간에도 차이에 따른 배제와 타자화가 재생산 되고 있다.

또한 결혼이주여성의 경우, 이 작업에 참여할 수 있는 사람이 제한되어 있다. 한국어 능력이 중상급 이상의 수준이 되어야 참여가 가능하기 때문이다. 한국어를 전혀 모르거나 초보적인 수준의 이주여성들은 참여할 수 없어, 여전히 한국어 중심의 담론이 만들어낸 구조적 틀을 깨지 못하고 그 안에서 변화의 가능성 모색하는 한계가 있다. 뿐만 아니라 결혼이주여성들 내부에서도 이런 작업에 참여할 수 있는 사람과 그렇지 못한 사람들을 구분하게 됨으로써, 아직까지 드러나지는 않았지만 또 다른 타자화로 이어질 가능성이 여전히 잠재되어 있다.

참고문헌

구술자료

구술자(국적)	연령	한국 거주 기간	학력
중국 A	35세	5년	대졸
중국 B	30세	5년	대졸
중국 C	39세	14년	대졸
태국 D	36세	9년	대졸
한국 A	50세		
한국 B	45세		
한국 C	69세		
한국 D	46세		

구술대상자(2014년 4월 구술 당시 기준)

강휘원, 「캐나다 다문화사회의 통합과 이중언어정책」, 『국가정책연구』 23권 3호, 중앙대 국가정책연구소, 2009.

권복순·임보름, 「결혼이주여성의 인권 발달권 증진을 위한 담론」, 『한국 다문화에 관한 담론』, 대구가톨릭대 다문화연구소, 2012.

권순희, 「이중언어교육의 필요성과 정책 제안」, 『국어교육학연구』 34권, 국어교육학회, 2009.

김병오 외, 『한국의 다문화 상황과 사회통합』, 한국학중앙연구원, 2011.

김보라, 「국제결혼 이민 실태와 이민자 여성의 한국 적응」, 서강대 공공정책 대학원, 2008.

김순규·이주재, 「국제결혼 이주여성의 한국어 능력과 사회적 지지가 한국생활 적응에 미치는 영향」, 『한국가족복지학』 제15권 1호, 한국가족복지학회, 2010.

김영란, 「한국사회에서 이주여성의 삶과 사회문화적 적응관련 정책」, 『아시아여성연구』 45(1), 2006.

김이선 외, 『다문화가족의 언어, 문화 사용 및 세대간 전수에 관한 연구』, 한국여성정책연구원, 2010.

김현미, 『글로벌시대의 문화번역』, 또 하나의 문화, 2005.

김화수, 「다문화사회와 의사소통―언어병리학의 지평에 서서」, 『현대사회와 다문화』제1권 2호, 대구대 다문화사회정책연구소, 2011.

박은미 · 이곤수, 「다문화사회와 지역사회적응－여성결혼이민자의 사례」, 『한국행
정논집』 21, 2009.

백용매 · 류윤정, 「다문화가족 구성원의 심리사회적 적응에 관한 연구동향과 현황분
석」, 『한국 다문화에 관한 담론』, 2012.

부산대 한국민족문화연구소, 『뉴스레터 로컬리티 인문학』 30집, 2012 .

성상환 · 한광훈, 「도서지역 결혼이주여성의 언어문화 실태 조사 연구」, 『교육문화연
구』 제17권 3호, 인하대 교육연구소, 2011.

송인동, 「이주여성 자녀의 언어 진단에 대한 고찰」, 『21세기영어영문학회 학술대회
자료집』, 21세기영어영문학회, 2007.

신찬용, 「EU의 다중언어정책과 소수언어 카탈루냐어」, 『이중언어학』 제30호, 이중언
어학회, 2006.

왕한석, 『또 다른 한국어－국제결혼 이주여성의 언어 적응에 관한 인류학적 연구』,
교문사, 2007.

원진숙, 「다문화 배경 국어 교육 공동체 구성원들의 언어 의식」, 『국제이해교육연구』
6권 1호, 한국국제이해교육학회, 2013.

이은경 · 오성숙, 「어머니의 언어사용 환경에 따른 다문화가정 유아의 언어양상」,
『열린유아교육연구』 17권 4호, 한국열린유아교육학회, 2012.

이재분 외, 『다문화가족 자녀의 결혼이민 부모 출신국 언어 습득을 위한 교육 지원
사례 연구』, 한국여성정책연구원, 한국교육개발원, 2010.

이진숙, 「여성 결혼이민자 지원 및 활용프로그램 활성화 방안」, 원광대 석사논문,
2007.

이화숙, 「한국의 이주민 대상 언어정책」, 『한국 다문화에 관한 담론』, 대구가톨릭대
다문화연구소, 2012.

장승심, 「결혼이주여성의 언어 사용 실태와 그 함의」, 『교육과학연구』 제11권 2호,
제주대 교육과학연구소, 2009.

정소영, 『한국 전래동화의 탐색과 교육적 의미』, 역락, 2009.

차윤정, 「한국 생활의 경험과 결혼이주여성의 언어 의식 변화」, 『코기토』 77, 부산대
인문학연구소, 2015.

최현욱 · 황보명, 「다문화가정 이주여성의 한국어능력이 자녀의 한국어능력 발달에
미치는 영향」, 『이론과 실천』 제10권 4호, 한국특수교육문제연구소, 2009.

로컬 주도적 다문화주의의 의미와 가능성*
윤리와 문화를 중심으로

조명기

1. 다문화주의 기의記意의 지연

2000년대 중반 이후의 한국사회에서 다문화주의multi-culturalism는 훼손해서는 안 되는 숭고한 가치·이념으로 고양되었다. 자본제적 신자유주의·세계화를 불가피한 미래상으로 간주한 후 이에 적극적으로 적응하기 위한 인식적 토대를 마련하기 위해서든, 인구 감소와 도농 간의 성비 불균형이라는 국가적 상황을 타개하기 위한 방편으로 활용하기 위해서든, 소수자의 정치적·문화적 인권을 적극적으로 보호하고 고취해야 한다는 윤리·정의 때문이든, 다문화주의는 단일민족국가에 대한 상상력을 거의 전면적으로 대체해나가고 있다.

현재 한국에서 전개되고 있는 다문화 상황에 대해 비판적 담론을 개

---

*   이 글은 「로컬 주도적 다문화주의의 의미와 가능성」, 『로컬리티 인문학』 12, 부산대 한국민족문화연구소, 2014를 수정·보완한 것이다.

진하는 경우에도 상황은 별반 다르지 않다. 한국의 다문화 상황·정책을 국가 주도 다문화정책의 소산이라고 이해하거나 국가—시민사회의 공조 혹은 경쟁적 관계에 의한 것으로 파악하거나에 관계없이, 다문화주의의 외양을 한 동화정책에 가깝다는 많은 비판들은 대체로 다문화주의의 가치와 위상을 신성화·숭고화하는 과정을 일정 정도 동반한다. 지향점의 가치 고양은 현 실태에 대한 비판의 토대를 제공한다. 다문화주의(상황)에 대한 논의에서 정책적·방법론적 접근이 주류를 차지하고 있는 것도 지향점으로서의 다문화주의와 결핍된 현재 사이에 놓여 있는 간격을 최소화하려는 노력 즉 다문화주의를 지향점으로 간주하고 현실을 불충분하고 왜곡된 세계로 평가한 후 전자를 통해 후자를 견인하려는 정책적·행정적 노력의 일환이라 할 것이다.

다문화주의의 이러한 가치와 위상에도 불구하고 한국의 다문화주의에 대한 많은 논의들이 여전히 고백하는 것 중에는, 다문화주의는 시대와 국가에 따라 달라질 수 있다는 가변성, 그리고 한국적 다문화주의에 대한 철학적 탐색이나 성찰의 빈약함 등이 포함되어 있다. 미래의 당위적인 기획이나 가치로 신성화됨으로써 현재의 변화를 추동하는 힘으로 기능하는 다문화주의는, 역설적이게도 대단히 유동적인 개념이며 현재의 한국사회가 시공간적 실체를 확인하거나 정립하지 못한 불투명한 기표일 수 있다.[1]

물론 다문화주의에 대한 대체적인 함의는 존재한다. 그것은 다양한

---

1   이런 측면에서 다문화주의는 오히려 차별배제모형, 동화모형 등과의 대비를 통해 그 정당성을 인정받기도 한다. Patrick Savidan, 이산호·김휘택 역, 『다문화주의—국가정체성과 문화정체성의 갈등과 인정의 방식』, 경진, 2012, 29쪽 참조.

유형의 문화들이 나름의 고유한 가치와 의미를 토대로 공존하고 있다는 사실을 수용하며 또한 평등과 상호존중의 원리에 따라 각각의 고유한 가치와 삶의 유형을 규범적으로 인정하며 나아가 각 문화가 상호주체성에 기반을 두고 적극적으로 영향관계를 형성해나가고자 하는 이념이라는 이상적이고 윤리적인 명제로 정리될 수 있다.[2] 그러나 이 명제는 하나의 분명한 사실과 여러 개의 난제를 재현한 것에 불과할 수 있다. 하나의 분명한 사실이란, 관심의 대상이 왜 경제적·정치적 문제가 아닌 문화인가 하는 문제를 옆으로 밀어놓는다면 이 명제는 지극히 규범적이고 당위적인 윤리성으로 무장하고 있다는 점이다. 다문화주의는 "평등", "상호존중", "인정", "공존", "상호주체성" 같은 윤리·정의를 실현하려는 이념을 통해 정의되고 있다.

윤리적이고 정의로운 의미의 단어들로 점철되어 있는 이 명제는 동시에 다양하고 유동적인 난제들을 비재현의 방식으로 재현한다. 경제적·정치적 자원의 재분배와 문화적 인정의 관계, 각 문화의 고유한 가치에 대한 사실적 인정과 가치판단의 관계, 인정의 방식, 문화의 성격에 대한 인식(가령 구성적 혹은 본질적), 인정 행위의 역설(가령 문화에 대한 인정 행위가 개별자의 문화정체성을 환원론적으로 획일화할 수 있다는 점), 가치판단 주체의 문제 등, 여러 난제에 대한 해답의 단초를 이 명제는 구비하고 있지 않다. 대신 이 단초들의 확인은 시공간적으로 다양한 상황과 맥락에 따라 유동적일 수 있다는 부연설명에 의해 지연된다.

윤리나 정의가 난제를 정리하고 해결하는 실질적이고 보편적인 척

---

2   송재룡, 「다문화주의와 인정의 정치학, 그리고 그 너머—찰스 테일러를 중심으로」,『사회이론』, 한국사회이론학회, 2009 봄·여름, 83쪽 참조.

도로 기능하지 못하고 다양한 현실 세계에 의해 재정의되고 번역될 때 비로소 그 실체를 드러낼 수 있다면 이때의 윤리나 정의는 명확한 기의를 확보하지 못한 적어도 기의가 지연된 기표에 해당할 것이다. 즉 다문화주의가 표방하는 윤리·정의는 구체적이고 명확한 내용을 담지한 것이 아니라 지향해야 할 당위적인 가치라는 상징적이고 추상적인 기표로 기능하고 있는 셈이다. 기의의 생산·고정이 지연됨에 따라 내용·의미 영역은 텅 비거나 불투명한 것이 되는 한편, 윤리·정의의 당위성·규범성은 이 유동적인 기의를 견고하게 외호外護한다. 기의·내용이 지극히 불투명하고 유동적임에도 불구하고 당위성·규범성이 미리 전제된다는 것은 윤리적 패러다임과 정치적 패러다임의 허위적 분리 그리고 후자에 의한 전자의 도구화를 가능케 한다.[3] 여기서 허위적 분리란, 기의의 연기가 윤리·정의의 당위성·규범성을 훼손하지 않기에 양자는 분리되어 있는 듯 보일지라도 실제 착종 공간 그리고 주체가 다문화주의를 호위하고 있는 윤리나 정의에 구체적인 기의를 기입하고 고정하는 과정에서 당위성·규범성은 도구적 기제 혹은 실제적인 잣대로 소용될 수 있음을 의미한다.[4]

---

3 Semprini는 다문화주의를 근대성이 낳은 위기의 산물들 중 하나라고 보면서, 다문화주의의 역설 중 하나는 근대성이 그 자신의 함정에 빠지지 않도록 하는 데 있다고 설명한다. 그는 위기 탈출을 위한 변동의 핵심은 정치적 패러다임과 윤리적 패러다임의 엄격한 분리 그리고 전자에서 후자로의 전환이라고 주장한다. Andrea Semprini, 이산호·김휘택 역, 『다문화주의—인문학을 통한 다문화주의의 비판적 해석』, 경진, 2010, 199~200쪽 참조. 그러나 본고는 위기 탈출을 위한 변동의 핵심은 전자와 후자의 분리와 전자에서 후자로의 전환이 아니라 윤리의 정치화, 윤리의 도구화에 있다고 본다. 달리 말해 자본·국가 주도의 다문화주의는 이른바 '참'된 인간상·인간사회에 대한 복종을 두고 벌이는 진리 게임의 형태를 띠고 있다고 본다. 문성훈, 「소수자의 등장과 사회적 인정 질서의 이중성」, 『사회와 철학』 9호, 사회와철학연구회, 2005, 137쪽 참조.
4 김영옥은 이와 관련 있는 주장을 한다. "문제는 다문화주의 자체, 다시 말해 다양성과 차이의 인정이라는 기본 이념 자체에 있는 것이 아니라 문화적 정체성에 대한 인정이 평등

다문화주의의 기의는 지극히 불투명하고 유동적인 동시에 당위성 · 규범성의 측면에서는 의심해서는 안 되는 고착적인 것이다. 따라서 특정한 주체가 다문화주의의 착종지를 지정하여 구체적인 기의를 기입하고 고정함으로써 특정한 효과를 도출해내는 양상을 확인하고 나아가 대안적 주체의 가능성을 모색하는 작업은 비단 다문화주의에 대한 논의를 넘어 정치와 윤리의 관계 재정립을 통한 연대의 가능성을 탐구하는 작업이 될 수 있다. 이에 따라 논의는 기의 기입의 주체와 기의 고정 방식 그리고 그 효과에 집중될 것이다.

물론, 기의 기입의 주체와 착종지에 대한 대안 물색이 다문화주의의 긍정적이고 생산적인 효과를 위한 토대를 제공할 수는 있을지라도 충분조건이 되지는 못한다는 사실은 두말할 나위가 없다. 사회 구성원의 적극적인 관심이 필수적이라는 점 또한 새삼 강조할 필요도 없다. 다만 이 글은 현재 한국의 다문화 상황을 염두에 두고 다문화주의가 갖는 한계를 살펴 이를 극복하기 위한 물질적 · 인식적 토대 혹은 필요조건을 모색하는 데 목적을 둔다.

한 참여에 관한 정치적 논의를 비껴가고, 다문화주의가 초국적 자본주의 문화공간에 관한 이데올로기로 작동되는 방식에 있기 때문이다." 김영옥, 「인정투쟁 공간 / 장소로서의 결혼이주여성 다문화 공동체—'아이다'마을을 중심으로」, 『한국여성철학』 14권, 한국여성학회, 2010, 37쪽.

2. 자본·국가 주도적 다문화주의의
도구적 이데올로기성과 추상화·개인화

1) 윤리의 정치

지젝을 비롯한 몇몇 논자의 지적처럼 다문화주의는 다국적 자본주의의 문화논리에 불과한 측면이 분명히 있다.[5] 자본은 경계를 넘어 자유롭게 이동하는 반면 인간의 이동은 상대적으로 제한적이며 육체노동자의 이동은 엘리트의 이동에 비해 훨씬 더 제약적이라는 비대칭성, 노동 유연화를 위한 이주와 국경통제의 병행 등이 자본 축적의 중요한 원인이라는 점은 이미 주지의 사실이다.[6] 하지만 자본제적 신자유주의·세계화는 가치다원주의와 상대주의, 인정과 관용을 내세워 진행되었다. 다문화주의의 윤리·정의는 신자유주의를 전지구화하는 자본권력과 밀접한 관계를 맺고 있으며,[7] 자본제적 신자유주의의 추세에 적극적으로 반응하는 국가권력과도 일정한 연관이 있다.[8] 자본권력,

---

5 Slavoj Zizek, "Multiculturalism, Or, the Cultural Logic of Multinational Capitalism", *New Left Review*, Vol. 225, Sep. ·Oct., 1997, p.44. 여기서는 진은영, 「다문화주의와 급진적 인권」, 이화인문과학원 편, 『지구지역 시대의 문화경계』, 이화여대 출판부, 2009, 130쪽에서 재인용; 권금상 외, 『다문화사회의 이해 - 9가지 접근』, 태양출판사, 재판, 2013, 34쪽 참조; 강내희, 「신자유주의 세계화와 한국의 문화변동 - 다문화주시대의 비판적 이해」, 『중앙대학교 문화콘텐츠기술연구원 학술대회』, 중앙대 문화콘텐츠기술원, 2008, 16쪽.
6 김현미, 「국경을 넘는 노동자들과 이주 통행세」, 김현미 외편, 『친밀한 적』, 이후, 2010, 81~82쪽 참조; 서용순, 「철학적 조건으로서의 정치 - 알랭 바디우(Alain Badiou)의 진리철학을 중심으로」, 『철학과 현상학 연구』 통권 27호, 한국현상학회, 2005, 196쪽 참조.
7 프랑수아 드 베르나르, 「'문화 다양성' 개념의 재정립을 위하여」, 김창민 외 편역, 『세계화 시대의 문화 논리』, 한울, 2005, 23쪽 참조.
8 최병두, 「다문화 공간과 지구·지방화 윤리」, 최병두 외편, 『지구·지방화와 다문화 공간』, 푸른길, 2011, 35쪽 참조.

국가권력이 경제적 생존의 문제를 문화의 문제로 왜곡·치환할 뿐만 아니라 불법이주노동의 관리를 통해 자본축적을 더욱 용이하게 하는 수단으로 다문화주의를 활용하는 측면이 있다.[9] 따라서, 문제는 자본제적 신자유주의·세계화의 산물인 다문화주의를 전면적으로 수용하거나 거부할 수는 없다는 데 있다.[10] 다문화주의의 무비판적 수용은 그 의도와는 상관없이 자본제적 신자유주의·세계화의 진행에 기여하는 결과로 연결되는 반면, 폐쇄적인 거부는 다문화주의가 (작동하는 과정은 정치적이라 할지라도)[11] 문화라는 비정치적 영역을 대상으로 하고 있을 뿐만 아니라 기의가 미끄러지는 그래서 여러 이견으로 분화될 수 있으나 전면적인 비판은 쉽지 않은 규범적이고 당위적인 기표로서의 윤리·정의와 맞서야 하는 부담을 안게 되었다.

당위성과 규범성을 강조하는 국가 주도적 다문화주의의 윤리·정의는 특정한 시공간 즉 로컬에 착종될 때까지 구체적인 기의를 지니지 못한 채 단순히 유예되기만 하는 것이 아니다. 달리 말해, 다문화주의의 윤리·정의라는 상징적 기표가 당위성과 규범성을 훼손당하지 않을 수 있고 또 자본권력과 국가권력에 의해 유용하게 전유될 수 있는 이유는 윤리·정의의 기표가 구체적인 기의에 고정되지 않았다는 데 있다. 다문화주의에 대한 대응의 곤경은 대응 주체의 사상이나 도덕률 때문이 아니라 자본·국가의 전략 때문인 셈이다. 이처럼 다문화주의에 대한 대응의 곤혹스러움은 자본·국가 주도의 다문화주의에 내재한 윤

---

9   김현미, 앞의 글, 77~78쪽 참조.
10 장세룡, 「다문화주의적 한국사회를 위한 전망」, 『인문연구』 53호, 영남대 인문과학연구소, 2007, 317쪽.
11 위의 논문, 325쪽.

리·정의의 규범성·당위성과 그것의 정치적 기능의 모순과 공존에 기인한다. 이때 다문화주의에 내재한 윤리·정의의 규범성·당위성은 앞서 언급한 비대칭적 구조의 전면적인 비판에 대한 보호장치 혹은 보완기제로 기능한다. 관용·인정은 그 대상이 되는 요소를 주인 안으로 편입시키는 동시에 그 대상의 타자성을 계속 유지시키는 타자성 관리 방식이며, 차이에 대한 적대를 해결하는 것이 아니라 단지 그것을 관리하는 이데올로기이자 통치전략이기도 하다.[12] 웬디 브라운은 개인의 윤리로서의 관용과 정치적 담론이자 통치성으로서의 관용을 구분하기도 하지만, 개인화·사사화된 윤리·정의는 이미 문명인인 '우리'와 야만인인 '그들'이라는 관용의 구도를 통해 관용 가능한 것과 불가능한 것의 구분이라는 통치에 참여하고 있는 셈이다.[13]

따라서, 다문화주의에 의존하더라도 그 발화자가 윤리·정의의 담지체나 행위자가 되는 것은 아니다. 그의 발화는 윤리·정의를 확산하는 것에 기여하는 것이 아니라 윤리·정의의 도구화를 목표로 할 수 있기 때문이다. 이때 윤리·정의의 기의가 지연되고 있다는 것 혹은 텅 비어 있다는 것은 규범성·당위성에 대한 자발적 동의 혹은 통치성 강화의 중요한 원인이 된다. 옳다는 사실은 이미 전제되어 있으나 옳음의 구체적인 내용은 확정되지 않았으므로, 이 텅 빈 공간을 선점하는 것이 중요해진다. 그리고 이렇게 점유된 기의 영역은, 추상적이고 불투명한 기의는 지극히 정의롭고 윤리적인 것이지만 특정한 시공간에

---

12 웬디 브라운, 이승철 역, 『관용: 다문화제국의 새로운 통치전략』, 갈무리, 2010, 63~64
   쪽 참조; 심승우, 『다문화 민주주의의 이론적 기초─소수자의 주체성과 통치성을 중심
   으로』, 성균관대 박사논문, 2010, 122쪽 참조.
13 웬디 브라운, 앞의 책, 37·152~153·244·292쪽 참조.

착종될 때 비로소 구현된다는 지연 작용으로 인해 규범성·당위성을 승계한 영역으로 통용된다. 물론 이때 비가시적이고 연계적인 방식으로 이 지위·영역을 점유할 가능성이 높은 것은 지배이데올로기다. 현재 한국의 상황에서 볼 때 자본과 국민국가는, 추상적이고 불투명한 기의와 구체적인 시공간에서 발현된 기의를 이원화함으로써 그리고 구체적인 시공간으로 상정될 수 있는 스케일을 국가 단위로 제한함으로써 국민국가를 자연화할 뿐만 아니라 자본·국가 주도의 다문화주의를 의심할 수 없는 당위적인 것으로 가공해낸다.[14]

근대 국민국가를 전제로 전개되는 자본·국가 주도의 다문화주의 논의는 주류와 소수의 분할에서 출발한다. 영토 밖의 존재를 이질적인 타자로 재현함으로써 영토 내 거주민을 동일한 민족으로 재구성해내었듯, 특히 주류로서의 원주민과 소수로서의 이민자·이방인의 관계에서 관용·인정을 문제시함으로써 민족－국민국가의 영토를 기반으로 한 이분법적 분할을 여전히 중요한 토대로 전제하고 있다.[15] 이때 원주민 사이의 각종 차이들 즉 계급·계층, 성 등에서의 차이는 은폐되고 모든 원주민은 주류로 호명되어 상상적으로 편입된다. 이주를 통해 발생한 소수자가 부각됨으로써 그 외 각종 층위의 소수성들은 삭제된다. 국제적

---

14 국민국가가 다문화주의의 부유하는 기의를 고정시킬 주체의 자리를 선점하였을 뿐만 아니라 거의 유일한 주체로 인식되는 데에는 다문화주의 발생의 역사적 배경이 한몫한 것으로 보인다. 즉, 다문화주의가 국가 내에서 발생하는 이질적인 문화들 간의 충돌과 갈등을 해결하기 위한 목적에서 출발했다고 한다면, 이때의 다문화주의는 국민국가 단위를 이미 전제하고 있는 셈이다. 그런데 이러한 역사적 사실은 국민국가를 (미완의) 윤리 주체로 인식하게 유도한다. 윤리 실현의 공간적 범위가 국민국가로 한정되고 또 이것이 자연스러운 것으로 사유될 때 윤리는 국민국가의 공고화 나아가 자본의 이익에 봉사하는 기제로 변모될 위험이 있다.

15 위의 책, 43쪽 참조.

이주가 생산한 소수자들은 그 수가 점점 증가할 뿐만 아니라 외모와 문화 등에서 뚜렷한 이질성을 보이고 있기에, 상대적으로 비가시적인 각종 소수성을 무화시키기에 효율적이고 시사적인 표상체로 부각되는 측면이 있다는 점도 부인하기 힘들다. 국민국가 단위에서 진행되는 다문화주의 논의는, 그 중요도를 인정함에도 불구하고 특정 소수자(소수성)를 집중적으로 부각함으로써 여타의 소수자(소수성)를 증발시키는 결과를 빚기도 하는 것이다. 이때 민족·인종·문화적 소수자를 제외한 여타의 소수자는 주류로 허위적인 편입을 하게 되어 각종 정체성을 삭제당한 추상적인 존재 혹은 다중정체성이 부인된 존재가 된다.

동시에, 이들은 관용·인정을 실천해야 할 주체로 호명된다. 민족·인종·문화적 소수성 외 각종 소수자를 생산하는 다양한 층위의 문제들이 제거된다는 것은, 이 문제들이 해결됨을 의미하는 것이 아니라 탈정치적 영역으로 밀려난다는 것을 의미한다. 개인에게 행위의 책임을 과도하게 전가함으로써 정치적·경제적인 갈등과 불평등의 문제를 개인화시키고 그 결과 주체를 구성하는 다양한 규범과 사회적 관계들 즉 계급·젠더 등의 문제는 비가시화된다. 마찬가지로 정의의 문제가 관용의 문제로 대체될 때, 정의의 문제가 타자에 대한 감수성과 존중의 문제로 대체될 때, 역사적 배경을 가진 고통들이 단순히 차이와 공격성의 문제로 환원되고 그 고통이 개인의 감정의 문제로 여겨질 때, 정치적 투쟁과 변혁의 문제는 특정한 행동과 태도, 감정의 문제가 되어 버린다.[16] 각종 소수성을 삭제당함으로써 상징적인 차원에서 주류로 편

---

16 위의 책, 42·44쪽. 문화의 자유주의화는 기존에 자연스레 전승되어 온 의미와 실천, 행위, 믿음을 개인적인 애착의 문제로 전환시킨다고 웬디 브라운은 지적한다. 위의 책, 50

입된 후 인종·민족·문화적 층위의 소수자를 인정해야 하는 개인으로서의 주체, 추상화된 주체가 탄생한다.[17] 근대 국민국가 단위에서 전개되는 다문화주의 논의는 각종 정체성은 제거된 채 민족적·문화적·종교적 차이에 대한 관용과 인정에 성공하거나 실패하는 개인을 생산한다. 여타 층위의 정체성 문제가 은폐되었다면 민족적·문화적 차이에 대한 문제는 탈정치화되면서 사사화된다.[18]

한편, 자본제적 신자유주의가 야기하는 사회양극화로 인해 대량의 사회적 소수자가 발생하는데 이들은 저임금 이주노동자를 자신의 노동영역을 침해하는 직접적인 경쟁자로 인식하고 이에 따라 행동하는 경향을 보이기도 한다. 그러나 사회구조적 차원의 이해와 접근은 배제된 채 개인적인 윤리·정의라는 차원에서 접근함으로써 이들은 외국인혐오자 같은 부도덕하고 비사회적인 일탈자로 간주된다. 일탈자에 대한 관리·통제가 윤리·정의의 규범성·당위성의 호위와 대중의 동의에 기초하여 공권력의 행사로 구현될 때 치안정치는 시작된다. 치안정치는 사회적 소수자를 잠재적 일탈자로 규정함으로써 처벌의 위협에 항상 노출시키는 동시에 저임금노동자로 위치하도록 유도하는 양면전략을 통해 자본축적의 기회를 증가시키고 더 큰 지배력을 확보한다.[19] 치안정치는 이주노동자 역시 불법과 합법의 경계에 위치시킴으

~51쪽.

17 킴리카는 상징적 인정만을 다문화주의로 판단하는 것은 오류라고 주장하지만, 경제·사회적 문제에 대한 대응에 소극적인 것 역시 분명해 보인다. 심승우, 앞의 논문, 263쪽 참조.

18 웬디 브라운, 앞의 책, 1장 참조.

19 위의 책, 302~305쪽 참조; 심승우, 앞의 논문, 68·100쪽 참조; 권금상 외, 앞의 책, 302쪽 참조.

로써 동일한 목적을 성취한다. 자본과 국가가 주도하는 다문화주의 논의가 비록 윤리·정의의 규범성·당위성을 전면에 내세우고 있다 하더라도, 궁극적인 목적은 그 자신에 대한 봉사를 향할 가능성을 지니고 있다.[20]

2) 당위성·규범성의 도구화와 문화의 탈맥락화

또한, 다문화주의라는 명칭은 논의의 방향을 문화에 집중하기를 요구한다. 이 요구는 나름의 역사적 정당성과 함께 내재적 한계를 동시에 안고 있는 듯 보인다. 후기 산업사회에 이르러 이념적 대립이 증발하면서 사회적 갈등은 계급·계층의식보다는 인종과 문화·종교의 문제에서 비롯되고 있다는 것, 노동계급이 이어오던 평등을 위한 투쟁은 종식되고 그 자리에 체계와 부富로부터 배제된 방향 잃은 개인들의 대립이 생겨나면서 민족적·문화적·종교적 정체성만이 개인의 피난처가 되었다는 것 즉 문화가 계급·계층의 자리를 대체하였다는 것이 문화의 문제에 집중하게 된 역사적 배경이다.[21] 한편 이 배경은, 문화의

---

20 자본 주도의 다문화주의가 노동자를 관리하고 통제하기 위한 기제로 작동하고 있음은 이미 잘 알려져 있다. 몇몇 기업은 인종·문화·언어적 차이를 통해 노동자들 간의 적대와 분할을 유지함으로써 노동조직 구성을 방해하여 노동자 통제를 용이하게 만들고 있다는 사실이 보고되었다. 안토니오 네그리·마이틀 하트, 윤수종 역,『제국』, 이학사, 2001, 268~269쪽 참조. 또한, 한국의 다문화 담론은 민족국가의 경계를 재구성 혹은 강화하는 새로운 통치술로 기능하는 측면도 있다. 조지영,「누가 다문화 사회를 노래하는가?」, 연세대 석사논문, 2013, 23쪽.

21 마르코 마르티니엘로, 윤진 역,『현대사회와 다문화주의-다르게, 평등하게 살기』, 한울, 2002, 46~47쪽 참조.

문제가 정치·경제적 문제를 은폐하는 도구로 기능하지 않는가 하는 의구심 혹은 정치·경제적 문제의 해결책으로 충분한가 하는 비판[22]으로 고스란히 연결된다. 문화가 계급·계층의 자리를 대체하였는가 혹은 계급·계층 인식의 종식이 다문화주의로 연결되었는가가 아니라 역으로 다문화주의 같은 이념이 계급·계층 문제의 종식을 선언하는 데 일조한 것이 아닌가가 논란의 중심일 수 있다.

킴리카에게 있어 문화는 민족문화를 의미하며,[23] 문화 간의 충돌과 갈등 및 해결은 근대 국민국가의 영토 내에서 전개된다고 전제된다.[24] 문화공동체 간의 충돌과 갈등이 급증하게 된 배경은 자본제적 신자유주의와 세계화라는 글로벌 스케일에 있지만, 그 해결은 근대 국민국가라는 스케일 단위에서 이루어진다는 것이다. 다문화주의가 지닌 양면성 중 하나가 근대성과 탈근대성의 공존에 있다면,[25] 문제의 출발과 해결이 상이한 스케일에서 설명되는 것 또한 여기에 포함될 것이다. 냉전시기 계급·계층의 문제 역시 일차적으로 근대 국민국가라는 스케일 단위를 전제로 진행된 논의라는 점을 감안한다면, 문화의 문제와 계급·계층의 문제가 대체관계로 간주될 수 있는 이유는 두 문제가 ① 근대 국민국가라는 스케일 단위에서 전개되는 ② 중점적이고 대표적인 갈등 요소

---

22 위의 책, 2002, 122~124쪽; 이용승, 「다문화주의의 이론적 검토와 정당화」, 『민족연구』 41호, 한국민족연구원, 2010, 27쪽; 곽준혁, 「다문화 공존과 사회적 통합」, 『대한정치학회보』 15집 2호, 대한정치학회, 2007, 7쪽 참조; 백미연, 「'재분배'와 '정체성'을 넘어 '참여의 평등'(parity of participation)으로」, 『한국정치학회보』 43집 1호, 한국정치학회, 2009, 94쪽 참조.
23 윌 킴리카, 장동진 외역, 『다문화주의 시민권』, 동명사, 2010, 157~158쪽.
24 김희강, 「다문화주의의 역설」, 『담론』 201(16권 4호), 한국사회역사학회, 2013, 87~88쪽 참조; 박병섭, 「다문화주의 정치철학이란 무엇인가?」, 『사회와 철학』 21, 사회와철학연구회, 2011, 423쪽 참조.
25 송재룡, 앞의 논문, 86쪽 참조.

라고 전제되기 때문이다. 근대 국민국가는 영토 안과 밖의 차이 그리고 영토 내 국민의 동질성에 기초하는데, 자본제적 신자유주의·세계화는 이 영토 구분과 동질성 유지에 변화를 유발하는 외부 요인이었고 그래서 국민국가는 동질성의 붕괴라는 충격에 대응하면서 스스로를 보존하기 위한 전략을 강구할 수밖에 없게 되었다. 다문화주의가 새로운 이념에 머물지 않고 제도적·법적 규제력을 동반하는 행정정책의 영역과 밀접하게 연결되는 이유 역시 여기에 있는 것으로 이해할 수 있다. 즉 다문화주의의 문화는, 동질성 강화가 아니라 이질성 관리를 통해 영토를 보존해야 하는 처지에 놓인 국민국가가 자본권력을 방해하지 않으면서 자신을 유지하기 위해 선택한 통치기제일 수 있다는 것이다. 따라서, 문화의 문제와 계급·계층의 문제를 대체관계로 이해하는 것은 결론 없는 지루한 논란의 과정을 통과하는 와중에 자본과 국가 주도의 다문화주의에 더욱 매몰되도록 이끌 위험이 있는 셈이다.

한국의 자본·국가 주도적 다문화주의(정책)가 상대적으로 계급성이 부각되는 이주노동자는 도외시한 채 결혼이주여성에 집중하는 것 역시 이러한 맥락에서 이해할 수 있다. 뿐만 아니라 상당수 노동자이기도 한 결혼이주여성에게는 한국 전통문화에 대한 친숙성을 중요한 미덕으로 강조함으로써 이들을 계급성이나 젠더의 문제가 무화된 개인으로 재현해낸다. 이로 인해 결혼이주여성은 한국 전통문화와의 관계라는 측면에서만 인식되는 추상적 존재인 동시에 민족국가의 전통문화를 의심하지 않고 습득·계승하는 정도에 따라서만 판단되는 개인으로 존재할 수 있을 뿐이다. 이들이 한국의 자본·국가 주도적 다문화주의가 규정한 문화의 영역을 넘어서는 것은 위장결혼 등의 범법

행위로 간주된다.[26] 게다가 종족·인종·문화라는 면에서만 대응하도록 유도할 뿐만 아니라 타 문화에 대한 인정을 강박적으로 강요함으로써 즉 이주민의 문화와 송출지의 정치·역사·경제적 환경에 대한 이해보다는 타 문화에 대한 개방적 자세를 종용함으로써, 치안정치는 이주민(문화)을 송출지와의 관계에서 이해되지 않고 수용지와의 관계에서만 해석되고 판단되는 존재로 규정한다. 이로 인해 이주민은 느닷없이 한국 사회에 진입한 탈맥락화된 낯선 존재, 하지만 문화적인 측면에서 인정의 대상이 되어야만 하는 탈맥락화된 개인이 되고 만다.[27]

또한, 자본과 국가 주도의 다문화주의는 문화 간의 차이·이질성에 집중하는 반면 각 문화의 내부 이질성은 묵살함으로써 각 문화를 동질적인 공동체로 간주하고 추상화한다. 미묘하고 세부적인 차이·이질성을 모두 고려할 경우 자본과 국가는 감당할 수 없을 만큼 수많은 문화들의 난립과 갈등으로 말미암아 문화적 분열을 경험하게 될 것이다. 다문화주의의 인정과 관용은 다양하고 수많은 차이·이질성들을 관리 가능하고 더 이상은 통약불가능한 수數까지 축약하고 추상화하는 데서 출발한다.[28] 이질적인 문화들의 공존과 상호주체성에 대한 지향은 의미 있는 것임엔 분명하지만, 자본·국가 주도 다문화주의의 인정과 관용이란 특정한 가치기준을 절대화하고 차이와 이질성의 삭제·추상화를 인정함으로써 문화적 통합을 가속화하는 이중긍정의 모순을 내

---

26 이들 소수자들은 대부분 범법자의 낙인에 의해 타자성을 인정받지 못한다. 심현주, 「다문화사회에서 타자인정윤리」, 『가톨릭철학』 제9호, 한국카톨릭철학회, 343쪽 참조.
27 이런 면에서 송출지에 대한 관심의 증가, 이주민과 송출지와의 관계에 대한 이해 증진이라는 최근의 경향은 상당히 주목할 만하다.
28 Patrick Savidan, 앞의 책, 136~137쪽 참조.

포하고 있을 가능성이 다분하다.[29]

　다문화주의가 정치 · 경제와 문화를 분리하고 문화적 차이 · 이질성을 추상화 · 전형화하는 것은, 복잡하고 불가해한 타자를 근대 이성의 논리로 설명할 수 있는 대상으로 전환한 후 인정 · 관용의 범위 안으로 포섭함을 의미하기도 한다. 동시에 이는, 수많은 낯선 '타자'들'을 단수 혹은 몇 개의 타자로 관념화하고 위계질서 내에 배치함으로써[30] 국가 내 주류문화를 동질화 · 표준화하고 기존의 비주류문화를 더욱 주변화하는 결과를 유발하기도 한다.[31] 따라서 자본 · 국가 주도의 다문화주의는 다양한 문화의 공존과 상호주체적 영향관계 형성이라는 윤리적인 내용을 스스로 위반하고 있는 셈이지만, 이 점은 윤리 · 정의의 규범성 · 당위성 뒤로 은폐된다. 결국, 민족—국민국가가 영토 밖의 타자를 통해 영토 내의 동질화를 기획하고 자신을 유지했다면, 자본제적 신자유주의 · 세계화 시대의 국가는 영토 내 동질성뿐만 아니라 이질성을

29　문성원, 「인정개념의 네 가지 갈등구조와 역동적 사회발전」, 『사회와 철학』 10호, 사회
　　와철학연구회, 2005, 158쪽 참조.
30　베르나르는, 자본 주도의 다문화주의는 다양성에 대한 엔젤리즘(angelism)을 표방한다
　　고 주장한다. 그에 따르면 이 엔젤리즘은 다양성을 무조건 좋은 것, 온전한 것으로 보면
　　서 평화의 이미지만을 투사하여 다양성이 갈등을 낳는 것이 아니라 다양성을 존중하지
　　않는 태도가 갈등을 가져오는 것으로 간주한다. 프랑수아드 베르나르, 「'문화 다양성' 개
　　념의 재정립을 위하여」, 김창민 외 편역, 앞의 책, 20쪽 참조. 본고는, 자본과 국가가 주도
　　하는 다문화주의는 다양성에 대한 무조건적 찬양이 아니라 다양성과 통일성의 동시적
　　추구와 양자의 관계 정립을 특징으로 한다고 본다.
31　이는, 다문화주의의 양면성 중, 개인의 자유와 자율성에 대한 강박적 추구라는 근대적
　　성격과 관련이 있다. 송재룡, 앞의 논문, 86~87쪽 참조. 구견서는 주로 정부가 정치적 ·
　　정책적 판단에 따라 다문화주의의 논리를 인종 또는 문화의 다원적 단위들로 통합하고
　　각 단위들 간의 이견과 분열의 잠재력을 수렴하고 흡수하기 위한 통합전략의 일환으로
　　이용되고 있다고 주장한다. 구견서, 「다문화주의의 이론적 체계」, 『현상과 인식』 27권 3
　　호, 한국인문사회과학회, 2003, 31~34쪽 참조. 강내희는 다문화주의는 문화적 다양성을
　　증진시키기보다는 오히려 문화적 차별을 온존시킨 채 자국 내의 이질적 존재들, 타자들
　　을 관리하는 문화적 지배 전략으로 활용되고 있다고 주장한다. 강내희, 앞의 논문, 5쪽.

관리함으로써 자신을 유지해야 하는 처지에 놓였으며, 이때 다문화주의는 이질성과 동질성의 균형을 도모하기 위한 이데올로기적 통치술일 수 있다.[32]

3. 기의의 착종지로서 로컬의 가능성과 조건

1) 로컬 주도적 다문화주의의 가능성

윤리적이고 정의로운 단어들의 일차적인 기의 혹은 다문화주의 태동의 근원적인 배경을 바탕으로 다문화주의에 접근하는 논의들은, 이주민과 원주민, 다민족·다인종 국가의 문화적 공존이라는 일반적 논의 범주를 넘어 각종 탈근대적 기획에서 다문화주의의 의의를 찾는다.[33] 근대 넘어서기에서 다문화주의의 의의를 확인한 후 국민국가의 통치전략으로 기능하고 있는 현재 한국의 다문화주의를 올곧게 재정위시키기 위해서는 문화보다는 생존에 초점을 맞추어야 한다고 주장[34]

---

32 킴리카는 최근 유럽 등에서 확산되고 있는 다문화정책 폐지 발언, 우익 성향의 강화는 정치적 수사나 일시적인 현상일 뿐이며 대세는 다문화정책일 수밖에 없다고 주장한다. 김희강, 앞의 글, 73쪽 참조. 그러나, 이 글은 이질성의 관리와 동질성의 지향이라는 대립적 성향이 자본·국가 주도 다문화주의 자체 내에 이미 공존하고 있다고 본다. 동질화는 국가 내 집단들의 정체성을 국민 정체성으로 교환받게 하는 반면, 자본제적 신자유주의·세계화는 국가 내의 차별화를 추동하기 때문이다. 장의관, 「소유적 문화집단주의와 무인정의 정치?-다문화주의의 비판적 고찰」, 『한국정치학회보』 42집 4호, 한국정치학회, 2008, 146쪽 참조.
33 Andrea Semprini, 앞의 책, 214쪽 참조.
34 오경석, 「어떤 다문화주의인가?-다문화사회 논의에 관한 비판적 조망」, 오경석 외편, 『한국에서의 다문화주의-현실과 쟁점』, 한울, 2007; 오경석, 「다문화와 민족-국가 : 상대화인가, 재동원인가?」, 『공간과 사회』 28호, 한국공간환경학회, 2007 참조.

은 다문화주의와 재분배의 문제를 연동시키며, 다문화사회는 각 사회 내의 다양한 가치와 문화들이 공존하는 사회가 아니라 갈등하는 사회라는 주장[35]은 끊임없이 갈등을 유발함으로써 인정의 주체와 대상으로 부상되어야 하는 소수자 문제를 제기하며,[36] 한국의 일상세계를 글로컬 생활세계glocal life-world로서의 다문화사회로 규정하면서 상호주관적이고 의미의 세계인 생활세계 차원의 가치에 관심을 가져야 한다는 주장[37]은 중층적 구조 하에서 역동적으로 작동하는 일상에 대한 관심을 촉구한다. 이 논의들은 다문화주의의 일반적이고 추상적인 명제를 위해 텅 빈 기표로써 활용되는 윤리와 정의에 구체적인 기의를 각인해 넣으려는 작업들이라 할 수 있다. 물론, 인정과 관용이라는 다문화의 윤리·정의는 구체적인 기의 생산 과정에 일정한 제한을 부가하며, 동화주의(정책)에 대한 대타적 성격이라는 시대사적 위치는 윤리·정의의 구체적인 기의 생산 과정에서 지속적인 성찰을 요구한다. 자본제적 신자유주의, 세계화의 흐름이 한국사회에서 다문화주의를 촉발시킨 동인이지만 다문화주의는 신자유주의와 국가중심주의에 타격을 가할 진지로 작용할 수 있다는 전망[38] 역시 새로운 통치전략에 대한 대응

---

35 이용일, 「중심과 주변의 문제로서 영토와 국경」, 『역사와 경계』 65호, 부산경남사학회, 2007 참조.

36 박천응은 이를 두고 코울먼(Coleman)의 논의에 기대어 갈등주의적 관점으로 설명한다. 박천응, 「한국적 다문화 운동의 실천−안산 국경없는 마을 운동을 중심으로」, 한국사회학회 편, 『한국적 "다문화주의"의 이론화』, 동북아시대위원회 용역보고서, 2007, 189쪽 참조.

37 김태원, 「글로컬 생활세계로서의 다문화사회−공존의 가치에 대한 탐색적 연구」, 『다문화와 인간』 1권 1호, 대구가톨릭대 다문화연구소, 2012; 김태원, 「한국적 다문화 연구에 대한 새로운 방향모색」, 대구가톨릭대 다문화연구소 편, 『한국 다문화에 관한 담론』, 경인문화사, 2012 참조.

38 장세룡, 앞의 논문, 338쪽.

에 힘을 보태준다. 그러나 이 전망이 희망에 가까운 기대 이상의 것이 되기 위해서는 우선 다문화주의의 착종지에 대한 대안적 접근이 필요해 보인다. 왜냐하면 앞서 여러 차례 강조한 것처럼, 다문화주의의 윤리·정의의 구체적인 기의는 다문화주의가 특정 시공간에 착종될 때까지 유예되지만 윤리·정의가 이미 당위성·규범성을 확보하고 있는 상태라면 그리고 당위적이고 규범적인 것이라 인정받게 될 기의가 주체에 따라 변경되는 유동적인 것이라면, 기의를 고정시킬 지점을 재모색하는 것은 주체의 지배범위와 위상을 재구성하는 것이 될 수 있기 때문이다.

위의 많은 비판적 논의들이 강조한 대로 다문화주의를 자본과 국가의 전유물로 간주하는 데서 벗어나는 것은 다문화주의가 만들어낸 곤경을 해소하는 데 유용한 돌파구가 될 수 있다. 윤리·관용에 내재된 거대한 방향성이나 다문화주의의 시대사적 위치 등이, 다문화주의의 윤리·정의의 구체적인 기의는 글로컬 생활세계·일상 등의 공간에 접맥될 때까지 지연된다는 점을 변경시키지는 못한다. 그 결과 기의들을 상대화한 후 특정 기의를 더욱 강조할 수 있기 위해서는 구체적인 시공간의 조건과 환경 등에 대한 이해가 선행되어야 한다. 기존 연구는, 여타의 시공간과 차별되면서 그 특징들을 인지할 수 있는 '지금—여기'를 갈등이 구체화되는 공간 혹은 일상세계 등으로 표현했다. 그리고 이 공간들을 근대 국민국가의 규율과 선명성을 넘어선 공간 즉 다문화 공간multicultural space으로 새롭게 지칭하기도 하였다. 이 공간이, 당위성과 규범성만을 담지한 채 특정한 기의의 획득이 지연된 상징적 기표에 구체적인 실체·기의를 부여할 수 있는 공간이다. 물론, 이 글이 로컬[39]을 대안적 인식 공간으로 제시한다고 해서 로컬이라는 '지금―여기'가 자본·국가 주도의 다문화주의에 내재된 한계를 완벽히 극복할 수 있다고 주장하는 것은 아니다. 이 글은 로컬이 기존과는 다른 양상이 전개될 가능성이 높은 공간적 스케일임을 강조하고자 할 뿐이다.

다문화주의가 끊임없이 제기되는 갈등과 차이를 중시하는 이념이라면 갈등과 차이가 구체적으로 전개되는 현장인 로컬에 주목할 수밖에 없게 된다. 이때 로컬은 계급이나 계층, 젠더, 인종, 민족, 문화 등 각 측면에서 통약불가능한 이질성들의 혼종화가 진행되고 있는 공간이며, 자본과 국가의 로컬 규정력에 저항하는 개인과 집단뿐만 아니라 각종 지배이데올로기를 주체화한 개인이나 집단도 존재하는 공간이다. 갈등과 차이가 끊임없이 발견되고 표면화되는 공간이 로컬이라면 이 공간은 동일한 정체성으로 설명하는 것이 불가능한 공간, 여러 층위에서 각종 이질성들이 제목소리를 끊임없이 새로이 생성하는 공간이다.

로컬이라는 장場이 의미 있는 이유는, 추상적이고 규범적이어서 다분히 정치적인 다문화주의의 윤리·정의가 다양한 성격의 것들로 구체화됨으로써 텅 빈 정치적 규범성에 대한 의문을 제기할 수 있는 장으로 기능할 수 있다는 점에 있다. 직접적인 대면이 타자의 관념화를 극복하는 데 있어 필수적이라면, 이런 대면이 불가피하게 진행되는 로컬은 자본·국가 주도의 다문화주의를 극복하고 다문화주의를 재정의하고 재구성하는 공간이 될 수 있다.[40] 로컬은 자본·국가 주도의 다문화

---

39 이 글의 로컬(local) 개념에 대해서는, 조명기, 「로컬에 대한 두 가지 질문―로컬은 실재하는 소수인가」, 『로컬리티 인문학』 11, 부산대 한국민족문화연구소, 2014.4, 267~277쪽을 참조하시오.

40 푸코는 '반권위 투쟁'을 국지적(local) 혹은 현장성의(immediate) 투쟁이라 정의한다. "왜

주의가 비로소 실천되고 발현되는 현장이기도 하지만, 차이·이질성의 추상화에 대한 의문을 유발하는 많은 이질적인 문화들이 인정의 주체를 직접 자극하는 공간이며 주류문화에 포함되지만 단일하지도 보편적이지도 않은 다양한 형태의 문화들이 계승되고 있는 공간이며 이미 존재하고 있었지만 다문화주의 담론에서는 배제되어버린 기존의 비주류문화들이 줄기차게 생멸하는 공간이다. 자본·국가 주도의 다문화주의가 깨끗이 삭제해버린 이 문화'들'에 대한 경험은 추상적으로 재단된 이질성의 명쾌함과 선명함에 문제를 제기하는 기회를 부여할 뿐만 아니라 이질성 관리를 통해 동질성 또한 은밀히 강화되고 있음을 인지할 수 있는 기회를 제공할 수 있다. 여기서 기회는 물론 곧 이은 전복을 의미하지 않으며 내재화된 다문화주의와 갈등·경쟁할 수 있는 기회, 적어도 이 갈등을 인식할 수 있는 기회를 의미한다. 즉, 관용과 인정에 필요한 이해를 위해 추상화될 뿐만 아니라 정치·경제 등과의 밀접한 관련이 부정된 타자·이질적인 문화가 아닌 구체적이고 역동적인 타자'들'·문화'들' 그대로를 경험할 수밖에 없다는 점에서 로컬은 다문화주의를 재구성할 수 있는 유력한 공간이 된다.

또한 구체적인 개인이나 집단은 저항이나 주체화의 양상을 일관되게 견지하는 것이 아니라 사안별로 구분하여 진행하는 다중정체성을 보인다. 따라서 로컬은 다문화주의 논의에 참여할 수 있는 단일한 성

냐하면 이런 투쟁들은 삶의 현장 속에서 직접 경험되는 부당함을 비롯하여 타인이나 집단 혹은 사회제도가 삶에 직접적으로 영향을 미치는 방식을 비판하기 때문이다. 푸코는 이런 투쟁들이 국가나 계급과 같은 '거시적 권력 분석'을 통해서는 설명하기 어렵다고 본다. (권력) 푸코는 일상적인 영역의 국지적 실천들이 사건을 촉발시키고 이러한 사건으로 인해 새로운 담론구성체가 형성되는 전략을 추구했던 것으로 보인다." 심승우, 앞의 논문, 192쪽.

격을 지닌 주체가 아니라, 다문화주의가 논의되고 실천되는 현장으로서의 성격을 갖게 된다. 로컬은 다중적이고 이질적인 주체들이 직접적으로 관계 맺고 상호 교류하는 공간인 동시에, 각종 정보매체를 통해 외부로 설명되고 외부의 개입에 노출된 공간이다. 로컬 주도의 다문화주의 논의는 계급·계층, 젠더, 인종, 민족, 문화 등 각종 차원에서 발현되는 이질성들이 동등한 참여를 보장받으며 당사자가 대표로 참여할 수 있는 권리를 보장하기에 유리하기도 하지만,[41] 근대 국민국가의 획일화·위계화 기획,[42] 자본의 현지화 기획 등 중심-주변의 논리 앞에 무력하기도 하다. 로컬은 이 다양한 요소들이 일상의 차원에서 직접적으로 영향을 주고 받으며 변화를 겪어나가는 현장이다. 자기 폐쇄적인 케인스주의적-베스트팔렌적 틀이 적용된 근대 영토국가[43]라는 인식준거로서는 설명할 수도 포착할 수도 없는 역동성을 로컬이 담지하고 있다는 데서, 다문화주의 논의의 틀을 로컬에 두고 다규모적 접근(스케일의 측면뿐만 아니라 인정과 재분배의 교호관계라는 측면까지 포함)을 하는 전략이 유용하다는 점을 확인할 수 있다.

로컬 주도의 다문화주의 논의는 다문화현상 자체에 대한 인정에서 출발하여 자본·국가 주도의 다문화주의 논의가 지닌 위험을 극복하는 방향으로 전개될 가능성을 높여준다. 자본·국가 주도의 다문화주의가 영토 경계를 기준으로 한 민족·인종·문화적 차이의 생산과 영

---

41 낸시 프레이저, 김원식 역, 『지구화 시대의 정의』, 그린비, 2010, 20~36쪽 참조.
42 재분배든 인정이든, 계급적 차별이든 신분적 위계질서든 간에, 정의가 적용되는 단위가 근대 영토국가라는 사실에는 의심의 여지가 없다. 위의 책, 30쪽.
43 위의 책, 43~44쪽 참조. 프레이저가 설정하는 인식틀은 로컬이라는 스케일이 아니라 전 지구·세계이다.

토 내 원주민의 동일성 생산에 기초하고 있다면, 로컬 주도의 다문화주의는 차이를 생산하는 틀의 다양성을 회복하여 원주민과 이주민의 차이뿐만 아니라 로컬 내 주민 간의 차이를 지속적으로 발견하도록 만들기 때문이다.[44] 그리고 이 차이들은 각종 층위의 위계구도에 의해 구조적 차별들로 변형되어 왔다는 역사적 사실을 통해, 차이는 다름의 동의어일 뿐이라고 선부르게 훈육하려 하거나 계몽하려 하는 경향을 방해한다. 이것은 자본·국가 주도의 다문화주의 담론이 추상화시키는 동시에 단일한 윤리·정의의 규범성을 내면화하도록 강요해 온 개인을 다중정체성의 존재로 재인식하도록 유도한다. 따라서 개인은 자신을 주류 혹은 소수자로만 정위시키지 않고 다양한 층위의 틀'들'에 의해 중심성과 소수성이 복잡하게 혼재되어 있는 존재로 인지하게 하는 데 물리적·인식적 조건을 제공한다. 다양한 차이'들'에 대한 인지 그리고 차이가 차별의 중요한 조건을 제공해왔다는 사실에 대한 인정은, 차이를 생산하는 다양한 틀들의 인정투쟁 혹은 배타적 갈등으로 이어질 수도 있지만, 다양한 틀과 차별들로 인한 다양한 소수자의 발견 나아가 소수성의 공유를 통한 각종 층위의 소수자들 사이의 연대 의식의 형성으로 이어질 수 있다(아마도 이 둘은 동시에 전개될 가능성이 높아 보인다). 인정과 환대의 대상은, 이질적인 문화를 지닌 이주민에 한정되지 않고, 중심성과 소수성이 어지럽게 혼재되어 있는 자신의 다중정체성 그리고 소수성 경험을 공유하고 있다는 사실을 통해 형성된 연대의식이 틀

---

[44] 본고는 로컬은 국가 권력의 전복이 아니라 국가 지배 영역의 축소를 목표로 해야 한다고 본다. 윤수종, 「맑스주의의 확장과 소수자 운동의 의미」, 『진보 평론』, 현장에서 미래를, 1999 참조.

들의 배타적 갈등과 경합하고 있다는 데까지 확대된다. 결국, 계급·계층, 민족·인종, 젠더 등으로 다양하게 분할한 후 이를 선별하여 논의에 포함시키거나 배제함으로써 전개되어 온 자본·국가 주도의 다문화주의 담론이 삶의 구체적인 공간인 '지금 여기' 즉 로컬과 그 곳의 인간 존재를 망각하고 있었다면, 로컬 주도의 다문화주의 담론은 인간을 중심으로 그것도 중층적이고 모순적인 존재를 그 자체로 인정하는 데서 출발한다고 할 수 있다.

이런 점에서 '로컬 주도'라는 표현의 정확한 의미는 '로컬이라는 장場이 끈질기게 요구하는, 재사유와의 불가피한 직면'이라 할 수 있다. 그럼에도 이 글이 '로컬 주도'라는 표현을 사용하는 이유는, 로컬이 근대 국민국가라는 지배적인 틀에 의해 은폐하고 배제해왔던 것들을 대등한 관계로 재정립할 수 있는 물리적 토대가 될 수 있음을 강조하기 위해서이다. 로컬에서 윤리·정의의 구체적인 기의를 생산하려는 각종 노력들이 그 기의와 갈등하거나 상충되는 각종 힘들과 필연적으로 대면할 수밖에 없는 이유는, 이 공간은 로컬 외적 스케일의 작용력이 누적된 중층적 공간이기도 하기 때문이다. 로컬은 독자적인 정체성이나 내적 질서가 작동하는 공간이다. 동시에 이른바 후기 자본주의의 자본 축적 과정에서 요구되는 글로컬리제이션, 특히 지구적 차원의 지역 불균등 발전이 진행되는 현장이며,[45] 여전히 유력한 국가권력이 자본권력과의 관계를 통해 혹은 직접적인 영토 재구성 정책 등을 통해 각종 영향력을 행사하고 있는 공간이다. 특히, 국가 주도 혹은 국가와 시민

---

45 최병두, 앞의 글, 16쪽.

사회의 공조나 갈등을 통해 다문화주의가 이데올로기화된 한국 사회[46]에서 국가권력의 영향력은 지대하다. 따라서, 다문화 공간은 국가권력, 자본권력, 경제·인종·젠더 등 각종 결에 의해 지속적으로 발생하는 각 층위의 차이들, 구체적인 기의를 생산하려는 로컬[47]의 노력이 충돌하고 타협하는 현장으로 다규모적 접근multi-scalar approach이 요구되는 공간[48]이다. 로컬에 대한 다규모적 접근이란 폄훼되어 왔던 로컬의 가치를 회복함으로써 국가와 자본 주도의 관점을 교정하고 각 주체들이 관계맺는 양상에 주목하려는 태도라고 할 수 있다.

로컬은 중층성과 혼종성에 직면할 수밖에 없는 대면적이고 구체적인 공간이다. 국가라는 층위에서 상상되는 소수자·이주민들이 여러 이질성과 타자성을 삭제당한 채 인종·민족 등의 측면에서만 호명되고 해석되는 추상적인 존재라면, 로컬은 다양한 측면의 타자성·이질성이 과시될 뿐만 아니라 예측 범위를 넘어서는 소수자·타자들이 침범해오는 공간인 셈이다. 자본·국가 주도의 다문화주의가 소수자·타자를 인정 주체의 인정 범위에 근거해 추상화·개인화함으로써 자기만족적 태도를 공고화하는 경향이 있다면, 예측가능성·안정성이 지속적으로

46 오경석, 앞의 논문, 2007, 99~101쪽 참조.
47 윤리·정의의 당위성·규범성이 구체적인 실체를 획득하여 인식적 변화와 실천적 행위로 전개될 수 있는 시공간적 영역을 여기서는 로컬이라는 용어로 대신한다. 로컬이라는 용어를 통해, 다문화 상황이 전개되고 있는 특정 시공간적 영역이 국가의 행정적 말단조직이나 자본축적의 현장이라는 의미망에서 벗어나 대안적 윤리의 모색과 같은 실천의 가능성을 담지한 공간이라는 점을 부각하고자 한다. 로컬에 대한 관심은, 분명 자본제적 신자유주의·세계화가 증대시킨 지역적 현상에 대한 관심 증대 즉 지역적인 것의 성례화(聖禮化)에서 촉발된 측면도 있지만,(N. N. 페도토바, 「세계화 상황에서의 정체성 위기」, 김창민 외 편역, 앞의 책, 93쪽 참조) 그 지향점은 자본권력과 국가권력의 현지화에 대응하여 로컬의 주체성을 회복하는 쪽을 향하고 있다.
48 최병두, 앞의 글, 16쪽.

붕괴되는 로컬이라는 공간은 인정 주체로 하여금 인식의 방식·포용성 등에 대한 자기성찰적 질문을 끊임없이 제기하도록 강제하는 환경적 조건이 될 수 있다. 로컬이 자본이나 국가 등의 기획이 그대로 실현되는 공간인 동시에 윤리·정의의 도구적 기능을 폭로하는 데서 나아가 윤리와 문화의 기의를 비도구적인 방식으로 환수함으로써 기존의 자본·국가 주도적 다문화주의를 극복하고 재구성할 수 있는 유력한 공간이 될 수 있는 이유도 여기에 있다. 로컬에서 전개되는 다문화주의는 그 기의와는 무관하게 당위성·규범성을 선험적으로 제공받는 것이 아니라 다른 기의와의 갈등과 투쟁 속에서 획득해야 하는 위치에 놓이게 된다. 이때 다문화공간으로서의 로컬은 윤리·정의를 둘러싼 각종 힘들의 갈등과 타협 혹은 협력이 전개되는 장이라 할 수 있다. 로컬 주도의 다문화주의는, 폭력에 의해서든 자발적 동의에 의해서든 매끈하고 단일적인 다문화주의가 아닌, 다양한 층위의 차이와 갈등, 지배 이데올로기와 저항 이데올로기의 충돌 등이 사소하거나 충격적인 방식으로 전개되기에 중층적이고 혼종스런 양상을 노정한다.

그러나 앞선 비판적·대안적 연구들이 멈춰선 지점 즉 일상세계, 갈등의 구체적 공간 등 이 글이 로컬이라는 용어로 대체하고자 하는 '지금−여기'라는 시공간에 대한 강조와 주장을 넘어 구체적인 방법론을 모색하는 것은 지난한 일이 될 수밖에 없다. 특히 다문화주의가 일종의 통치전략으로 기능하고 있는 한국 사회에서 로컬은 전략이 실현되는 현장, 하향적 명령이 수행되는 말단의 공간으로 치부되고 있기에 더욱 그러하다. 다문화주의의 실패 혹은 왜곡의 원인을 다문화주의 외양의 포섭−배제 정책 혹은 동화정책 등과 같은 국가정책에서 찾는다면 이것은 국가중심주의라는 인식틀을 그대로 답습하는 것이며, 현장성의 부족 등 로컬에서 그 원인을 찾는다면 로컬의 미성숙·시대착오성이 고귀하고 무결한 이데올로기를 훼손한 것으로 결론맺게 될 가능성이 높다. 어느 경우에나 국가와 로컬의 위계는 반복되고 고착되는 결과를 빚게 되는 셈이다.

따라서 다문화주의 논의에 있어 로컬의 주도력은 여전히 잠재적인데, 이 잠재력의 현실화는 윤리·정의의 규범성·당위성과 그것의 정치적 도구화를 구분하는 데서 시작된다.[49] 기의의 연기·부재는 통치술의 일종이기도 하지만 대응의 곤혹스러움을 극복하기 위한 단초가 될 수 있다. 규범성·당위성의 정치적 기능은 기의의 연기·부재에 기초하고 있기에 규범성과 통치술의 결합은 허위적일 수밖에 없다. 이 결합은 통치술의 주요 동력이기도 하지만 취약지점이기도 한 셈이다. 그리고 로컬은 구체적인 갈등이 끊임없이 표출되는 공간이기에 윤리·정의의 규범성·당위성과 통치술의 허위적이고 모순적인 결합의 문제가 지속적으로 노출되는 공간이다. 따라서 로컬은 양가적으로 보이기도 하는 이 결합을 분리하고 해체할 수 있는 유력한 공간인데, 이를 통해 규범성의 도구화·정치화와 로컬의 자발적 동의는 제약을 받게 된다. 이는 로컬 내에 잠복해 있던 각종 갈등의 당사자들이 스스로를 드러내며 대표성을 요구할 수 있는 여건을 조성해준다. 윤리·정의

---

49 "오늘날 다문화주의란 규범적·철학적 이념체계로서의 의미보다는, 현실적 문제 해결을 위한 대안적 정책 입론의 성격과 의미가 전면에 드러난다"(권금상 외, 앞의 책, 43쪽)는 식의 설명은 규범성과 정치성의 분리와 연결된다. 그러나, 본고는 규범성과 정치성의 연계 양상에 주목해야 한다고 보며, "'현실의 장(場)'에서 다문화주의는 양자의 측면과 내용을 모두 지니고 있다"(위의 책, 44쪽)는 설명에서 "현실의 장"을 로컬이라고 지칭한다.

의 규범성 · 당위성과 통치술의 결합이 허위이면서도 상당한 전략적
효과를 유발하듯이, 로컬은 사후적으로 구성된 이데올로기일 수 있지
만 윤리 · 정의에 구체적이고 실질적인 기의를 제공함으로써 통치전략
의 허위성을 폭로하고 다문화주의를 재정의 · 재구성하도록 견인할 수
있다.

  하지만 아래로부터의 로컬화localization 혹은 로컬 기반의 접근이 그
효과라는 측면에서 위로부터의 로컬화 혹은 글로벌 · 국가 기반의 접
근과 대립관계에 있는지에 의문이 남는 것과 마찬가지로, 로컬에 기반
을 둔 다문화주의의 재구성 자체가 자본제적 신자유주의 · 세계화의
일방적인 우위와 이의 자연화 · 보편화 그리고 국가중심주의를 통어해
낼지에 대해 낙관적인 희망을 기대할 수는 없다. 왜냐하면 로컬 주도
다문화주의의 재구성이라고는 하지만 로컬 역시 자본과 국가 등 각종
권력이 지배적으로 작동해 온 / 하고 있는 공간이기 때문이다. 게다가,
자본제적 신자유주의 · 세계화와 국가중심주의에 대한 분명한 문제제
기에도 불구하고 재구성의 방식과 전술에 따라 의도와는 정반대의 결
과를 유발할 수 있기 때문이다.

2) 문화의 재맥락화와 소수자'들'의 공간적 연대

  로컬이 다문화주의를 재구성할 수 있는 구체적인 방식은 추상화된
문화를 재맥락화하면서 그 위치를 재조정하는 데서 찾을 수 있다. 이
른바 탈냉전, 탈이데올로기 시대를 거치면서 문화는 여타 영역과 분리

되어야 마땅한 분야로 간주되었다. '그 나름의 고유한' 문화란 다른 문화에 대한 비교우위 즉 차별적 관점을 거부하는 문화 내적 태도를 강조함으로써 다른 분야의 연계적 사고를 부정하는 태도 또한 안고 있다. 자본·국가 주도의 다문화주의에는 문화의 순수성에 대한 환상을 통해 다문화주의를 진행하는 경향이 존재한다.

분명 문화는 정치·경제와 구분되는 독자적인 영역이지만, 정치·경제적 갈등에서 촉발된 각종 문제들이 분출되는 표상 영역이기도 하다.[50] 표상이나 의미작용에 대한 통제권을 지키거나 쟁취하기 위한 분쟁, 기호학의 힘의 관계를 변화시키기 위한 싸움, 사회담론의 생산·순환·분배의 상황을 결정하기 위한 전쟁을 가리키는 문화전쟁은,[51] 비록 순수한 담론이나 문화적 문제를 다루는 것처럼 보이는 경우에도 대부분 정치·경제적 갈등이나 문제를 내포하기 마련이다. 문화의 독자적 영역을 감안한다 할지라도, 다문화주의는 문화 간의 차별과 갈등이 발생할 때 그 의의를 획득하는 이념이므로[52] 다문화주의가 다루게 되는 문화란 진공상태나 인큐베이터 속의 문화가 아니라 언제나 정치·경제·사회적 위계 내에 있거나 기존 지배질서에 대한 저항의 기반으로 작동하는, 즉 외적 조건 혹은 맥락에 연동하거나 반응하는 문화다.

---

50 마르코 마르티니엘로, 앞의 책, 51쪽 참조.
51 Andrea Semprini, 앞의 책, 152쪽.
52 다문화주의는 문화 간의 차별과 갈등이 긴장관계를 형성할 때는 채택되지 않으며 아무 문제도 없는 곳에서 해결책을 제시한다는 데 근원적인 문제가 있다. Nederveen Pieterse, "Development report and Cultural Liberty—Tough Liberalism", *Development and Change* 36(6), 2005, p.1271; Will Kymlicka, *Multicultural Odysseys—Navigating the New International Politics of Diversity*, Oxford, Uk : Oxford University Press, 2007, p.127. 여기서는 임현묵, 『문화다양성의 정치 연구—자유주의적 다문화주의와 그 비판을 중심으로』, 서강대 박사논문, 2012, 211쪽에서 재인용.

따라서, 정치·경제적 요인은 배제하고 문화의 문제에만 집중하는 자본·국가 주도의 다문화주의는 이미 그 자체로 지극히 정치적일 수 있으며 윤리·정의는 이 정치성의 표백제, 문화는 표백작용이 효과적으로 전개될 수 있는 배경으로 기능할 수 있다.

현재의 권력 관계는 자본권력과 국가권력을 여전히 지배적인 것으로 생산하고 있고 세계화·전지구화를 강압적인 현실로 간주하고 있는 만큼, 로컬 주도의 다문화주의가 보편적 가치의 선험성에 대한 환상에서 벗어나 이질적·저항적 성격의 문화·가치관을 인정하고 갈등의 생산성을 회복하기란 쉬운 일이 아니다. 이질적인 문화와 가치는 위협으로 인식될 때 더욱 인정받기 어렵다는 것은[53] 인정의 주체가 위협과 비위협을 구분할 만큼의 선명한 정체성을 이미 갖추고 있다고 전제함을 의미한다. 자본·국가 주도의 다문화주의는 탈정치화된 문화를 매개로 삼음으로써 즉 문화의 탈정치적 정체성을 강조함으로써 위협에 대한 부담을 축소시키고 인정의 가능성, 상품화의 가능성을 증대시킨다. 윤리·정의의 규범성·당위성은 여전히 잔재해 있는 위협에 대한 배타적 반응을 개인적인 일탈 혹은 부정의로 사사화하면서 계몽의 대상으로 간주할 수 있는 근거가 된다.

다문화주의의 인정은 개개의 문화 유형의 정체에 대한 사실적 인정이지 그 개개의 문화 유형에 모두 동일한 가치—곧 보편화 가능한 가치—를 부여한다는 의미의 인정은 아니다.[54] '보편화 가능한 가치'는 국

---

53 웬디 브라운, 앞의 책; 안영진, 「세계의 유학생 이동과 국내 외국인 유학생의 특성」, 최병두 외편, 앞의 책, 273~274쪽 참조; 송영호, 「한국인의 국민정체성과 다문화 수용성」, 고려대 석사논문, 2009, 3쪽 참조.
54 송재룡, 앞의 논문, 83쪽.

가나 글로벌 단위의 범주에서 인지되는 것처럼 보이지만, 이 가치가 실제로 생산되고 작동하는 공간은 로컬이다. 다시 말해 로컬은, 선험적이고 연역적으로 주어진 이 가치가 착종되어 발아하는 공간, 외부의 각종 권력이 주입되는 대상이 아니라 로컬 범주를 넘어서는 가치와 외부의 권력을 요청함으로써 국가나 글로벌자본 등의 공간집합을 생산하는 생성적인 공간이다. 동시에 로컬은 다양한 가치와 문화들이 서로 투쟁하고 갈등을 빚는 공간이다. 자본·국가 주도의 다문화주의가 사실의 인정과 가치의 인정을 구분하고 '보편화 가능한 가치'를 상정함으로써 가치의 인정에 있어 인정 주체의 위치에 대한 의문을 갖게 만든다면, 로컬 주도의 다문화주의는 사실의 인정은 물론이고 보편화나 공존을 향한 각종 문화와 가치들의 갈등·연대의 과정과 변화양상에 주목하게 한다.

로컬에 주목한다는 것이 자본이나 국가의 해체를 목표로 한 것이 아니듯 로컬 주도의 다문화주의는 자본·국가 주도 다문화주의의 절멸을 목표로 하지 않는다. 오히려 자본·국가 주도의 다문화주의가 이에 포섭되지도 통제·관리되지도 않는 각종 이질적이고 소수적인 문화·가치들과 경쟁하고 갈등할 수 있는 장을 제공함으로써 다문화주의의 구체적이고 실질적인 기의를 생산할 뿐만 아니라 자본과 국가의 일방적인 우위를 교정할 수 있는 기회를 제공한다. 문화가 독자적 영역을 지니면서도 정치·경제적 문제 등의 영역들과 다양한 공간적 스케일의 층위에서 서로 긴밀히 연결되어 있음을 발견할 때 구체적인 기의가 파악된다. 문화라는 영역이 지배적인 인식 대상으로 간주되기 때문에 덜 위협적인 것처럼 느껴지더라도 이와 연관된 그러나 시대착오적이라는 이유로 배제된 정치·경제적 위협들은 여전히 잔존한다. 로컬에서 문화는 대단히 중요한 영역이기는 하지만 독자적이고 독점적인 지위의 영역이 아니다. 정치·경제적 위협들을 더욱 빈번하게 경험하는 쪽은 대체로 비주류·소수자·주변인 즉 중심에서 먼 사람들이지만, 그렇다고 이들이 곧바로 문화적 비주류나 소수자인 것도 아니다. 따라서 로컬 주도의 다문화주의는, 자본·국가 주도의 다문화주의가 탈정치화된 문화를 전경화함으로써 여타의 영역과 연계되지 않은 문화적 정체성의 인정 문제를 지배적이고 규범적인 인식틀로 규정하고 있다는 사실을 인지하게 할 뿐만 아니라 문화가 여타의 영역과 다양하고 중층적으로 관계 맺는 양상들에 주목하기를 요구한다.

다문화주의는 차이를 강조하기에 연대의 정치를 거부한다고 하지만,[55] 여기서의 차이는 탈정치화된 문화와 마찬가지로 진공상태의 추상적인 차이를 가리킬 가능성이 높다. 차이는 정치·경제적 문맥 속에 놓이면서 구체적인 형체를 갖게 되고 차별의 중요한 근거로 기능한다. 차이는 복잡다기한 관계망을 통과하면서 다양한 층위의 차별을 생산하며 다양한 층위의 차별은 다양한 층위의 소수자를 양산한다. 로컬은 정치·경제·젠더·인종·문화 등 각종 층위의 차이가 차별로 전환되는 양상 그리고 차별이 각종 소수자를 생산하는 과정을 목도할 수 있는 공간이다. 따라서 로컬 주도의 다문화주의는 문화뿐만 아니라 여러 층위의 소수자들이 주류·중심뿐만 아니라 또 다른 차원의 소수자들과 관계맺고 중첩되는 양상들의 변화에 개입할 수 있게 된다. 로컬이 다

---

55 Brain Berry, *Culture and Equality —An Egalitarian Critique of Multiculturalism*, Cambridge : Harversity Press, 2001, pp.301~302. 여기서는 임현묵, 앞의 논문, 88쪽에서 재인용.

문화주의를 각종 층위의 소수자'들'로 구성된 공간적 연대의 중요한 기반으로 삼을 수 있는 이유도 여기에 있다.

　다문화주의가 이주민들의 실질적인 집·보금자리, 안전한 장소, 연대의 근원이 되기를 바라는 희망에도 불구하고,[56] 자본·국가 주도의 다문화주의는 물론이고 로컬 주도의 다문화주의조차 이 희망을 충족시키기는 녹록치 않아 보인다. 왜냐하면, 실질적인 집이나 보금자리, 안전한 장소와 같은 단어가 차별과 갈등의 종결이라는 의미와 연결된다면, 현재의 로컬은 결코 이런 유토피아가 아니기 때문이다. 다만, 로컬은 매끈하고 단일화된 정체성(실질적인 집, 보금자리, 안전한 장소라는 의미까지 포함)의 공간이 아니라 다양한 층위의 정체성들이 갈등하고 인정투쟁을 벌이면서도 소수자들의 연대가 진행되는 공간이라는 점을 인정한다면, 로컬은 다문화주의를 공론장 구성의 유용한 이념으로 활용할 수 있을 것이다.

4. 로컬 주도적 다문화주의 논의를 위하여

　자본·국가 주도의 다문화주의가 주장하는 인정과 관용이 이주민·이주민의 문화를 주된 대상으로 한 것이라면, 이는 결과적으로 차이와

---

56 J. N. Entrkin, "Democratic place-making and multiculturalism", *Geograpfisak Annaler, Series B. Human Geography*, 84(1), p. 20. 여기서는 최병두, 앞의 글에서 재인용. 배리는, 비대칭적 연방제는 연방의 다른 모든 지역에 적용되는 법과 제도로부터 특정 지역만 벗어날 수 있게 하기 때문에 형평성을 잃는다고 주장한다. 임현묵, 앞의 논문, 88쪽 참조. 이로 볼 때 배리가 전제하는 다문화주의는 민족-국민국가를 전제로 한 다문화주의라고 할 수 있다.

반복을 통해 몸집을 불려온 자본주의와 근대 민족—국민국가의 도덕적 위장술로 기능할 위험이 있다. 탈정치화된 문화를 통한 윤리의 규범성이 근대 국민국가의 통치기제로 이용되는 것이 위험한 이유는, 이것이 개인으로 하여금 타자·타문화에 대한 인정 행위를 통해 자기성찰의 계기를 마련하고 마침내 성숙의 감정을 경험하게 한다는 데 있다. 이때의 개인적인 성찰과 성숙은 자본과 국가에 의해 덜 위협적인 성격과 형태로 재구성된 타자를 대상으로 한 것이기에 한계적일 수밖에 없지만, 역설적으로 성숙의 감정은 윤리·정의의 규범성·당위성과 결합하면서 개인을 완고한 주체로 구성해낼 위험 또한 안고 있다. 윤리·정의의 규범성·당위성과 탈정치화된 문화는, 인정과 관용에 인색한 이들을 배타적이고 부도덕한 개인으로 간주하면서 도덕적으로 처벌하는 만큼, 인정과 관용의 주체를 허위적인 자기 성찰에 만족하는 주체로 생산할 수 있다. 이는 근대 국민국가의 정체성이 타자의 관리에 빚지고 있기 때문이며 타자의 관리는 타자의 성격을 일면적으로 규정하는 데서 즉 타자를 단일한 성격의 존재로 추상화하는 데서 출발하기 때문이다.

반면, 로컬 주도의 다문화주의에서는 이러한 안전한 모험을 넘어설 가능성이 증대한다. 로컬은 지배적인 구조에 따라 추상화·보편화된 타자가 아니라 인정하기 쉽지 않은 즉 인정 주체의 가치관·문화관에 위협으로 여겨지는 다양한 성격의 타자들과 대면할 수밖에 없는 공간이다. 따라서 이때의 인정(혹은 인정의 거부)이나 자기 성찰은 자기만족으로 연결될 여지가 적어진다. 이주민뿐만 아니라 다양한 층위의 소수자를 생산하는 중층적인 위계질서와 구조적 층위들이 얽힘entanglemaent[57]의 관계에 있음을 인지할 때, 다문화주의의 윤리와 문화를 추상화·개인화하거나 표준화하는 대신 로컬의 공론장에 놓을 수 있게 된다. 이때에야 비로소 다문화주의는 연기된 기의를 고정하는 과정에 들어설 수 있을 터이다. 그리고 이 과정을 추동하는 것은 윤리·정의의 규범성·당위성이 아니라 타자들과 인정의 주체 그리고 논의의 인식적 배경으로 펼쳐져 있는 로컬이다.[58]

로컬은 다문화주의라는 텅 빈 기표에 구체적인 기의를 각인하고 고정하는 과정에서 끊임없는 갈등과 차별을 드러냄으로써 다문화주의의 규범성·당위성에 권위를 부여한다. 또한 문화를 사회·경제·정치적 맥락에 재정위시켜 각종 소수자'들'의 공간적 연대를 지향하게 함으로써 자본·국가 주도의 다문화주의 그리고 이에 대한 대응의 곤궁을 극복할 수 있는 장으로 기능할 수 있다. 결국, 다문화주의는 로컬이라는 장에 놓일 때에야 주체와 타자의 다중정체성을 인정하면서 다양한 소수자 운동·담론과의 연결망을 확인하게 될 것이며 이런 각종 층위의 소수자'들'의 공간적 연대를 통해서야 비로소 다문화주의 본래의 지향점을 추구할 수 있을 것이다.

---

57 콘토포우로스의 헤테라르키(heterarchie)는 복잡성, 열린 체계, "다양한 이질적인 위계질서, 구조적 층위들, 구조화하는 논리들의 얽힘"을 의미하는데, 여기서 얽힘은 월러스틴의 역사적 세계체제가 경제적, 정치적, 문화적 과정의 통합적 네트워크라는 점과 비슷하지만, 각각의 부분들이 독자적 자율성을 지닌다는 점에서 차이가 있다. 강성호, 「식민주의 이후의 식민성─미국의 세계전략과 푸에르토리코」, 『서양사론』 106, 한국서양사학회, 2010, 75~76쪽 참조.

58 사회적 실천들의 다양성과 복수성에 근거한 복수의 (다양한) 지식, 시간, 인정, 횡단적 척도, 생산성의 생태학을 제안하면서 실천적 운동을 지향하는 수자 산토스의 논의는 유용한 영감을 제공할 수 있을 것이다. 김용규, 「지식구조의 변화와 문화생태학의 복원」, 『대동철학』 53집, 대동철학회, 2010, 297~298쪽 참조.

참고문헌

강내희, 「신자유주의 세계화와 한국의 문화변동-다문화주의시대의 비판적 이해」, 『중앙대학교 문화콘텐츠기술연구원 학술대회』, 중앙대 문화콘텐츠기술연구원, 2008.

강성호, 「식민주의 이후의 식민성-미국의 세계전략과 푸에르토리코」, 『서양사론』 106, 한국서양사학회, 2010.

곽준혁, 「다문화 공존과 사회적 통합」, 『대한정치학회보』 15집 2호, 대한정치학회, 2007.

구견서, 「다문화주의의 이론적 체계」, 『현상과 인식』 27권 3호, 한국인문사회과학회, 2003.

권금상 외, 『다문화사회의 이해-9가지 접근』, 태영출판사, 재판, 2013.

김영옥, 「인정투쟁 공간 / 장소로서의 결혼이주여성 다문화 공동체-'아이다'마을을 중심으로」, 『한국여성철학』 14권, 한국여성학회, 2010.

김용규, 「지식구조의 변화와 문화생태학의 복원」, 『대동철학』 53집, 대동철학회, 2010.

김창민 외 편역, 『세계화 시대의 문화 논리』, 한울, 2005.

김태원, 「글로컬 생활세계로서의 다문화사회-공존의 가치에 대한 탐색적 연구」, 『다문화와 인간』 1권 1호, 대구가톨릭대 다문화연구소, 2012.

김현미 외, 『친밀한 적』, 이후, 2010.

김희강, 「다문화주의의 역설」, 『담론』 201(16권 4호), 한국사회역사학회, 2013.

대구가톨릭대 다문화연구소 편, 『한국 다문화에 관한 담론』, 경인문화사, 2012.

문성원, 「인정개념의 네 가지 갈등구조와 역동적 사회발전」, 『사회와 철학』 10호, 사회와철학연구회, 2005.

문성훈, 「소수자의 등장과 사회적 인정 질서의 이중성」, 『사회와 철학』 9호, 사회와철학연구회, 2005.

박병섭, 「다문화주의 정치철학이란 무엇인가?」, 『사회와 철학』 21호, 사회와철학연구회, 2011.

백미연, 「'재분배'와 '정체성'을 넘어 '참여의 평등'(parity of participation)으로」, 『한국정치학회보』 43집 1호, 한국정치학회, 2009.

서용순, 「철학적 조건으로서의 정치-알랭 바디우(Alain Badiou)의 진리 철학을 중심으로」, 『철학과 현상학 연구』 통권 27호, 한국현상학회, 2005.

송영호, 「한국인의 국민정체성과 다문화 수용성」, 고려대 석사논문, 2009.

송재룡, 「다문화주의와 인정의 정치학, 그리고 그 너머-찰스 테일러를 중심으로」, 『사회이론』, 한국사회이론학회, 2009 봄·여름.

심승우, 『다문화 민주주의의 이론적 기초-소수자의 주체성과 통치성을 중심으로』, 성균관대 박사논문, 2010.

심현주, 「다문화사회에서 타자인정윤리」, 『가톨릭철학』 제9호, 한국카톨릭철학회, 2007.

오경석, 「다문화와 민족-국가 : 상대화인가, 재동원인가?」, 『공간과 사회』 28호, 한국공간환경학회, 2007.

오경석 외, 『한국에서의 다문화주의-현실과 쟁점』, 한울, 2007.

윤수종, 「맑스주의의 확장과 소수자 운동의 의미」, 『진보 평론』, 현장에서미래를, 1999.

이용승, 「다문화주의의 이론적 검토와 정당화」, 『민족연구』 41호, 한국민족연구원, 2010.

이용일, 「중심과 주변의 문제로서 영토와 국경」, 『역사와 경계』 65호, 부산경남사학회, 2007.

장세룡, 「다문화주의적 한국사회를 위한 전망」, 『인문연구』 53호, 영남대 인문과학연구소, 2007.

조명기, 「로컬에 대한 두 가지 질문-로컬은 실재하는 소수인가」, 『로컬리티 인문학』 11, 부산대 한국민족문화연구소, 2014.4.

조지영, 「누가 다문화 사회를 노래하는가?」, 연세대 석사논문, 2013.

최병두 외, 『지구·지방화와 다문화 공간』, 푸른길, 2011.

박천응, 「한국적 다문화 운도의 실천-안산 국경없는 마을 운동을 중심으로」, 한국사회학회 편, 『한국적 "다문화주의"의 이론화』, 동북아시대위원회 용역보고서, 2007.

Semprini, Andrea, 이산호·김휘택 역, 『다문화주의-인문학을 통한 다문화주의의 비판적 해석』, 경진, 2010.

웬디 브라운, 이승철 역, 『관용-다문화제국의 새로운 통치전략』, 갈무리, 2010.

낸시 프레이저, 김원식 역, 『지구화 시대의 정의』, 그린비, 2010.

윌 킴리카, 장동진 외역, 『다문화주의 시민권』, 동명사, 2010.

마르코 마르티니엘로, 윤진 역, 『현대사회와 다문화주의 - 다르게, 평등하게 살기』,
한울, 2002.

안토니오 네그리 · 마이틀 하트, 윤수종 역, 『제국』, 이학사, 2001.

Savidan, Patrick, 이산호 · 김휘택 역, 『다문화주의 - 국가정체성과 문화정체성의 갈등
과 인정의 방식』, 경진, 2012.

Pieterse, Nederveen, "Development report and Cultural Liberty - Tough Liberalism",
Development and Change 36(6), 2005; Will Kymlicka, *Multicultural Odysseys - Navigating
the New International Politics of Diversity*, Oxford, Uk : Oxford University Press, 2007.
여기서는 임현묵, 『문화다양성의 정치 연구 - 자유주의적 다문화주의와 그 비
판을 중심으로』, 서강대 박사논문, 2012에서 재인용.

Zizek, Slavoj, "Multiculturalism, Or, the Cultural Logic of Multinational Capitalism", *New
Left Review*, Vol. 225, Sep. / Oct., 1997. 여기서는 진은영, 「다문화주의와 급진적
인권」, 이화인문과학원 편, 『지구지역 시대의 문화경계』, 이화여대 출판부,
2009에서 재인용.

난민과 외국 이주민
그리고 독일 지역에서의 감수성

조관연

1. 난민과 국제정치 그리고 지역

이주민은 자기가 사는 곳을 떠나 다른 지역이나 국가에서 정착하는 사람들을 지칭한다. 이주민이 자신의 국가를 떠나는 동기는 다양한데, 단순히 자신이 사는 지역이 싫어져서 떠나기도 하지만 대부분 사람은 경제적 불평등, 정치적 문제들, 가족 재결합 또는 정치적 갈등이나 자연재해 때문에 떠난다. 국가들의 부정확한 통계 그리고 계절적 이주노동자와 미등록 이주민 등의 요인 때문에 이주민의 숫자를 정확히 파악할 수 없지만, 전 세계 인구 70억 명 중 2억 명 이상이 이주민으로 추정되고 있다. 이 숫자는 글로벌화와 국가 간의 경제적 불평등 그리고 지역에서의 정치적 갈등 등으로 인해 앞으로도 계속 증가할 것으로 예측

되고 있다.[1] 이주민은 크게 자발적 이주민과 강제적 이주민으로 크게 구별할 수 있는데, 유엔난민기구UNHCR의 2013년 보고서에 의하면 '강제적 전위된 사람들'forcibly displaced people은 약 5,120만 명으로 추정되고 있다. 이들 중 유엔난민기구가 인정한 난민의 숫자는 약 1,670만 명이고, 이외에 국제연합 팔레스타인 난민 구호기구UNRWA에 5백만 명의 팔레스타인 난민이 등록되어 있으며, 전 세계적으로 약 3,330만 명이 '자국 내 난민'IDPs이 있다. 2013년에는 약 250만 명의 새로운 난민이 발생했는데, 난민의 86%는 개발도상국 출신이며, 난민의 46%는 한 사람당 GDP가 5,000달러 이하의 국가에서 보호처를 찾았는데, 파키스탄(160만 명), 이란(85만 7천 명), 레바논(85만 6천 명) 그리고 터키(60만 9천 명) 등의 순이다. 2013년 말 현재 서구 선진국은 단지 280만 명의 난민에게 망명을 인정하였다. 2013년에는 414,600명의 난민이 자국으로 귀환하였는데, 이들 중 2/3는 시리아와 콩고 그리고 이라크 출신 난민이었다.[2] 이들 중 일부만 부유한 북미와 서유럽에서 난민지위를 인정받아 정착해서 생활하고 있다. 난민들 가운데 경제적 어려움이나 더 나은 사회적 삶을 위해 고국을 떠나는 사람들도 있기 때문에 자발적 이주민과 강제적 이주민 사이에 명확한 경계를 짓는 것이 어려운 경우가 많다.

유엔난민기구가 1951년에 공표한 〈난민 지위에 관한 국제협약〉에 의하면 난민을 "인종, 종교, 국적 또는 특정 사회집단의 구성원 신분 또

---

1 Cecile Dubernet, *The international containment of displaced persons —humanitarian spaces without exit,* Burlington, 2001, p.46; Betts Loescher, *The UNHCR and World Politics. A Perilous Path,* Oxford University Press, 2001. pp.24~38.
2 UNHCR, UNHCR report shows leap in asylum applications for industrialized countries, News Stories, 2014, March 21.

는 정치적 견해 등을 이유로 박해를 받을 우려가 있다는 충분한 근거 있는 공포로 인하여 자신의 국적국 밖에 있는 자로서, 국적국의 보호를 받을 수 없거나 그러한 공포로 인하여 국적국의 보호를 받는 것을 원하지 아니하는 자"로 규정하고 있다.[3] 이 협약은 국가 내에서의 난민의 처우에 관해서도 규정하고 있지만, 국가마다 난민을 바라보는 시각과 이들에 대한 처우가 서로 다르다. 대체로 난민에 대한 처우가 좋은 국가일수록 외국인 이주노동자의 처우도 좋은 경향이 있다. 따라서 난민들이 어떤 국가를 피난처로 선호하는지 그리고 이들이 받는 처우를 살펴보면 각국에서의 이주민 정책을 대체로 파악할 수 있다. 한국에서는 법무부 산하의 출입국관리소가 난민 지위 인정과 관리를 책임지고 있지만, 대부분 국가에서는 광역단체나 도시들이 이들의 처우를 담당하기도 한다. 난민 또는 이주노동자가 선호하는 특정 국가 내의 지역이나 도시가 서로 다른데, 난민이나 이주민 모두 서유럽과 미국 그리고 캐나다 등의 대도시들처럼 자신에 대한 처우가 좋은 곳으로 편중되고 있다.[4]

독일 중앙정부는 이주민 정책의 전체적인 정책 기조를 정하지만, 각 세부 실천 사항은 광역지방자치단체들의 해당 사항이다. 따라서 각 광역지방자치단체의 정치적, 경제적 그리고 사회적 상황과 조건 등에 따라서 외국 이주민과 난민에 대한 처우와 지위가 달라진다. 이주민과 난민에 대한 처우를 결정짓는 가장 중요한 요인은 지역의 정치적 지형

---

3 UNHCR, 『난민의 지위에 관한 협약』 제2조 제1호, 1951.7.28.
4 John Stedman · Tanner Fred, *Refugee Manipulation —War, Politics, and the Abuse of Human Suffering*, The Brookings Institution, 2003, p.16ff.

이다. 어떤 정당이 집권하느냐에 따라서 외국인 정책이 많이 달라지는 데, 진보정당인 녹색당Grüne이나 중도좌파의 사회당SPD이 집권하고 있는 지역일 경우 보수당인 기독교민주당CDU이 집권하는 지역보다 외국 이주민과 난민에 대해 우호적인 정책을 펴는 경향이 강하다. 물론 헤센 주의 프랑크푸르트와 같이 대외 의존도가 높은 지역 경제 구조를 가진 도시는 보수당이 집권하고 있지만 외국 이주민에 우호적인 정책을 펴기도 한다. 일반적으로 이야기해서, 독일에서는 소도시보다 대도시가 상대적으로 외국 이주민 또는 난민에 대해 더 관용적인 정책을 펴는 경향이 있다.

지난 몇 년 동안 독일정부는 새로운 이주노동자의 유입을 억제하고 있지만 투자 이민자나 고급 기술을 가진 이주민을 적극적으로 유치하고 있다. 하지만 전 세계적으로 국가 간의 경제적 격차와 정치적, 군사적 갈등이 심화하면서 예전보다 더 많은 강제적 이주민이 발생하고 있다. 서구의 다른 부유한 선진국과 마찬가지로 독일에서도 이들의 유입으로 인해 적지 않은 경제적, 사회적 그리고 문화적 문제들이 발생하고 있으며, 중앙정부는 이들의 유입과 정착을 은밀하지만, 효과적으로 억제하는 방안들을 모색하고 있다. 하지만 이주노동자와 달리 난민의 문제는 한 국가의 이해관계에 의해서 결정될 수 있는 사안이 아니라 국제정치적인 이해관계와 보편적 인권의 차원에서 해결되어야 한다. 난민 문제를 둘러싼 다양한 논의와 이로부터 도출된 개선책은 난민 문제에만 국한되는 것이 아니라 직간접으로 사회 내 소수자와 이주노동자의 정책 개선으로도 이어지기 때문이다. 국제정치와 중앙정부의 은밀한 장에서 결정되고 추진되고 있는 난민정책은 많은 부분에서 인권 문제를 야기하고 있다. 하지만 베를린이나 함부르크 등 독일 일부 지역은 이들 정책을 그대로 수행하거나 지지하는 역할을 거부하고 난민의 입장에서 이들의 권익을 위해 노력하기도 한다. 또한, 이들의 노력은 사회 전반에 걸쳐 의제를 설정하는 역할을 하기도 하는데, 이런 의미에서 이주민 또는 난민 정책 수립과 실행에서 지역의 역할이 재고되어야 한다.

2. 한국의 난민

한국에서도 일제강점기와 한국전쟁을 겪으면서 수많은 난민[5]이 발생했으며, 이들은 외국에서 새로운 보금자리를 찾아서 삶을 영위할 수 있었다. 현재 개인적 양심이나 삶의 방식 때문에 서구 여러 나라에 한국인 수백 명이 난민신청을 하고 있다. 한국인은 빠른 경제성장 덕분에 선진국에 버금가는 삶을 살고 있지만, 오랫동안 지리적 위치 때문에 외국 난민의 '안전지대'였다. 현재 약 150여 개 국가가 유엔난민기구가 1951년에 제정한 〈UN 난민협약〉에 서명하였는데, 한국도 1992년 이에 동참하였다. 하지만 한국에 난민 지위를 신청하는 외국 난민의 숫자와 인정비율은 상대적으로 적은 편이다. 1993~2003년까지 251명만이 난

---

5 "난민"이란 인종, 종교, 국적, 특정 사회집단의 구성원인 신분 또는 정치적 견해를 이유로 박해를 받을 수 있다고 인정할 충분한 근거가 있는 공포로 인하여 국적국의 보호를 받을 수 없거나 보호받기를 원하지 아니하는 외국인 또는 그러한 공포로 인하여 대한민국에 입국하기 전에 거주한 국가(이하 '상주국'이라 한다)로 돌아갈 수 없거나 돌아가기를 원하지 아니하는 무국적자인 외국인을 말한다.(난민법 제2조 제1호)

민신청을 하였는데, 이들 중 14명만이 난민지위를 인정받았다. 하지만 2010년부터 국제적으로 난민 숫자가 대폭 증가하면서 한국에도 그 영향이 미치기 시작했다. 2010년에는 423명, 2011년에는 1,011명 그리고 2012년에는 1,143이 난민신청을 하였는데(1993년부터 2013년 말까지 총 누적숫자는 6,643명), 2012년의 신청자 중에서 오직 60명만이 난민 인정을 받았다.[6] 2012년 난민 수용에 인색한 일본에도 역대 최고로 많은 2,545명이 난민신청을 하였는데, 단지 18명만이 난민 인정을 받았다. 우리 나라의 난민 인정 비율은 일본을 제외한 다른 나라들에 비해 매우 낮은 편이다. 2012년까지의 난민 신청자 중에서 329명(5.9%)만이 난민 지위를 인정받았는데, 이는 전 세계 평균인 37.8%의 1/6 수준이다. 한국에 난민신청을 한 사람들의 국적은 콩고민주공화국, 수단, 우간다, 코트디부아르 등 아프리카 내전국과 시리아, 미얀마, 방글라데시 등으로 다양하다. 한국에 난민 신청을 한 사람들의 평균 학력은 대학 중퇴이고, 45%가 학사와 석사학위를 받은 고학력자들이다. 현재 난민 지위를 인정받고 한국에 체류하고 있는 사람들 대부분은 심한 생활고에 시달리고 있는데,[7] 이런 난민의 처우는 한국에 사는 외국 이주노동자에 대한 처우와 정책과 상당 부분 그 궤를 같이한다.

국제사회는 유엔사무총장을 배출하고, 국가 경제규모가 12위권에 있는 한국정부의 소극적인 난민정책을 비판하는 목소리를 더 높이 내기 시작하였는데, 한국정부와 국회는 이에 대응하기 위해 아시아에서

6　남한 정부는 북한을 독립 국가로 인정하지 않기 때문에 북한 이탈민을 국제 난민으로 인정하지 않는다. 한국정부는 이들을 '자국 내 난민'으로 분류하고 국제 난민과는 다른 범주에서 대우하고 있다.

7　『뉴시스』, "7월 1일부터 亞최초 '난민법' 시행", 2013.6.18.

처음으로 2011년 7월 〈난민 지위 및 처우에 관한 법〉을 제정했다. 이 법의 주요 목적은 난민지위 신청 과정을 빠르게 진행하고, 신청자에게 더 많은 법률 정보와 지원을 제공하는 것이다. 난민 관련 주무부서인 법무부 관계자는 "한국의 난민 관련 제도는 효율적으로 운영되고 있다. 난민지위를 임의적으로 거부하는 경우는 절대 없다. 실제로 위험에 처해 있어 도움을 필요로 하는 사람과 다른 목적으로 한국에 머물기 위해 제도를 악용하는 사람을 구별하기 위해서는 복잡한 제도가 요구된다. 난민지위가 거부됐다 하더라도 항소를 제기할 수 있다"[8]고 이야기하고 있다. 한국에서는 난민 문제를 법무부에서 담당하고 있는데, 이 문제를 법적 측면에서만 바라볼 경우 이 같은 주장도 가능할 수 있다. 하지만 UN의 난민협약이 지적하듯이, 난민 문제는 근본적으로 법적 차원이 아니라 인간의 생존권, 즉 인권의 차원에서 접근하여야 한다.

한국정부는 난민의 지위와 처우를 개선하기 위해 인천공항이 있는 영종도에 난민지원센터를 건립하였다. 이 시설은 부지면적 31,143㎡에 133억 원의 사업비가 투입돼 2013년 9월 완공되었고, 이 안에는 82명의 난민을 수용할 수 있는 시설과 출입국관리공무원 등을 위한 연수시설, 세미나, 국제회의 시설 등이 있다. 원래 계획에 의하면, 난민들은 이 안에서 숙식하면서 종교 활동, 한국어교육, 한국문화교육 등과 함께 의료혜택과 법률 서비스를 받으면서 난민심사 절차를 밟을 예정이었다. 하지만 지역 주민들은 난민센터 건립을 반대하였고 법무부는 이를 무시하고 건설을 강행했다. 건물이 완공된 후 주민들은 이 시설에

---

8 『The Wall Street Journal』, "한국에 쏟아지는 난민지위 신청", 2015.1.30.

영종도 난민지원센터 위치지도

난민이 입주하는 것을 적극적으로 반대했는데, 주된 반대 이유는 지역이 집단 난민촌으로 변해서 범죄의 온상이 될 것이라는 우려였다. 하지만 이보다 더 실제적인 이유는 집값 하락과 정부의 일방 통행식 밀어붙이기 정책에 대한 반감이었다.

난민 활동가들은 또 다른 측면에서 이 난민센터 건립을 비판하였는데, 국제공항 이외에 별다른 사회 기반시설이 갖추어져 있지도 않은 외진 장소에 난민을 집단 수용하는 것은 난민의 신체 이전의 자유를 제한할 뿐만 아니라 사회적 삶을 불가능하게 하며 이는 난민협약과 유엔의 인권선언이 제시하는 인권을 무시한 처사라고 주장했다. 지역주민의 격렬한 반대 때문에 건물은 완공되었지만, 난민의 입주는 지체되었다. 주민의 저항에 봉착한 법무부는 난민센터 입주 자격조건을 한국 입국 90일 미만, 한국 공항에서의 난민신청 그리고 영·유아 동반 및 노약자, 장애인 등으로 강화하였다. 또한, 난민입주민의 외출과 외박 일수도 총 이용기간의 10% 이내로 제한하였고, 관리와 감독을 위해 생활지도관을 상주시키는 등의 통제정책을 타협안으로 제시했다. 이런 조치에도 주민의 반발이 약화되지 않자, 법무부는 일방적으로 난민을 입주시키기 시작했다. 문제와 갈등이 발생하면 해당 당사자들과 긴밀히 협의하고 이들의 의견을 최대한 반영해서 타협안을 이끌어내는 점이 한국에서는 부족한데, 이는 이주민 정책에서도 자주 나타나는 현상이다. 올해 3월 라이베리아에서 할례를 거부한 뒤 지역 원로들에 의해 살해 위협을 받던 여성 난민 신청자(38)가 첫 번째로 입주했고, 중앙아시아 출신 일가족 5명도 이어서 입주했는데, 이들은 본국에서의 정치활동 때문에 급진 민족주의 단체로부터 살해 위협을 받고 있었다. 지금도 이 난민센터와 인근 아파트에는 난민센터 입주를 반대하는 현수막들이 걸려 있으며, 주민들은 치안에 대한 우려와 법무부의 일방 통행식 난민정책에 대해 분노하고 있다.

유엔난민기구의 고등판무관이었던 오가타Sadako Ogata는 각국의 난민정책을 "인도주의적인 문제들에 대해 인도주의적인 해결이 없다"고 비판했는데, 후임인 안토니오 구테레Antônio Guterres도 "인도주의적인 문제에 인도주의적 해결이 한 번도 없었다. 해결은 항상 정치적이었다"고 비판했다.[9] 난민 문제는 세계 정치학의 심장에 놓여 있으며, 난민정책은 항상 (국제)정치적 맥락에서 작동하고 있는데, 대부분 국가는 난민을 국가안보와 경제적, 사회적 그리고 문화적 짐으로 인식하고 있으며, 난민정책에서 가장 기본이 되어야 할 인권과 사회적 연대는 대부분 뒷전으로 물러나 있다. 영종도의 사례에서 볼 수 있듯이, 자국의 이해관계는 난민정책을 계획하고 실천하는 데 중요한 요소이다. 그리고 난민의 관리와 통제는 사회적 통합이나 사회적 혼합social mix보다는 보이지 않게 만듦으로써 목소리를 무화시키는 '투명화를 통한 배제'와 특정 지역

---

9   UNHCR, *Speeches by Antônio Guterres*(http://www.unhcr.org/cgi-bin/texis/vtx/search?page=
      &comid=42b2f01a4&cid=49aea93a4c&scid=49aea93a2f&author=guterres).

에 집단거주시킴으로써 사회적 삶을 차단하는 '구획화' 그리고 민족 또는 종족별로 서열화하고 이에 따라 처우를 달리하는 '국적에 따른 등급화'에 의해 이루어지고 있다.[10] 이런 관리와 통제 방식은 난민의 경우에 더 극단적으로 나타나고 있는데, 각 국가마다 정도의 차이는 있지만, 외국 이주민에게도 상당 부분 해당하는 내용이다. 지역들은 이런 국가적 관리와 통제방식에 대해 다양한 방식으로 동조하거나 거부하고 있다. 지역의 역할이 지금까지 국가적 차원에서 난민과 이주민 정책을 수립하고 실천하는 데 있어서 상대적으로 경시됐는데, 갈등 해소와 바람직한 정책 도출을 위해 지역의 역할을 살펴보는 것은 중요하다.

3. 뷔르츠부르크에서 베를린까지 도보행렬

유럽국가 중에서 독일은 혈통의 순수성을 상대적으로 중시하는 나라로 알려졌지만, 실제로는 전체 인구의 1/3 정도가 이민의 배경을 가진 '이민자들의 나라'이다. 독일은 유럽연합 내에서 현재 주요 난민발생국들과 국경을 마주하고 있지 않아서 오랫동안 유럽연합의 난민지위협약, 특히 〈더블린 협약 II〉로부터 많은 혜택을 받았다. 미등록이주민과 난민의 주요통로가 된 이탈리아나 그리스와 같은 국가들은 이 협약의 수정을 강력하게 주장하고 있지만, 독일정부는 이의 개정에 소극적인 태도를 보였다. 하지만 이들 국가를 통해 들어오는 미등록이주

---

10 Ong, Aihwa, *Neoliberalism as Exception —Mutations in Citizenship and Sovereignty*, 2006, p.56ff.

민과 난민의 숫자가 증가하면서 독일정부도 점차 이의 수정 필요성을 느끼고 있지만, 국내 보수 세력을 중심으로 한 사회적 저항 때문에 개정에 적극적으로 나서지 못하고 있다.

〈표 1〉 독일 망명 신청자 숫자[11]

연도	망명신청자 수	망명 거부 비율	연도	망명신청자 수	망명 거부 비율
1995	166,951	58.9%	2005	42,908	57.1%
1996	149,193	65.1%	2006	30,100	57.8%
1997	151,700	59.7%	2007	30,303	44.6%
1998	143,429	62.2%	2008	28,018	32.5%
1999	138,319	59.2%	2009	33,033	39.4%
2000	117,648	58.6%	2010	48,589	56.6%
2001	118,306	51.7%	2011	53,347	54.7%
2002	91,471	60.6%	2012	77,651	49.7%
2003	67,848	67.1%	2013	127,023	38.5%
2004	50,152	62.3%	2014	202,834	33.4%

유엔 난민기구의 2013년 보고서에 따르면 44개 선진공업 국가들에 접수된 난민신청 인원은 61만 2천 700명으로 전년도 보다 28% 증가했다. 독일에 접수된 난민신청은 전 세계 44개의 선진공업 국가 중 가장 많으며, 난민을 많이 받아들이는 미국, 프랑스 그리고 스웨덴보다 크게 앞서 있다. 하지만 이를 일 인당 인구 비율로 산정하면 스웨덴이 1위를 차지하고 있으며, 경제력을 고려하면 그리스가 독일보다 더 많은 난민을 받고 있다.

---

11 Statista, "Anzahl der Asyanträge (insgesamt) in Deutschland von 1995 bis 2014"(http://de.statista.com/statistik/daten/studie/76095/umfrage/asylantraege-insgesamt-in-deutschland-seit-1995/) 2015.1.15 검색.

〈표 2〉 주요 10개국에서의 난민신청 현황

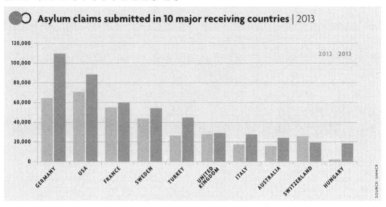

Asylum claims submitted in 10 major receiving countries | 2013

http://www.unhcr.org/532afe986.html, 2014.10.14 현재

UN 난민기구의 보고서에 의하면 2013년 전 세계에서 난민신청이 늘어난 가장 큰 이유는 시리아 전쟁이었다. 현재까지 250만 명이 넘는 시리아 난민들이 터키를 위시한 이웃 국가들로 피신한 상태이며, 그 숫자는 더 늘어날 전망이다. 2013년에 독일에 난민신청을 한 시리아인의 숫자는 2012년에 비해 두 배가 증가한 127,023명이었다. 러시아와 발칸반도 국가 출신 사람들이 독일에 난민신청을 많이 하였는데, 이들 대부분은 "안전하지 않은 국가" 등급에 속하지 않아서 대부분 난민신청이 거부되었다. 이들은 통독 이전에는 별다른 어려움 없이 난민 지위를 인정받을 수 있었는데, 국제 정치적 역학관계가 변화하면서 거부되고 있다. 이를 통해 난민 또는 이주 노동자에 대한 정책은 상당 부분 국제정치의 산물이며, 중앙정부의 영향력을 간과할 수 없음을 발견할 수 있다. 하지만 다음에 살펴볼 독일에서 벌어진 하나의 작은 사건은 지역 차원에서도 이주민 정책에 영향력을 끼칠 수 있음을 보여주고 있다.

독일 바이에른 주의 뷔르츠부르크Würzburg는 보수당인 기독교사회민주당CSU이 집권하고 있는 인구 13만의 작고 오래된 대학도시이다. 2012년 1월 이란 경찰 출신 남자 한 명이 이 도시 외곽에 있는 난민시설에서 자살하는 일이 벌어졌다. 자살 이유는 1년의 난민심사 처리 권고기간보다 훨씬 시간이 지났지만, 결과는 미정인 상태였고, 그는 격리시설에서 단조로운 사회적 삶을 살면서 심한 정신적 고통을 겪었기 때문이었다. 그는 이란에서 반정부활동을 하다가 독일에 입국해서 난민신청을 하였는데, 난민 신청이 기각되면 강력한 처벌이 기다리는 이란으로 다시 송환될 처지에 놓여 있었다. 이 시설에 살고 있던 다른 난민들도 대부분 추방에 대한 공포 때문에 불안한 나날을 보내고 있었다.

2012년 3월 모하메드 칼라리Mohammed Kalali(33살)를 중심으로 이란 출신의 망명신청자 네 명이 이 자살을 계기로 시내 중심가에 천막을 치고 농성 시위를 시작하였다. 이들은 "이란은 커다란 감옥이 되었다! 모든 사람에게 동등한 권리를"이라는 구호를 농성 텐트에 붙였고, 난민의 추방 금지, 노동금지 조건 완화 그리고 '거소의무Residenzpflicht' 규정 철폐를 요구하였다. 난민 대다수는 이미 수년 전에 망명신청을 하였지만, 심사결과를 통보받지 못하고 있었으며, 그 결과에 대해 어떤 암시도 듣지 못한 채 살고 있었다. 난민이 가장 두려워하는 것은 본국 송환이었는데, 거소의무 규정도 주요한 불만의 대상이었다. 독일에서는 외국인청Ausländerbehörde이 난민심사를 담당하고 있는데, 거소의무 규정에 의하면 난민신청자는 외국인청의 관할 구역을 벗어날 수 없다. 유럽에서는 독일에만 이 규정이 있는데, 이 규정의 목적은 독일 특정 지역에 난민이 몰리는 것을 방지하고 이들을 수월하게 통제하기 위해서이다. 하지만 이런 행정 규정은 명백하게 국제 난민조약이 보장하는 인간의 기본권인 거주 이전의 자유를 침해하는 내용이다. 이런 위헌적 소지 때문에 다수의 주는 몇 년 전부터 이 조항을 완화하거나 폐지하였는데, 독일에서는 바이에른과 작센 그리고 튀링엔 주가 아직도 이를 강제하고 있었다. 이들 세 개 주 중에서 바이에른 주는 난민과 이주민 정책에서 특히 더 엄격했다. 바이에른 주 정부는 난민의 생활비로 40유로(약 6만 원)만 현금, 나머지는 현물로 지급하고 있는데, 다른 주들은 모두 다 현금으로 난민에게 지급하고 있었다. 바이에른 주가 현금 대신 현물로 지급하는 것은 난민이 현금을 받아서 다른 용도로 사용하는 것을 방지하기 위해서였는데, 이 지방정부는 난민을 '경제적 이주민'으로 간주하고 있다. 이들 네 명이 벌이는 천막 농성이 지역사회에서 별다른 호응을 얻지 못한 채로 지속되자, 이들은 6월 4일 빨대만 들어갈 정도의 틈만 남기고 자신들의 입을 꿰맸다. 이 사진은 인터넷 공간에서 빠르게 확산되었고, 독일 전역에서 난민 문제에 대한 논쟁을 촉발하였다. 다른 난민들이 이에 동조하면서 천막 농성도 밤베르크Bamberg와 아웁Aub 등지로 확산되었지만, 주무관청인 바이에른 정부는 법치국가는 이런 시위에 '그 어떤 영향이나 압력을 받지 않을 것'이라면서 무시하는 태도를 취했다. 최근에는 행정당국이 사회적 소수자의 주장을 정면으로 반박하거나 합의점을 찾기 위해 노력하는 것이 아니라 무시함으로써 투명한 존재로 만드는 방법을 선택하는 경향이 있는데, 바이에른의 이런 난민 정책이 대표적이다.[12]

뷔르츠부르크의 난민은 천막 농성으로는 그 어떤 변화를 기대할 수

---

12 Der Tagesspiegel, "Vom grossem Gefängnis ins kleine", 2012.11.7.

없음을 깨닫고는, 이 도시에서 베를린까지 약 500km를 도보 행진하는 새로운 항의 방식을 선택했다. 2012년 9월 8일 약 30명의 난민이 약 4주 후에 베를린에 도착하는 것을 목표로 도보 행진을 시작했다. 이때 난민들이 내건 구호는 "어떤 난민도 불법은 아니다Kein Mensch ist illegal"와 "국가 인종주의를 멈춰라!!Stoppt den Staats-Rassismus!!"였는데, 이 구호들은 독일의 자율주의자들이 노동 이주민이나 난민과 연대할 때나 국가 인종주의를 비판할 때 사용하던 것이었다.[13] 뷔르츠부르크 시위는 초기에 난민을 중심으로 이루어졌지만, 점차 자율주의자들이 이들과 연대하면서 국가 시스템과 인권 문제를 비판하는 내용으로 확대되어 갔다. 난민의 도보 행진은 거소의무 규정 때문에 참가자들이 계속 바뀔 수밖에 없었는데, 이들이 지나가는 지역마다 해당 지역에 살고 있는 난민이 계속 새로 참가하면서 시위행렬은 유지될 수 있었다. 독일 미디어는 이들의 도보 행진을 비중 있게 꾸준히 다루었는데, 이를 통해 난민 문제는 사회적 의제가 되어갔다. 2012년 10월 5일 약 50명의 난민 시위대가 베를린에 도착했는데, 이들 중 일부는 독일의 랜드마크인 브란덴부르크 문 앞에서 항의시위를 이어나갔고, 다른 이들은 크로이츠베르크Kreuzbaerg의 오라니엔 광장Oranienplatz에 천막을 설치하고 농성에 들어갔다.

자율주의자를 중심으로 한 약 200명의 지지자가 이들의 베를린 도착을 환영하였는데, 〈인종주의 살해 캠페인〉의 대변인인 마틴 페터스Martin Peters는 "우리는 난민을 환영한다. 독일 난민 상황은 비참하다"는

---

13 독일 자율주의 운동에 대해서는 Drücke, Bernd, *Zwischen Schreibtisch und Straßenschlacht? Anarchismus und libertäre Presse in Ost- und Westdeutschland*, Klemm & Oelschläger, 1998.

말로 이들에 대한 지지를 호소하였다. 하지만 이에 반대하는 시위도 동시에 벌어졌다. 극우적인 색채의 독일 민족민주당NDP 소속 십여 명이 반대집회를 열었고, 양측 간의 충돌을 우려한 경찰 120명이 이들을 보호했다. 난민 시위자들은 오라니엔광장에 도착해서 이곳 활동가들이 준비한 음악콘서트와 연극에 참석해서 자신들의 문제를 토로하였다. 뷔르츠부르크에서와 달리 이들 난민은 베를린 크로이츠베르크에서는 더 이상 '구획화되고 배제된 투명한 존재'가 아니라 지역 주민의 환영과 미디어의 조명을 받는 '실체적 인간'으로 거듭난 것이었다. 당초 계획에 의하면 이들 난민은 인적, 물적 제한 그리고 국가적 통제 시스템에 대한 걱정 때문에 약 일주일 동안만 베를린에서 항의시위를 할 예정이었다. 하지만 이들의 시위는 예상과 달리 이후 1년 반 동안 지속하였는데, 여기에는 자율주의자들의 적극적인 지원과 연대가 중요한 역할을 하였다. 난민이 베를린에서 요구하는 내용은 뷔르츠부르크에서와 크게 다르지 않았는데, 거소의무 규정, 노동금지 조항 그리고 수용시설 거주 규정의 철폐와 신속한 망명 처리였다.

난민은 베를린 시위를 통해 연방정부로부터 일정 부분 양보를 얻어냈다. 연방정부는 앞으로 심사절차를 빠르게 진행할 것이며, 난민 자격을 획득한 사람에게는 무기한 거주권과 6개월 이후에 노동허가권도 부여할 것이라고 발표했다. 이에 대해 보수적인 기독교민주당은 이런 조치로 인해 높은 실업률과 임금 착취 문제 등의 문제가 발생할 소지가 많아서 조심스러운 접근을 주문했다. 이에 반해 사회민주당은 난민도 스스로 노동해서 돈을 벌고, 먹고 살 수 있게 됨으로써 인간의 존엄성을 지킬 수 있게 되었고, 사회 통합을 위해서도 바람직할 뿐만 아니라

복지 부담도 덜 수 있는 조치라고 환영했다. 하지만 독일정부의 전향적인 난민정책은 '용인Duldung' 이상의 자격을 갖춘 난민, 즉 난민자격을 취득한 사람들에게만 적용되는 사항이었기 때문에 난민신청자들에게는 별다른 실제적 의미가 없었다. 시위자들은 난민 신청자들이기 때문에 이런 정책 변화에도 불구하고 자신들의 요구를 관철하기 위해서는 시위를 계속할 수밖에 없었지만, 난민들의 힘만으로 이를 관철하기에는 역부족이었다.

4. 난민과 이주민 그리고 크로이츠베르크의 지역성

뮌헨과 뷔르츠부르크에서 난민의 처우를 개선해달라는 시위를 벌였지만, 이들은 사회적 냉대를 받고 무시되었다. 하지만 이들이 베를린 크로이츠베르크에서 천막 농성과 학교 점거 농성을 벌였을 때 이들은 주민들의 지지를 받았고, 이 덕분에 새로운 삶을 살 수 있게 되었다. 이들 난민은 농성을 풀고, 시에서 제공하는 난민수용시설로 입주해서 환영금 100유로(약 15만 원)와 매주 100유로의 생활비를 받게 되었는데, 이는 독일인과 외국 노동자들이 받는 실업수당과 동일한 액수였다. 또한, 이들 난민은 난민심사에서 최대한 호의적인 심사와 추방금지를 약속 받았는데, 이에 대해 보수적인 정치인과 매체들은 '국가가 난민의 요구에 무릎을 끓었다'는 비판을 하였다. 베를린은 외국 이주민과 난민에 대한 대우가 가장 좋은 광역지자체 중의 한 곳인데, 뷔르츠부르크와 뮌헨에서 난민들이 베를린으로 와서 처우 개선을 주장하는 점거농성을 한 이유도 여기에 있었다. 이런 맥락에서 외국 이주민과 난민이 베를린 크로이츠베르크를 선호하는 이유를 살펴보고자 한다.

1) 베를린과 다문화 수도 정책

베를린 시는 동서독 분단 시기에 시민들이 본토인 서독지역으로 대거 이주하면서 노동력 문제를 겪었다. 이 문제를 해결하기 위해 베를린 시는 특히 터키를 중심으로 외국 노동자를 대거 받아들이면서 외국인 비율이 가장 높은 광역지방자치단체가 되었다. 통일 이후 독일정부는 동서독의 사회와 문화 통합이 큰 문제가 되었는데, 베를린 시는 여기에 외국인 노동자의 통합 문제가 더 추가되었다. 설상가상으로 베를린 시는 통독 후 예상외로 저조한 자본과 인력 유치 때문에 도시발전이 지체되었고 시 재정은 빚더미에 앉게 되었다. 베를린은 1920~30년대 유럽의 중심도시로 황금기를 누렸지만, 분단 이후 유럽 대도시 중의 하나로 전락했다. 이 영광을 재건하기 위해서는 경제와 문화를 활성화하는 것이 필요했는데, 특히 외국 자본과 다국적 기업 본사와 고급 두뇌를 유치하는 것이 중요했다. 베를린 시는 도시 활성화를 위해 1996년 '다문화 수도Multikulti Hauptstadt'를 표방하였고, 외국자본과 인력 유치에 적극적인 태도를 보이고 있다. 베를린 시의 이 정책 기조는 이주민과 난민 정책에도 우호적인 사회적 분위기를 조성하였다.

2009년 현재 베를린에는 약 46만 명의 외국인이 살고 있는데, 이들 중에서 108,000명이 터키인이며, 폴란드인 42,355명, 세르비아인 20,421

명, 이탈리아인 15,197명, 러시아인 15,026명 등이 살고 있다. 아시아 출신 외국인은 67,124명으로 상대적으로 적은데, 중국에서 5,743명, 태국에서 5,420명, 레바논에서 7,276명이 이주해서 살고 있으며, 가장 적은 외국 이주민은 부탄과 오만 그리고 브루나이의 3명이다. 2013년 베를린의 관광객 숫자는 전년보다 4.4% 증가한 1,130만 명인데, 유럽에서는 런던, 파리에 이어서 세 번째로 많다.[14] 베를린의 외국 이주민 숫자는 런던이나 파리에 비해 적지만, 계속 증가하는 추세를 보이고 있는데, 특히 예술과 문화 종사자 그리고 학생들의 유입이 늘고 있다.

베를린에서 외국인이 가장 선호하는 지역은 크로이츠베르크이다. 크로이츠베르크는 행정 구역상 프리드리히스하인-크로이츠베르크에 속해 있는데, 프리드리히스하인에는 서유럽 출신의 외국 이주민이 많지만 크로이츠베르크에는 터키계 외국 이주민이 많다. 2009년 통계에 의하면 프리드리히스하인-크로이츠베르크 주민의 숫자는 268,839명으로 약간 증가하는 추세를 보이고 있다. 이 지역 주민의 52.6%가 20~45세 사이인데, 이는 베를린에서 주민의 평균연령이 가장 낮다. 크로이츠베르크에만 총 56,480명의 외국인이 살고 있는데 이는 지역주민의 21%에 해당하는 수치이며, 터키인 19,523명, 폴란드인 2,663명, 이탈리아인 1,642명, 프랑스인 2,192명의 순으로 많다.[15] 크로이츠베르크에는 전체 주민의 18.5%가 개신교인이며, 12.4%가 가톨릭 교인이고, 종교가 없는 사람의 숫자는 69.1%에 달하고 있다.[16]

---

14 Wilipedia, "Berlin-Kreuzberg"(http://de.wikipedia.org/wiki/Berlin-Kreuzberg) 2015.1.15 검색.

15 B.Z., "Weniger Multikulti in Kreuzberg", 2010.3.15.

16 Statistik Berlin Brandenburg, *Statistische Jahrbücher von Berlin 2013*, 2014, p.6.

현재 베를린의 주거비와 생활비는 경쟁도시인 파리나 런던뿐만 아니라 프랑크푸르트나 뮌헨 등과 같은 독일 주요 도시와 비교해서도 상당히 저렴하다. 저렴한 생활비와 주거비는 예술가와 외국 이주민을 끌어당기는 요인이기도 하다. 하지만 최근에는 대규모 젠트리피케이션 때문에 베를린 주거비가 독일의 다른 중소도시들 수준으로 상승하고 있다. 외국 이주민이 베를린을 선호하는 또 다른 요인은 편리한 교통시설과 외국 이주민 네트워크를 들 수 있다. 잘 갖추어진 대중교통 수단 덕분에 자가용 없이도 별다른 어려움 없이 일상생활을 할 수 있다. 또한, 베를린에는 다양한 문화행사들이 열리고 있는데, 시의 적극적인 지원 덕분에 다른 대도시들에 비해 특히 국제적인 문화행사들이 많이 열리고 있다. 다른 세계도시들에서와 마찬가지로 외국 이주민이 고향에 대한 향수를 느끼고 위안을 받는 곳은 이런 문화행사뿐만 아니라 고국의 다양한 음식을 비교적 저렴하게 먹을 수 있는 종족ethnic음식점이다. 시민뿐만 아니라 다수의 관광객 덕분에 다양하고 이국적인 종족음식점들이 베를린 시내에 많이 있는데, 특히 크로이츠베르크에 집중되어 있다. 이외에도 특정 국가나 문화의 분위기를 느낄 수 있는 카페나 클럽 그리고 상점들이 외국 이주민이 많이 사는 곳을 중심으로 잘 갖추어져 있는데, 이곳에서 이들 이주민은 각자 정보를 교환하고 인적 네트워크를 강화할 수 있다. 외국 이주민에게 우호적인 환경은 베를린에서도 지역마다 각기 그 정도가 다른데, 크로이츠베르크는 가장 우호적인 환경을 많이 갖춘 지역이다.

2) 자율주의자들과 정치적 감수성

현재 크로이츠베르크는 다문화 수도, 베를린의 지향점을 가장 잘 나타내고 있는 지역으로 인정받고 있다. 이 지역은 1980년대 독일의 '작은 이스탄불'이라고도 불렸고, 통독 후에는 유럽과 아시아 출신의 이주민이 이곳에 정착하면서 현재는 독일에서 가장 문화적 다양성이 풍부하고 개방적인 지역이 되었다. 현재 이런 이국적 정경 덕분에 이 지역은 베를린에서 두 번째로 많은 관광객이 방문하고 있다. 하지만 이 지역에 많은 외국 이주민이 거주하고, 많은 관광객이 방문하는 또 다른 중요한 이유는 자율주의자들이 만들어낸 독특한 지역의 경관과 지역 정체성 때문이다.

독일이 동서독으로 분단되면서 베를린 시도 동서로 분단되었다. 많은 독일인은 이에 위험을 느끼고 서독으로 이주하였는데, 터키인을 중심으로 많은 외국 노동자들이 이 자리를 대체하였다. 크로이츠베르크 지역은 동베를린과 장벽을 마주한 동서냉전의 최전방이 되었고, 서베를린 시는 이 지역의 낡은 주택들을 현대적으로 재건축하고자 했다. 독일인들이 떠나간 낡은 집에 많은 외국 노동자들이 입주했는데, 임대계약이 불안정하지만, 임대료는 저렴했기 때문이다. 이때 독일 젊은이들이 서독 지역으로부터 크로이츠베르크로 이주해 왔는데, 시는 이들에게 경제적 보조금과 군 면제 등의 조건을 제시했기 때문이었다. 이들은 주로 기존 정치와 사회질서에 대해 반감을 품었기 때문에, 이곳에서 새로운 대안적 삶을 살려고 했다. 당시 이곳에서 진행된 재건축 사업으로 일부 건설사와 자본가는 대규모 이익을 보장받았지만, 사회적 약자인 임대인들은 거리로 쫓겨나서 주거에 어려움을 겪고 있었다. 이들 젊은이는 이를 저지하기 위해 재건축을 위해 비워 둔 집을 점거해서 살기 시작하였다. 이들은 이런 빈집점거운동을 하면서 서로 동질적인 정치와 사회의식을 가진 집단으로 성장하였고, 정치가들은 이들을 자율주의자라고 칭했다. 이들 자율주의자들은 연대와 저항을 통해 크로이츠베르크의 재건축을 저지하는 것에 성공하였을 뿐만 아니라 이곳에 자신들의 독특한 삶의 공간을 만들어나갔다.[17]

자율주의는 기존의 사회질서로부터 독립해서 자결적인 자유공간 창출을 목표로 하고 있다. 일반적으로 이들은 반권위주의, 사회혁명 그리고 무정부주의와 유사한 생각을 공유하고 있는데, 독일 정보기관은 이들의 성향을 극좌파로 분류하였다. 크로이츠베르크는 독일 자율주의자들의 중심이 되어간 것이었다. 이후 자율주의자들 중에서 현실참여를 통해 사회를 바꾸려는 사람들은 녹색당에 가입해서 활동했지만 운동의 순수성을 주장하는 사람들은 지역에서 자율주의 사상과 운동을 확산하는 역할을 담당하였다. 자율주의자들의 모임은 거점 지역의 센터를 중심으로 이루어졌는데, 베를린의 쾨피Köpi와 메링호프Mehringhof 그리고 함부르크의 로테 플로라Rote Flora가 대표적이다. 크로이츠베르크 자율주의자들이 세운 센터인 쾨피와 메링호프는 좌파 대안 운동과 반파시즘 운동에 대한 정보를 제공할 뿐만 아니라 대안적 삶을 살아가기 위한 재교육을 하는 역할을 담당했다. 이 센터가 중점을 두고 있는 분야는 외국이주민의 권익향상과 삶의 질 개선이기 때문에 이 센터 구성원들은 외국 이주민이 독일사회에서 불이익을 당하면 가장 먼저 연대의 손길을

---

17 Geronimo, *Glut & Asche —Reflexionen zur Politik der autonomen Bewegung*, Unrast-Verlag, 1997.

펼치고 있다. 이들 자율주의자 집단이 다른 외국 이주민 도움 단체들과 다른 점은 자신들의 목적을 관철하기 위해 물리적인 힘을 사용한다는 점이다. 이들은 외국 이주민에 대해 증오범죄를 일삼는 극우주의자들과 물리적 충돌을 기꺼이 감수하는데, 이 때문에 독일 공권력이나 극우주의자들도 자율주의자들에 대해 적지 않은 두려움을 느끼고 있다.

자율주의자들의 영향은 현재 크로이츠베르크의 정치 지형에도 그대로 나타나고 있다. 크로이츠베르크의 자율주의자들 중 일부가 1980년대부터 현실정치에 참여하였는데, 이들은 이 지역을 기반으로 독일에서 가장 진보적인 녹색당을 구축하는 데 중심적인 역할을 하였다. 이들 자율주의자들과 녹색당은 실질적으로 이 지역을 통치하고 있는 세력인데, 독일에서는 크로이츠베르크에서처럼 녹색당이 강한 정치적 영향력을 행사하는 지자체는 없다.

〈표 3〉 연방 하원 의석 분포(총 631석) − 2013년 선거결과

정당명	의석수	정당명	의석수
기독교민주당(CDU) / 기독교사회당(CSU)	311(41.5%)	좌파(Linke)	64(8.6%)
사회민주당(SPD)	193(25.7%)	녹색당(Gruene)	63(8.4%)

〈표 4〉 베를린 시의회 분포 (총 149석) − 2011년 선거

정당명	의석수	증감(2006)	정당명	의석수	증감(2006)
사회민주당 (SPD)	47(28.3%)	-2.5%	좌파 (Linke)	19(11.7%)	-1.7%
기독교민주당 (CDU)	38(23.4%)	+2.1%	해적당 (Piraten)	15(8.9%)	+8.9%
녹색당 (Grüne)	29(17.6%)	+4.5%	무당파 (frakionslos)	1	

출처 : https://www.wahlen-berlin.de/Wahlen/BU2013/ErgebnisUeberblick.asp?sel1=2155&sel2=0650

〈표 5〉 프리드리히하인스-크로이츠베르크 기초의회 분포(2011년, 총 51석)

정당명	의석수 (득표수)	증감 (2006)	정당명	의석수 (득표수)	증감 (2006)
녹색당	22(35.5%)	+2.5%	해적당	5(14.3%)	+14.3%
사회민주당	13(20.8%)	-4.8%	기독교민주당	4(7.9%)	-0.9%
좌파	7(12.5%)	-4.0%	기타	0	-8.4%

출처 : https://www.wahlen-berlin.de/Wahlen/BE2011/ergebnis/karten/zweitstimmen/ErgebnisUeberblick.asp?
sel1=1252&sel2=0651

프리드리히스하인-크로이츠베르크는 정치적으로 매우 흥미로운 지역인데, 좌파 또는 진보정당의 선호도가 전국 또는 베를린 평균보다 훨씬 높다. 2011년에 치러진 지방의회 선거에서 우파 정당인 기독교민주당이 8%에 못 미치는 득표를 했지만, 진보정당인 녹색당, 사회민주당, 좌파, 해적당 등이 80%를 넘는 득표를 하였다. 2013년 연방의회 선거에서 우파정당인 기독교민주당 / 기독교사회당이 전국적으로 41.5%를 득표하였는데, 집권정당인 것을 감안한다면 8%에 못 미치는 득표는 거의 참사수준이다. 또한, 이제는 중도 좌파가 된 오래된 사회당보다 녹색당이 15%에 가까운 득표를 더 하였을 뿐만 아니라, 젊은 자유주의자들의 목소리를 대변하는 해적당이 14%를 넘는 득표를 하였다. 이 같은 정치적 성향을 보여주는 기초지방자치단체는 세계에서 그 유래를 찾아보기 힘들다.

난민정책에 항의하는 뷔르츠부르크 도보 행렬이 베를린에 정착한 곳이 크로이츠베르크인데, 자율주의자와 녹색당은 보수세력의 비난에도 불구하고 점거농성 시위를 적극적으로 지지하고, 이들이 난민의 지위를 얻을 수 있도록 다양한 도움을 주었다. 자율주의자와 집권 녹색당 사이에는 묵시적인 역할분담이 있는데, 자율주의자들이 난민과 이주민과 연대해서 이들의 권익을 위해 시위를 주도하고, 이들을 외부 세력으로부터 보호하는 역할을 담당하였다. 또한, 이들은 난민과 이주민에 관한 문제를 사회적 의제로 설정하고 이를 미디어를 통해 사회에 확산하는 역할도 하였다. 제도권에 속하는 녹색당은 이들에게 필요한 행정적 그리고 법적 지원을 담당하였다. 난민이 오라니엔 광장과 학교 점거 시위를 할 때 중앙정부와 시 정부의 공권력은 이를 철거하려고 하였는데, 녹색당은 철거의 불법성을 지적하고 이를 법률적인 테두리 안에서 막아냈다. 또한, 지역의 녹색당은 합법적인 테두리 안에서 지역의 재원을 최대한 동원해서 이들이 장기 농성을 할 수 있도록 도와주었다. 이 지역의 자율주의자들과 녹색당은 난민과 외국 이주민에게 적극적으로 행동하는 후견인이었다.

3) 이주민 네트워크

대부분의 외국 이주민은 항상 신분이 불안정한 상태에서 살고 있으며, 적지 않은 법률적 문제와 직면하게 된다. 또한, 이들은 대부분 독일인이 기피하는 3D 업종에서 주로 장기간 육체노동에 시달리고 있다. 이 때문에 외국 이주민은 평균적인 독일인보다 법률과 보건 서비스에 대한 수요가 많다. 하지만 많은 수의 외국 이주민은 정확하게 자신의 의사를 전달할 능력이 없어서 독일어로 제공되는 법률과 의료 서비스를 충분하게 활용하지 못하고 있다. 이런 서비스를 제대로 활용하지 못해 종종 불이익을 당하기도 하는데, 크로이츠베르크에 사는 외국 이주민은 이런 점에서 상대적으로 불이익을 덜 받고 있다. 크로이츠베르크에는 독일에서 태어나거나 자란 외국 이주민 2~3세들이 법률가와 의사로 활동하고 있는데, 이들은 독일식 교육을 받았기 때문에 독일 실정에 맞는 양질의 서비스를 제공하고 있다. 이들은 주로 크로이츠베르크의 중심인 코트부서 광장 주변에서 개업하고 있는데, 이중 언어로 법률과 의료 서비스를 제공하고 있다. 이들 사무실이나 병원의 간판이나 명패 모두 다양한 출신 지역 언어로 표기되어 있기 때문에 외국 노동자들은 손쉽게 찾을 수 있다. 외국 이주민은 상대적으로 편하고 친숙한 분위기에서 이들 전문가가 제공하는 서비스를 받을 수 있는데, 독일어 구사에 어려움을 겪고 있는 여자나 노인에게 이들의 서비스는 특히 중요하다. 독일어를 어느 정도 능숙하게 구사하고, 지역적 네트워크를 가진 외국 이주민은 독일 자율주의자들의 도움을 받기도 하는데, 이들 자율주의자들은 교육 수준이 높고, 전공영역도 다양하다. 많은 자율주의자들은 독일법을 잘 알고 있기 때문에 외국 노동자들에게 다양한 무료 법률서비스를 제공하고 있는데, 이들의 법률자문 내용은 다른 독일 변호사들과 달리 매우 구체적이고 현실적이다.

독일 자율주의자들은 인간은 누구나 인종이나 국적에 상관없이 자기가 살 곳을 자유롭게 선택할 수 있는 권리를 가지고 있다고 생각하고 있기 때문에 국경을 인간의 자율적인 결정과 행동을 방해하는 장애물로 간주하고 이의 철폐를 주장하고 있다. 이들은 이를 관철하기 위해 신문발간, 세미나 개최 그리고 강연들을 개최하고 있는데, 이주민과의 연대 투쟁도 주요한 활동 중의 하나이다. 자율주의자들이 외국 (불법) 이주민과 함께 벌이는 시위에서 "어느 누구도 불법이 아니다"라는 구호를 내걸고 있는 것도 이 때문이다. 이들 자율주의자들에게는 외국 이주민이란 범주가 아예 존재하지 않는데, 인간은 국경과 상관없이 자기가 살 곳을 자유롭게 선택할 수 있다고 생각하고 있기 때문이다. 자율주의자들은 외국 이주민이나 난민이 독일인과 동등한 지위와 대우를 받지 못한다면 이는 소수자에 대한 법률적 차별이며, 인권을 해치는 행위로 간주하고 있다.[18] 자율주의자들이 운영하는 사무실에서는 자율적인 삶을 위한 다양한 실천들이 벌어지고 있는데, 외국 이주민과의 연대는 가장 핵심적인 내용이다. 이들은 이주민이 독일인과 동등한 삶을 살 수 있도록 도와주고 있는데, 특히 이주민이 가장 많은 어려움을 겪고 있는 임대문제 해결에 적극적이다. 따라서 이들이 운영하는 사무실 벽에는 독일어와 터키어로 "우리와 상의하기 전에 절대로 집주인과 임대계약서에 사인을 하지말라"라는 포스터가 붙어있는데, 이들의 가치와 활동이 상징적으로 나타나는 문구이다.

크로이츠베르크의 공공건물에서는 외국 이주민을 위한 배려가 곳곳에서 보인다. 크로이츠베르크의 지역도서관에는 8개 국어로 도서관 이용안내와 안내 책자가 구비되어 있으며, 터키와 중동 지역 국가에서 발간되는 도서와 신문들이 다수 갖춰져 있다. 또한, 이들 외국 이주민과 언어소통이 가능한 담당자가 배치되어 있어서 이들에게 필요한 정보를 제공하고, 이들의 의견을 반영해서 도서를 구매하고 있다. 이런 점은 유치원에서도 마찬가지인데, 유치원에는 8개 국어로 된 간판이 붙어 있으

---

18 Sebastian Haunss, "Antiimperialismus und Autonomie−Linksradikalismus seit der Studentenbewegung", In R. Roth · D. Rucht (hg.), *Die Sozialen Bewegungen in Deutschland seit 1945*, Frankfurt / Main : Campus Verlag, 2008, pp.447∼473.

며, 터키어와 아랍어를 구사할 수 있는 보모들이 배치되어 있다.

크로이츠베르크에서 가장 많은 외국인 노동자는 터키계이지만, 적지 않은 수의 중동 출신 이주민도 살고 있다. 이들 대부분은 이슬람 교인인데, 독일에 살면서 이들은 상대적 박탈감과 경제적 불이익을 겪으면서 종교적 신앙심이 더 강해지기도 한다. 이들이 모여서 자신들의 고유한 신앙과 신념을 그리고 가치의 우월성을 확인하고 정보를 교환하는 곳이 이슬람 사원이다. 크로이츠베르크에는 2008년에 건립된 우마르-이븐-알-카탑Umar-Ibn-Al-Khattab 회교사원이 있는데, 총 7층 건물이다. 이 안에는 1,000명을 동시에 수용할 수 있는 예배당이 있는데, 평일 예배에도 약 200명 정도의 신자가 모인다. 독일의 다른 지역에 있는 사원과 달리 이 사원은 크로이츠베르크 중심의 전철역 주변에 있는데, 자율주의자들의 도움 덕분에 중심가 교통의 요지에 사원이 들어설 수 있었다. 자율주의자들이 1984년 빈집 점거시위를 하는 과정에서 대형 슈퍼마켓이 방화로 소실되었다. 이후 20여 년 동안 이 자리는 빈터로 남아 있었는데, 자율주의자들이 지역 소상인들을 보호하기 위해 재건축을 막았기 때문이다. 2000년대 초반 지역주민의 적극적인 지지 하에 이 자리에 회교사원을 짓기로 결정되었는데, 건축비 모금이 예상보다 더디게 진행되어서 2004년에야 건립이 시작되었다. 이 사원 건립에 약 천만 유로(백오십억 원)가 투입되었는데, 독일의 다른 어떤 사원들에 뒤지지 않게 그 규모가 크고 화려하다. 이 건물의 특징은 혼합적 양식에 있다. 이 사원은 국적을 뛰어넘는 이슬람 교인의 공존을 표방하고 있기 때문에, 세면대는 터키식, 예배실은 모로코식 등의 혼합적 양식으로 건축되었다. 중동과 아프리카 등지의 다양한 모슬렘들이 이곳에 모여서 종교 활동을 하고 있을 뿐만 아니라 삶에 대한 정보도 교환하고 있다.

이 사원 안에는 다른 사원과 같이 기도실과 세면실, 사무실 그리고 교육과 회의를 위한 공간이 존재한다. 하지만 이슬람 신자들이 가장 많이 이용하는 시설은 마샤리센터Maschari-center이다. 이 안에는 여행사. 서점, 유치원, 슈퍼마켓, 장의사. 정육점, 식당, 이발소, 제과점, 여성의류점, 청년클럽 등의 시설들이 있는데, 이슬람식 여가활동과 노래교실, 이슬람식 장례와 결혼, 이슬람 교리 교육과 방과 후 학교 숙제 도우미 등의 활동이 이루어지고 있다. 이슬람식 생활을 하고 싶은 사람들은 이 사원에서 자신들의 종교적 기준에 맞는 일상용품과 식료품을 구입할 수도 있다. 마샤리센터는 다양한 이슬람 신자들이 집단적 정체성을 확인하고, 정보를 교환하고, 상호 부조를 하는 장소이다.[19]

크로이츠베르크 박물관은 지역 독일 주민과 외국 이주민에게 자신들의 정체성과 지역사회에 대한 이들의 기여를 알려주고 이들의 문화적 네트워크를 만들어주는 곳이다. 시내 한가운데 5층짜리 건물에 박물관이 소재하고 있는데, 상설전시장인 3~4층은 크로이츠베르크의 1970년대 이후 역사를 소개하고 있다. 여기에서 특히 자율주의자들의 빈집 수리점거운동과 외국 노동자의 기여를 집중적으로 소개하고 있는데, 외국 노동자가 이 지역 사회뿐만 아니라 독일 경제 부흥에 어떤 역할을 하였는지를 알리고 있다. 이 전시물은 독일인에게 외국 노동자들의 사회, 경제적 기여를 알릴 뿐만 아니라 외국 노동자에게는 자긍심

---

19 우마르-이븐-알-카탑 모스크 홈페이지(http://de.wikipedia.org/wiki/Umar-Ibn-Al-Khattab-Moschee).

을 불러 넣어주는 역할을 하고 있다. 이 건물 2층에는 독일 – 중동문화
교류센터가 있는데, 이 센터는 박물관과 연합해서 터키를 중심으로 한
문화교류사업을 펼치고 있다. 이 센터는 정기적으로 중동 출신 예술가
를 초빙해서 공연을 개최할 뿐만 아니라 이들의 문화를 알리기 위해 다
양한 기획전도 열고 있다. 이 센터에서는 크로이츠베르크 독일 주민과
중동 출신 이주민과의 만남도 정기적으로 열리고 있는데, 이들 이주민
이 지역사회에 정착하는 데 겪는 어려움에 대해 의견을 나누고, 이를
제도적으로 해결하기 위한 노력을 하고 있다.

4) 지역의 문화 감수성

크로이츠베르크는 1970년대부터 독일 펑크록의 중심이었으며, 지금
도 대안적 예술을 꿈꾸는 사람들이 모여 사는 곳이다. 1970년대 젊은
예술인들은 시위와 점거를 통해 베타니엔 병원건물을 철거하고 여기
에 고급 주택을 건설하려고 하는 지방정부의 시도를 좌절시켰다. 현재
이 건물은 예술전시와 예술교육센터로 활용되고 있다. 대부분의 외국
이주민은 후손들이 독일에서 인정받고 살아가기를 원하는데, 이들이
인정받는 지름길은 능숙한 독일어와 교양을 갖추는 것이다. 독일어 문
제는 학교뿐만 아니라 다양한 단체의 도움을 받아서 어렵지 않게 극복
할 수 있지만, 교양인의 자질을 갖추기는 쉽지 않다. 서구에서 교양인
으로 인정받기 위해서는 문학과 음악 그리고 회화에 대한 상당한 정도
의 지식과 어느 정도의 실기능력이 필요한데, 외국 이주민 후손들이 이

런 능력을 갖추기란 경제적 이유에서 쉽지 않다. 하지만 외국 이주민 2세들은 베타니엔 문화센터에서 뛰어난 음악과 그림 강사들로부터 이능력을 상대적으로 저렴한 비용으로 배울 수 있다. 또한, 크로이츠베르크의 크고 작은 클럽은 특정한 장르의 음악을 전문적으로 공연하고 있기 때문에 다양한 종족음악이나 서구음악을 쉽게 접할 수 있다. 이외에도 크로이츠베르크에는 크고 작은 갤러리들이 많고, 세계 각국에서 온 예술가들이 여기에서 전시회를 열고 있으며 누구에게나 이 전시회는 개방되어 있다. 크로이츠베르크 사회에서는 독일인과 외국 이주민 사이의 사회적 간격이 상대적으로 좁아서 외국 이주민이 여기서 산다는 것은 독일 사회에서 교양인으로 살아가는 데 필요한 문화자산을 손쉽게 쌓을 기회를 얻었다는 것을 의미한다. 외국 노동자들에게 이런 점들은 매우 매력적인 요인이다.

현재 크로이츠베르크의 가장 대표적인 문화행사는 〈문화들의 카니발Karneval der Kulturen〉이다. 1980년대 초반 이후 자율주의자들은 특히 노동절을 중심으로 매년 대규모 정치집회를 열었는데, 해가 거듭되면서 점차 폭력적인 사회적 일탈행위로 얼룩지게 되었다. 독일의 진보적인 지식인과 온건한 자율주의자들은 이제는 시대와 동떨어진 투쟁방식보다는 자율주의의 가치를 간직하면서도 독일 사회 구성원이 납득할 수 있는 사회참여운동으로 변화를 모색하였다.[20] 약간의 내부적 갈등을 거치면서 정치집회가 다문화 축제인 〈문화들의 축제〉로 변화하였다. 1996년 제1회 〈문화들의 축제〉가 열렸는데, 이는 같은 해 시작한

---

20 Jan Schwarzmeier, *Die Autonomen zwischen Subkultur und sozialer Bewegung*, Norderstedt, 2001 참조.

시 정부의 〈다문화 수도〉 정책과도 그 궤를 같이하고 있다. 하지만 크로이츠베르크의 〈문화들의 축제〉는 자율주의 운동과 다양한 문화들의 공존에 초점을 맞춤으로써 시 정책과 차별성을 만들어가고 있다. 〈문화들의 축제〉는 통독 후 독일 사회에서 점차 강화되어 가는 민족주의와 인종주의에 반대하는 것에 중점을 두었는데, 현재는 지역주민과 외국 이주민과의 소통의 장이며, 문화의 다양성과 관용을 교육하는 중요한 장이 되고 있다.

이 축제가 처음 열린 1996년에는 이틀 동안의 거리 퍼레이드에 참가한 인원이 2,200명 남짓이었고, 관람객도 5만 명 정도 되는 하나의 작은 지역축제였다. 하지만 '다문화 수도'를 지향하는 베를린 시의 정체성과 맞물리면서 축제 규모가 커지고, 내용도 풍부해졌다. 2014년에는 총 나흘 동안 열렸는데, 세계 각국에서 온 예술가 5,300명이 거리퍼레이드를 하고, 900명이 거리 공연을 하였다. 140만 명의 관람객이 이 축제를 보기 위해 크로이츠베르크를 방문했는데,[21] 〈러브 퍼레이드〉와 함께 베를린의 양대 축제가 되었다. 2014년 이 축제는 베를린의 종족적, 문화적 다양성을 보여주는 것과 이주민의 삶을 가시화하는 것에 중점을 두었다. 현재 베를린에서 다양한 문화들이 동등하게 대접받지 못하는 현실과 독일 주도문화Leitkultur가 독일 사회에서 누리고 있는 우월적 지위를 비판하는 내용이 거리공연과 거리 퍼레이드의 주를 이루었다. 축제의 주된 볼거리는 예술가와 일반인이 함께한 종족음악 연주회와 춤 공연이었지만, 자율주의자들이 주도한 이주민의 권리와 지위 등에 대

---

21 〈문화들의 카니발〉 홈페이지(http://www.karneval-berlin.de/de/overview.223.html).

한 워크숍과 세미나들도 인기를 끌었다. 이 워크숍과 세미나에서는 이주민과 난민 그리고 제삼 세계의 문제들을 전향적으로 바라볼 것과 서구의 성찰적 대안을 촉구하였다. 독일의 주요한 방송국들이 이 행사를 협찬하였기 때문에 이 행사는 독일 전역으로 방송되었다. 〈문화들의 카니발〉은 더는 지역 축제가 아니라 독일 국민에게 다른 문화들에 대한 감수성과 실천을 교육하는 장이 되었다.

외국 이주민이나 난민이 자신의 목소리를 낼 때, 이것이 왜곡되지 않고 사회에서 전달되고 반향을 얻을 경우가 그다지 많지 않다. 대부분의 대중매체는 외국 이주민이나 난민의 다양한 목소리에 귀 기울이지 않다가, 커다란 사건이나 사고가 터질 경우에만 자신의 시각에서 이를 재단하는 기사를 싣는 경우가 다반사이다. 일반적으로 이야기해서, 대중매체는 외국이주민이나 난민이 보이지 않는 존재로 살아갈 수밖에 없도록 하는 데 적지 않은 역할을 하고 있다. 하지만 베를린의 경우, 대중매체가 이들 외국 이주민에 대해 보이는 관심은 다른 지역과 다르다. 베를린에는 주요한 지역 일간지 4종이 발간되고 있는데, 이들은 각기 보수, 중도 그리고 중도 좌파 등의 각기 다른 정치적 성향을 갖고 있다. 하지만 이들 신문은 자신의 당파성과는 별개로 난민이나 외국 이주민 문제를 인권이나 기본적 생존권의 시각에서 접근하고 있다. 뷔르츠부르크의 난민들이 오라니엔광장과 학교를 점거 농성할 때도, 이 신문들은 대부분의 중앙일간지와는 다른 내용의 기사를 실었다. 이 신문들은 이들 난민을 불법 이주민이라고 부르지도 않았을 뿐만 아니라 광장과 학교 점거를 '불법점거'가 아니라 '점거'라고 표현하였다. 점거한 학교에서 이주민 사이에서 폭력 사건이 벌어지면 사실 보도로 간략하게 기사화하는 반면에 난민이 처한 열악한 상황에 대해서는 사회적 연대와 공동체 일원으로서의 도덕적 의무를 강조하는 기조로 기사를 작성하고 있다. 이들 지역 일간지들은 이주민과 난민의 시각에서 문제를 의제화하고 이들의 의견을 최대한 기사에 반영하고 있다. 다른 지역과 달리 크로이츠베르크는 항상 미디어의 주목을 우선하여 받고 있는데, 이곳에서 벌어지는 일은 다른 지역에 비해 전 독일의 사회적 의제가 되고 있다. 이런 전통은 자율주의자들의 빈집 수리점거 이후로 계속 이어져 왔는데, 미디어가 이 지역에서 벌어지는 일을 민감하게 다루어줌으로써 자율주의자들이 제기하는 이주민과 난민 관련 문제들도 상대적으로 쉽게 해결될 수 있는 계기가 마련되고 있다.

5. 난민과 지역의 새로운 연대 가능성

난민과 이주민에 대한 관리와 통제는 사회적 통합이나 사회적 혼합보다는 보이지 않게 만듦으로써 목소리를 무화시키는 '투명화를 통한 배제'와 특정 지역에 집단거주시킴으로써 사회적 삶을 차단하는 '구획화' 그리고 민족 또는 종족별로 서열화하고 이에 따라 처우를 달리하는 '국적에 따른 등급화'에 의해 이루어지고 있다. 지역은 이와 같은 국가의 난민 관리 방식에 대해 다양한 방식으로 동조하거나 거부하기도 하는데, 난민은 삶을 위해 물리적 공간을 필요로 하므로 이들 간의 관계를 살펴보는 것은 중요하다.

난민이 자신들의 지위를 주로 신청하는 지역은 이주민에게 우호적인 정책과 네트워크들이 잘 갖춰진 곳이다. 지역 주민의 난민과 이주민에 대한 의식 수준과 정치적 지형도 그리고 이주민을 위한 다양한 네트워크들이 존재하는 곳을 난민이나 이주민 모두 선호하는데, 이는 신자유주의로 인해 강화되어가는 '투명화를 통한 배제', '구획화' 그리고 '국적에 따른 등급화'가 억제되고 있는 지역이기도 하다. 이런 지역은 장기적으로 난민이나 이주민 덕분에 지역 경제가 활성화되고 문화적으로도 활기를 띠게 된다. 외국 이주민의 비율이 높은 크로이츠베르크가 그 문화적 다양성으로 인해 다수의 고급 예술가들을 불러들이고, 또한 많은 관광객을 자석처럼 끌어들임으로써 지역의 유관 분야가 활성화되고 있다. 하지만 이런 지역 경제의 활성화 때문에 점차 건물 임대료가 오르고, 이를 감당하지 못하는 일부 자율주의자들과 외국 이주민이 이 지역을 떠나가고 있다. 이를 저지하기 위한 자율주의자와 외국 이주민과의 연대가 점차 강화되고 있지만, 그 성공 여부는 이들의 노력 여하에만 달린 것은 아니다.

참고문헌

Drücke, Bernd, *Zwischen Schreibtisch und Straßenschlacht? Anarchismus und libertäre Presse in Ost-und Westdeutschland*, Klemm & Oelschläger, 1998.

Dubernet, Cecile, *The international containment of displaced persons —humanitarian spaces without exit*, Burlington, 2001.

Geronimo, *Glut & Asche —Reflexionen zur Politik der autonomen Bewegung*, Unrast-Verlag, 1997.

Haunss, Sebastian, "Antiimperialismus und Autonomie—Linksradikalismus seit der Studentenbewegung", In R. Roth and D. Rucht (hg.), *Die Sozialen Bewegungen in Deutschland seit 1945*, Frankfurt / Main : Campus Verlag, 2008.

Loescher, Betts, *The UNHCR and World Politics —A Perilous Path*, Oxford University Press, 2001.

Ong, Aihwa, *Neoliberalism as Exception —Mutations in Citizenship and Sovereignty*, Duke University Press, 2006.

Schwarzmeier, Jan, *Die Autonomen zwischen Subkultur und sozialer Bewegung*, Norderstedt, 2001.

Statistik Berlin Brandenburg, *Statistische Jahrbücher von Berlin 2013*, 2014.

Stedman, John · Fred Tanner, *Refugee Manipulation —War, Politics, and the Abuse of Human Suffering*, The Brookings Institution, 2003.

『뉴시스』, 「7월1일부터 亞최초 '난민법' 시행」, 2013.6.18.

『The Wall Street Journal』, 「한국에 쏟아지는 난민지위 신청」, 2015.1.30.

B.Z., "Weniger Multikulti in Kreuzberg", 2010.3.15.

Der Tagesspiegel, "Vom grossem Gefängnis ins kleine", 2012.11.7.

독일 난민 신청자 숫자 Statista, "Anzahl der Asyanträge (insgesamt) in Deutschland von 1995 bis 2014" (http://de.statista.com/statistik/daten/studie/76095/umfrage/asylantraege-insgesamt-in-deutschland-seit-1995/)(2015.1.15. 검색)

〈문화들의 카니발〉 홈페이지 http://www.karneval-berlin.de/de/overview.223.html(2015.1.15. 검색)

베를린 시의회 분포 https://www.wahlen-berlin.de/Wahlen/BU2013/ErgebnisUeberblick.asp?sel1=2155&sel2=0650(2015.1.15. 검색)

베를린 크로이츠베르크 개관 Wilipedia, "Berlin-Kreuzberg"(http://de.wikipedia.org/wiki

/Berlin-Kreuzberg)(2015.1.15. 검색)

안토니오 구테레스 연설문 http://www.unhcr.org/cgi-bin/texis/vtx/search?page=&comid
=42b2f01a4&cid=49aea93a4c&scid=49aea93a2f&author=guterres(2015.1.15. 검색)

우마르-이븐-알-카탑 모스크 홈페이지 http://de.wikipedia.org/wiki/Umar-Ibn-Al-Khattab
-Moschee(2015.1.15. 검색)

프리드리히하인스—크로이츠베르크 기초의회 분포 https://www.wahlen-berlin.de/Wahlen
/BE2011/ergebnis/karten/zweitstimmen/ErgebnisUeberblick.asp?sel1=1252&sel2=
0651(2015.1.15. 검색)

UNHCR 국제 난민통계 http://www.unhcr.org/532afe986.html(2015.1.15. 검색)